Armin Nassehi

Soziologie

Armin Nassehi

Soziologie

Zehn einführende Vorlesungen

2. Auflage

VS VERLAG

Bibliografische Information der Deutschen Nationalbibliothek
Die Deutsche Nationalbibliothek verzeichnet diese Publikation in der Deutschen Nationalbibliografie; detaillierte bibliografische Daten sind im Internet über <http://dnb.d-nb.de> abrufbar.

2. Auflage 2011

Lektorat: Cori Mackrodt

VS Verlag für Sozialwissenschaften ist eine Marke von Springer Fachmedien.
Springer Fachmedien ist Teil der Fachverlagsgruppe Springer Science+Business Media.
www.vs-verlag.de

Umschlaggestaltung: KünkelLopka Medienentwicklung, Heidelberg
Druck und buchbinderische Verarbeitung: Ten Brink, Meppel
Gedruckt auf säurefreiem und chlorfrei gebleichtem Papier
Printed in the Netherlands

ISBN 978-3-531-17390-0

Inhalt

Vorwort zur zweiten Auflage

Es freut mich, dass meine *Zehn einführenden Vorlesungen* nun in zweiter Auflage erscheinen. Ich habe den Text nicht weiter geändert, von einigen Korrekturen und Aktualisierungen abgesehen. Wie ich im Vorwort zur ersten Auflage bereits erwähnt habe, habe ich lange gezögert, aus meiner wintersemesterlichen Einführungsvorlesung ein Buch zu machen. Meine Skepsis bezog sich zum einen darauf, ob es tatsächlich gelingen könne, die Gestalt der Vorlesung in einen gedruckten Text zu überführen. Zum anderen habe ich gezweifelt, ob ich die Vorlesung auch nach ihrer Publikation als Buch noch so halten könnte. Ich meine, dass ersteres durchaus gelungen ist – und gehalten habe ich die Vorlesung inzwischen schon zweimal wieder. Und das Buch hat ihr nicht geschadet – im Gegenteil.

Dass das Buch nicht nur eine Einführung in die Soziologie im Allgemeinen ist (was immer das auch bedeuten könnte), sondern auch eine Darstellung einer ganz bestimmten Soziologie, der Soziologie nämlich, wie ich sie zu entwickeln versuche, ist durchaus registriert worden. Mein Freund Ronald Hitzler – der Soziologie ganz anders als ich betreibt – hat in einer überaus freundlichen Rezension des Buches, die er gemeinsam mit Oliver Herbertz für die *Soziologische Revue* (Heft 3/2010) verfasst hat, gemeint, das Buch sei „nur ganz selten so, dass es ärgerlich macht". Ich finde, mehr konnte ich wirklich nicht erwarten.

München, im April 2011 *Armin Nassehi*

Ein persönliches Vorwort zum Gebrauch dieses Buches

Wie führt man in die Soziologie ein? Diese Frage hat sich mir seit dem Beginn meiner akademischen Lehrtätigkeit vor nunmehr zwanzig Jahren, aber auch im Rahmen von Beratungstätigkeiten in außeruniversitären, vor allem wirtschaftlichen und organisatorischen Kontexten immer wieder gestellt. Ob in Übungen, Seminaren, Wokshops oder Vorlesungen habe ich aber immer wieder erfahren müssen, wie schwierig es ist, in unser Fach einzuführen – und ein Blick in die vorhandene Literatur hilft oftmals auch nicht weiter.

Es gibt unterschiedliche Methoden der Einführung. Man kann in Theoriekonzepte einführen, was Anfängerinnen und Anfänger freilich oft überfordert – und die Qualität solcher Kompendien ist bisweilen besorgniserregend schlecht. Ich verzichte auf Belege. Hervorragende Darstellungen dagegen sind Hans Joas' und Wolfgang Knöbls „Zwanzig einführende Vorlesungen" in die Sozialtheorie, George Ritzers Lehrbuch „Sociological Theory" sowie Richard Münchs voluminöse Trilogie „Soziologische Theorie", die für den Einstieg in die Soziologie tatsächlich allesamt zu anspruchsvoll sind.[1]

Eine zweite Methode ist die, soziologische Grundbegriffe darzustellen, um gewissermaßen das Instrumentarium bereit zu stellen, mit dem man dann weiter arbeiten kann. Auch für diesen zweiten Fall gibt es Beispiele auf dem deutschsprachigen Buchmarkt, die allesamt solide gebaut sind.[2] Diese Bücher vermögen aber aufgrund ihrer schon konzeptionell gebotenen definitorischen Schärfe kaum fürs Fach zu begeistern. Sie sind vielleicht eher etwas für die weiten Ebenen der studentischen und wissenschaftlichen Arbeit, in denen man immer wieder mal rechts ranfahren muss, um sich über begriffliche Konventionen zu informieren.

Ein drittes Genre sind vermeintliche Gesamtdarstellungen der Soziologie, die den Vorteil haben, dass sie nicht einfach Begriffe oder Theorien präsentieren, sondern Forschungsergebnisse und -themen. Zumeist sind solche Bücher recht voluminös. Diese sind sehr brauchbar, wenn es darum geht, einen ersten Einblick in ein Forschungsgebiet zu erhalten. Aber auch sie sind letztlich keine Einführungen in das, was ich den *soziologischen Blick* nenne.[3]

Was mir vorschwebt, ist eine eher von leichter Hand geschriebene, noch gar nicht ins Detail gehende, aber durchaus detailreiche Einführung, mit der man vor allem lernt, soziologisch zu *sehen*. Insofern soll dieses Buch anders sein. Ich werde zwar den zweiten Weg wählen, nämlich soziologische Grundbegriffe erläutern – aber bei weitem nicht so solide, wie es die besagten Lehrbücher über „Grundbegriffe der Soziologie" üblicherweise tun, und zugleich ohne jeglichen Anspruch auf Vollständigkeit. Und es soll vor allem ein *kleines Buch* werden, eines im Westentaschenformat, eines, das man gewissermaßen zur Einstimmung lesen kann, zur Selbstvergewisserung, zur Einübung und Mitbeobachtung des eigenen Blicks, wenn man so will, eine Meditation, ein *exercitium*.

Mir kommt es in diesem Buch also weniger darauf an, den Begriffsapparat tiefenscharf und lexikalisch zu erläutern. Es geht mir, noch einmal, eher darum, eine Einübung des soziologischen Blicks anzubieten. Die besprochenen Begriffe werden zwar entfaltet und auch durchaus kanonisch eingeführt und erläutert. Zentral ist mir aber der Aspekt, dass die Begriffe angewandt werden, dass deutlich wird, was man sehen kann, wenn man den eigenen Blick anhand dieser Begriffe scharf stellt und sie als Beobachtungsinstrumente heranzieht.

Einen solchen Zugang könnte man einen *empirischen* Zugang nennen. Empirisch ist er insofern, als er die Begriffe nicht aus sich heraus erklärt, sondern auf soziale Wirklichkeit anwendet. Es ist dies freilich eine eher literarische Empirie – literarisch nicht im Sinne einer Kunstform, sondern literarisch in dem Sinne, dass es sich um eine erzählte, eine konstruierte, eine geschriebene, eine erfundene Empirie handelt. Ich erzähle eine Geschichte – die Geschichte eines Herrn A (der zunächst so unpersönlich eingeführt wird; im Laufe der Geschichte werden wir zum Du wechseln, aber zunächst achten wir auf die gebotene Distanz). Herr A ist ein Banker, dem in beruflichen wie in Liebesdingen das Eine oder Andere widerfährt. Die Geschichte wird im Verlaufe der Vorlesungen entfaltet – und sie dient als empirisches Material, um daran die zu besprechenden soziologischen Grundbegriffe zu erklären und ihre Beobachtungspotenz vorzuführen.

Die Idee zu einer solchen Geschichte ist gewissermaßen aus der Not geboren. Ich habe seit Beginn meiner Tätigkeit am Institut für Soziologie der Universität München die Aufgabe, im Wintersemester eine einführende Vorlesung in die Soziologie zu halten, die sowohl für Haupt- als auch für Nebenfachstudierende gedacht ist. Eine Einführung in Theoriekonzepte schien mir wenig sinnvoll zu sein, deshalb entschied ich mich für eine Einführung in die wichtigsten soziologischen Grundbegriffe. Will man nun nicht eine lexikalisch langweilige Vorlesung halten, erfordert es die Vorlesungssituation fast von selbst, die Begriffe an konkreten Situationen zu verdeutlichen – etwa an der Vorlesungssituation selbst.

Zum ersten Mal im Wintersemester 2000/01 habe ich dann zur Verdeutlichung des Handlungsbegriffs eine Episode mit Herrn A geschrieben und in der Vorlesung zum Besten gegeben. Es ist dies die erste Episode, wie sie in diesem Buch in der zweiten Vorlesung behandelt wird. Mehr war nicht vorgesehen. Doch irgendwie hat sich die Geschichte selbst weiter geschrieben. Denn warum sollten nicht noch andere Episoden folgen, an denen weitere Begriffe erklärbar gemacht werden könnten? Und so entstand im Laufe jenes Wintersemesters das Grundgerüst jener Geschichte, die ich dann in den folgenden Wintern weiter entwickelt und angepasst habe.

In der Vorlesungssituation hat die Sache gut funktioniert. Studierende waren damit zu „kriegen", sie haben Herrn A und auch Frau B über die Jahre lieb gewonnen – und die Geschichte ist sogar so angelegt, dass Herr A in der dritten Vorlesungsstunde selbst im AudiMax der LMU zugegen ist – ohne dass bis heute seine Identität gelüftet werden konnte. Der Vorlesung scheint es jedenfalls gelungen zu sein, so etwas wie den „soziologischen Blick" einzuführen und Déjà-vu-Erlebnisse fürs weitere Studium vorzubereiten – und selbst in mündlichen Hauptdiplomprüfungen bin ich Herrn A, Frau B und manchen der Episoden wieder begegnet.

Ich habe lange gezögert, aus der Vorlesung ein Buch zu machen – und das aus zwei Gründen. Ich weiß nicht, ob die Vorlesung so noch gehalten werden kann, wenn sie als Buch erschienen ist. Außerdem ist es nicht ganz einfach, die Arbeit an der Geschichte, wie sie in der Vorlesung mit den Studierenden zusammen geleistet wurde, in einen linearen Text zu gießen. Wofür ich den Studierenden immer wieder sehr dankbar bin, ist ihre Bereitschaft, in der Vorlesung – unter Zuhilfenahme der Geschichte um Herrn A – die Vorlesung zum Teil selbst zu halten, am tragbaren Mikrofon Interpretationen auszuprobieren und nachzufragen, wenn etwas unklar blieb, und das vor bisweilen 800 Studierenden der unterschiedlichsten Fakultäten. Meine Sorge war und ist es, ob es auch in Textform gelingen kann, von der Geschichte zu profitieren. Der Vorlesungsmitschnitt jedenfalls, für dessen mehrmaliges Schreiben ich meiner Sekretärin Gisela Döring herzlich danke und den ich zunächst nur aus Gründen der eigenen Qualitätskontrolle erhoben habe, war so nicht übertragbar. Für den nun vorliegenden Text habe ich mich bemüht, einerseits Anforderungen an Präzision und argumentative Logik zu genügen, andererseits den Duktus einer völlig manuskriptfrei gehaltenen Vorlesung möglichst zu konservieren. Man sollte es lesen können, als höre man einer Vorlesungsstunde zu; ich habe deshalb auf Zwischenüberschriften völlig verzichtet – aber auch so, dass es sich eben als eine textförmige Entfaltung eines Gedankens erschließt.

Ich habe im Haupttext völlig auf einen wissenschaftlichen Apparat verzichtet. Das wäre dem Charakter des Textes auch nicht angemessen. Am Ende des Buches sind dann aber doch einige Hinweise zu finden, die vor allem dazu dienen sollen, Anregungen für weitere Lektüre zu geben oder wichtige Werke zu benennen. Für das Verständnis des Buches als Einstieg ins soziologische Denken ist eine systematische Lektüre dieser Hinweise nicht zwingend erforderlich – aber möglich. Insofern richtet sich das Buch auch nicht nur an Studierende der ersten Semester, nicht nur an Haupt- und Nebenfachstudierende der Soziologie, nicht einmal nur an Studierende, sondern auch an an der Soziologie Interessierte – und natürlich an die Fachöffentlichkeit, der hier eine bestimmte Art der Soziologie präsentiert wird.

Dazu eine letzte Bemerkung: Meine eigene Position ist nicht die eines neutralen, buchhalterischen, gar fairen Beobachters der Soziologie. Was ich hier präsentiere, ist nicht *die Soziologie* – die es gar nicht gibt. Was ich hier präsentiere, sind durchaus mehr oder weniger kanonisierte Grundbegriffe des Faches, interpretiert freilich aus einer bestimmten methodologischen und theoretischen Perspektive, für die meine Soziologie steht, sehr wohl freilich mit dem Anspruch fürs soziologische Denken im allgemeinen zu werben. Dass diese sich aus bestimmten soziologischen Theorietraditionen speist, bestimmte Forschungsmethoden anwendet, thematisch auf Bestimmtes konzentriert ist und eine dezidierte Position zur Selbstbeschreibung des Faches einnimmt, lässt sich meinen sonstigen Arbeiten entnehmen. Ich präsentiere also weder *die* Soziologie als ein fantasmatisches Gebilde einer Einheit, die es nicht gibt, noch präsentiere ich die einzige Möglichkeit, wie man die Soziologie darstellen kann. Aber ich präsentiere eine, von der ich hoffe, dass sie hilfreich – und, ich wage es kaum zu sagen, auch mit *Vergnügen* – gelesen werden kann.

Mir jedenfalls hat das Schreiben dieses Buches Vergnügen bereitet – vielleicht auch deshalb, weil ich den allergrößten Teil des Textes im Sommer 2007 auf der Nordseeinsel Spiekeroog verfasst habe, wo ich wiederholt die beste ökologische Nische fürs Schreiben gefunden habe – zumal wir in Zukunft in der erneuerten Universitätswelt einer *scientia buffa* des komischen Effizienz-, Exzellenz- und Eminenztheaters[4] Bücher wahrscheinlich nur noch in ökologischen Nischen schreiben können. Ausdrücklich verboten ist es wenigstens noch nicht.

Bleibt mir noch zu danken. Von Anfang an hat Jutta Steinbiß den Schreibvorgang begleitet. Ihre Hinweise haben mir sehr geholfen. Ebenso dankbar bin ich für die kritische Lektüre des Textes durch meine Mitarbeiterinnen und Mitarbeiter Katharina Mayr, Julian Müller, Jasmin Siri, Elke Wagner, Lilian Brandtstaetter und Gina Atzeni. Ihre Anmerkungen hatten auch die Funktion einer Schnittstelle zur Perspektive von Studierenden, von der der Text an vielen Stellen profitiert hat. Viele der hier entwickelten Denkfiguren sind wiederholt in Gesprächen mit Irmhild Saake entstanden. Meinem Münsteraner Lehrer Georg Weber danke ich für die Lektüre und für den einen oder anderen Hinweis zu seinen eigenen Lehrerfahrungen – an denen ich selbst *von der anderen Seite her* teilhaben durfte. Frank Engelhardt vom VS-Verlag schließlich danke ich für die überaus freundliche Beratung und Betreuung.

Darüber hinaus habe ich zwei Personen zu danken, die nicht unmittelbar mit dem Entstehungsprozess des Buches zu tun haben, die aber je wissen, wofür ich Ihnen zu danken habe und wie sie das Entstehen des Buches befördert haben. Der eine ist Norbert Müller, dessen wiederholte Unterstützung auch dieses Buch begleitet hat. Der andere ist Eckart Strate, dessen Beitrag parallel zum Schreiben ganz und gar unakademisch, doch aber sehr geistreich ist.

Der größte Dank aber gebührt den Studierenden meiner (inzwischen sieben) Wintervorlesungen zur „Einführung in die Soziologie" an der Ludwig-Maximilians-Universität München. Sie haben erst jene lebendige Atmosphäre in den Hörsaal getragen, in der die Geschichte von Herrn A entstehen, reifen und soziologisch gehaltvoll eingesetzt werden konnte.

Erste Vorlesung: Was ist Soziologie? Oder: Über die Schwierigkeit einer Einführung

„*Soziologie* ist das, was Leute, die sich Soziologen nennen, tun, wenn sie von sich sagen, dass sie Soziologie betreiben. Mehr nicht."[5] Mehr nicht? Ralf Dahrendorf hat recht: Exakt das ist Soziologie, und dass er sich genötigt sieht, den einführenden Beitrag für das Jubiläumsheft zum 40. Jahrgang einer großen deutschsprachigen soziologischen Fachzeitschrift in solch launiger Manier beginnen zu lassen, spiegelt durchaus das Selbstverständnis unseres Faches zwischen etabliertem Forschungs- und Lehrbetrieb und sich kaum auf eine eindeutige Identität festzulegende Pluralität und Differenziertheit wider. Gerade dies macht es nicht einfach, Studierenden der ersten Semester, aber auch anderen Interessierten in der Lehre nahe zu bringen, was Soziologie eigentlich sei – und über das, was Soziologen machen, wissen sie letztlich noch nichts.

Nach meiner Lehrerfahrung besteht gerade in einführenden Lehrveranstaltungen – sowohl im Haupt- als auch im Nebenfach – ein grundlegendes Bedürfnis, eine so schlichte Frage beantwortet zu bekommen, wie sie hier gestellt wird: *Was ist Soziologie*? Womöglich ist die Frage nach der Identität, nach dem *definiens*, nach der grundlegenden Eigenschaft/Funktion/Arbeitsweise einer Wissenschaft kaum irgendwo so brisant, aber auch kaum irgendwo so schwer zu beantworten wie im Falle unseres Faches. Denn in der Tat werden Studierende des Faches Soziologie mit sehr unterschiedlichen Auffassungen darüber konfrontiert, was Soziologie letztlich sei. Ich möchte deshalb in dieser ersten Vorlesung einen möglichen, keineswegs den einzig möglichen, aber vielleicht einen mit besonderen Plausibilitäten ausgestatteten Versuch demonstrieren, wie das, was die Soziologie zur Soziologie macht, in didaktisch wirksamer Weise demonstriert werden könnte.

Gegen meine Vorüberlegungen könnte eingewendet werden, dass es doch gar nicht so schwierig sei, eine fachuniversale Definition von *Soziologie* zu geben, und dass damit die Frage nach der Soziologie in der Allgemeinheit der gestellten Fragen gar nicht von Interesse, zumindest nicht problematisch sein könnte: Soziologie ist bekanntlich diejenige Wissenschaft, die *mit disziplineigenen Begriffen, Theorien und Methoden Struktur-, Funktions- und Entwicklungszusammenhänge der Gesellschaft beschreibt und erklärt*. So zumindest lautet die einschlägige Formulierung in einem der führenden deutschsprachigen Lexika zur Soziologie.[6] Nun besteht eines der Probleme wissenschaftlicher Definitionen unter anderem darin, dass der Term auf der linken Seite des Gleichheitszeichen dem auf seiner rechten Seite entsprechen muss, ohne dass auf beiden Seiten dasselbe steht. Die Definition fängt an mit *Soziologie ist* und fährt mit Aussagen darüber fort, *was* sie ist, ohne einfach sagen zu können: *Soziologie* – nun das wäre so etwas Ähnliches wie das, was Ralf Dahrendorf meinte, nur dass dies hier auf die Sache bezogen ist, während Dahrendorf von den „Leuten" spricht, also nicht sachlich, sondern sozial qualifiziert.

Gute Definitionen müssen es demnach vermeiden, Tautologien zu sein, und doch stehen sie stets in der Gefahr, tautologisch daherzukommen. Mit anderen Worten: Wer die oben genannte Definition von *Soziologie* verstehen will, muss bereits etwas über Soziologie wissen, um verstehen zu können, was unter *Struktur-, Funktions- und Entwicklungszusammenhängen* zu verstehen ist, von *Gesellschaft* ganz zu schweigen. Ganz so einfach scheint es also nicht zu sein, die Frage nach dem, was Soziologie sei, zu beantworten – ohne dabei gleich zu „soziologisch" zu werden. Wie fängt man nun eine wissenschaftliche Einführung in die Soziologie als Wissenschaft an?

Ein probates und oft probiertes Mittel ist sicher, Studierende selbst zu Wort kommen zu lassen, denn sie müssen bereits ein Vorverständnis des Faches mitbringen, sonst wäre die Studienwahl sicher nicht auf Soziologie gefallen. Antworten auf die Frage, was die beteiligten Studierenden unter Soziologie verstehen, werden nach meiner Erfahrung mit ähnlichen Termini erläutert, wie es die oben erwähnte lexikalische Definition tut: Soziologie sei die Wissenschaft, die sich mit den Formen, den Entwicklungsbedingungen und den Problemen menschlichen Zusammenlebens beschäftige, sie habe gegenwärtige und historische Gesellschaften zum Gegenstand, deren Gemeinsamkeiten und Unterschiede sie herauszuarbeiten habe, sie verfolge das Interesse, die Bedingungen menschlichen Zusammenlebens zu analysieren, um aufzuzeigen, wie diese Bedingungen verbessert werden könnten, sie habe die Aufgabe, darüber aufzuklären, welche Mechanismen *hinter dem Rücken der Akteure* dafür sorgten, dass wir uns in bestimmten Situationen so verhalten, wie wir uns verhalten usw.

In der Tat: Diese Definitionen scheinen völlig auszureichen, um den Gegenstand der Soziologie zu beschreiben – man könnte selbstverständlich erläutern, in welcher Weise diese Aufgaben erfüllt werden, man könnte den eigentümlichen Charakter der Soziologie zwischen theoretischer Begriffsbildung und empirischen Verfahren betonen, selbstverständlich dürfte der Hinweis nicht fehlen, dass der Soziologie kein einheitliches Paradigma eignet, sondern dass sie in eine sich zum Teil spinnefeindlich gegenüberstehende Vielzahl von Methoden, Methodologien, Theorien und nicht zuletzt Erkenntnisinteressen zerfällt und dass Manche dies eher als Vorteil, Andere dies eher als Nachteil interpretieren.

Konventionellerweise wird so in die Soziologie eingeführt, und für einführende Vorlesungen sind diese Sätze fast unvermeidbar. Einer solchen Vorgehensweise kommt ohne Zweifel auch einiges Recht zu, wenn darauf eine Einführung in die Grundbegriffe der Disziplin, in die wichtigsten theoretischen Richtungen, selbstverständlich in ihre Geschichte und ihre methodologischen Grundfesten folgt. Allein, bevor Studierende in diese gewissermaßen *normalwissenschaftlichen* Standards der Soziologie als wissenschaftlicher Disziplin eingeführt werden, muss auf eine Besonderheit hingewiesen werden, die die Soziologie von den meisten anderen wissenschaftlichen Disziplinen unterscheidet; und exakt dieses Merkmal dürfte es sein, das die Frage *Was ist Soziologie?* – auch in didaktischer Hinsicht – von besonderer Bedeutung sein lässt. Begeben wir uns also in dieser realen Vorlesung zunächst in eine fiktive Vorlesung zur Einführung in die Soziologie, deren erste Stunde sich mit unserer Titelfrage beschäftigt: *Was ist Soziologie?* – eine Vorlesung übrigens, die (wiederum aus didaktischen Gründen) so nie zu halten wäre, für den Demonstrationszweck sich aber nun dieses Kommunikationsmittels bedient. Steigen Sie also nicht aus, es dauert nur etwa 10 Seiten.

> Wer nach der Soziologie fragt, stößt unweigerlich auf eine Paradoxie, zumindest auf eine Merkwürdigkeit. Man wird zunächst konfrontiert mit der allgemeinen Definition unserer Disziplin, nach der die Soziologie Struktur-, Funktions- und Entwicklungszusammenhänge der Gesellschaft beschreibt und erklärt – so die bereits oben erwähnte Definition aus einem der einschlägigen Lexika. Sieht man genauer hin, so taucht innerhalb dieser Definition Soziologie auf beiden Seiten der Definition auf, denn ohne Zweifel gehört die Soziologie selbst zu jenen *Struktur-, Funktions- und Entwicklungszusammenhängen der Gesellschaft*, die zu beschreiben ihr abgrenzendes Kriterium zu anderen wissenschaftlichen Disziplinen ist. Mit anderen Worten: Die Soziologie gehört selbst zu jener Gesellschaft, die sie zu beschreiben, zu erklären und zu analysieren sucht. Sie findet sich in ihrem Tun nicht nur an sich selbst, sondern auch auf ihrer Gegenstandsseite vor. Wer also die Gesellschaft als ganze mit Hilfe soziologischer Erkenntnismittel in den Blick bekommen will, wird wohl oder übel irgendwann auch auf sich selbst stoßen, denn dass wissenschaftliche Tätigkeit ein gesellschaftlicher Sachverhalt ist, zur gesellschaftlichen Praxis gehört, lässt sich wohl kaum ernsthaft bestreiten. Sie ist selbstverständlich nur *ein* mögliches soziologisches Thema unter nahezu unendlich vielen ande-

ren, aber *dass* ihre eigene Tätigkeit zugleich mindestens *potentiell* auch ihr Gegenstand sein könnte, ist von erheblicher Bedeutung.

Akzeptiert man diese hier nur angedeutete prinzipielle Selbstbezüglichkeit der Soziologie als wissenschaftliche Disziplin wie als wissenschaftlichen Gegenstand, eröffnet sich eine neue Möglichkeit, die Frage zu beantworten, was unter Soziologie zu verstehen sei. Und zwar können wir nun die Soziologie selbst wie einen soziologischen Sachverhalt behandeln und fragen: *Wie lässt sich das Auftreten einer wissenschaftlichen Disziplin wie der Soziologie soziologisch erklären?* Unschwer ist zu erkennen, dass diese Vorgehensweise zweierlei ermöglicht: *Erstens* führt sie schon gewissermaßen praktisch in die soziologische Tätigkeit ein, denn wir wollen ja *soziologisch* erklären, warum es zu einer wissenschaftlichen Disziplin namens Soziologie kommt; *zweitens* macht sie sich die erwähnte Paradoxie oder Eigentümlichkeit der soziologischen Wissenschaft zunutze und vermag diese damit entsprechend zu demonstrieren.

Nun beginnt man soziologische Aussagen nicht schlicht mit einer unkontrollierbaren Beobachtung von Phänomenen, sondern muss sich fragen, was man warum wie beobachtet. Wenn wir also danach fragen, unter welchen Bedingungen soziologisches Denken entstanden ist und welche soziologischen Implikationen dieses Auftreten der Soziologie als Wissenschaft hat, unterliegt unserem Fragen bereits eine Reihe von soziologischen Hypothesen, also beobachtungsleitenden Vorannahmen. Sie – die *realen* Zuhörer einer zunächst noch *fiktiven* Vorlesung – sehen also: Wie jedes andere wissenschaftliche Denken unterscheidet sich auch soziologisches Denken von alltagsweltlichem vor allem dadurch, dass es sich dazu genötigt sieht, sich Rechenschaft darüber abzulegen, warum der Gegenstand der angestrebten Erkenntnis so und nicht anders beobachtet wird. Ich habe bereits eine Hypothese genannt: Die Soziologie sei selbst ein sozialer Sachverhalt, bewege sich also innerhalb des sozialen Raums, den sie wissenschaftlich zu erfassen sucht. Ein zweite Hypothese könnte lauten: Wissenschaft versorgt die Gesellschaft mit Wissen, und zwar mit einem Wissen, das methodisch kontrolliert zustande gekommen ist und deshalb mit Autorität vorgetragen werden kann. Um das Auftreten einer Wissenschaft erklären zu wollen, könnte es somit von Vorteil sein, danach zu fragen, warum ausgerechnet in einer bestimmten historischen Situation bestimmtes wissenschaftliches Wissen entsteht. Anders gefragt: *Auf welches gesellschaftliche Wissensbedürfnis reagiert gesellschaftliche Wissensproduktion durch die Entwicklung und Etablierung gesellschaftswissenschaftlicher Disziplinen?*

Lassen Sie mich die Fragestellung zunächst an anderen Problemkreisen exemplarisch verdeutlichen. Ingenieur- und technikwissenschaftliche Disziplinen entstehen erst dann, wenn die Produktionsweise einer Gesellschaft so weit gediehen ist, dass sich das Wissen um die Produktion von Gütern und die Kontrolle von Produktionsprozessen nicht mehr durch gewissermaßen alltagsweltliche Überlieferungen organisieren lässt, sondern nun einen so hohen Grad an Kompliziertheit und Spezialisierung erfährt, dass dieses Wissen außerhalb des Produktionsprozesses erworben, erforscht und tradiert werden muss. Wurde – idealtypisch gesehen – handwerkliches Wissen vom Lehrherren zum Gesellen gewissermaßen naturwüchsig tradiert oder in Zünften in ganze Lebensformen eingebaut und damit auch nur sehr langsam verändert, standen nur sehr geringe Möglichkeiten der Variabilität und Entwicklungsfähigkeit dieses praktischen Wissens zur Verfügung. Benötigt die Gesellschaft nun komplizierte Wissensformen, kann sie sich auf diese naturwüchsige Organisation von Wissen nicht mehr verlassen und leistet sich ingenieur- und technikwissenschaftliche Disziplinen. Um es plakativ zu sagen: Die Erfindung der Dampfmaschine war nicht nur von wissenschaftlichen und technischen Erkenntnissen abhängig, die man zuvor gemacht hatte. Eine der Bedingungen bestand auch darin, dass man in einer Gesellschaft lebte, in der man mit der Bändigung solch entfesselter Kräfte etwas anfangen konnte – freilich ohne zuvor genau zu wissen, was das genau sein könnte. Und es waren gerade die Folgen des großflächigen Einsatzes von Dampfmaschinen, die eine wissenschaftliche Reflexion und Berechnung der Technik erforderlich machten, nachdem immer mehr solcher Kraftmaschinen explodiert waren, weil die Berechnungen über Stahlstärke, Schweißnähte und Kesselvolumina nicht korrekt waren.[7]

Das Entstehen einer wissenschaftlichen Disziplin, so ließe sich als *wissenschaftssoziologische* Hypothese formulieren, reagiert auf gesellschaftliche Problemlagen und stellt Problemlösungskapazitäten zur Verfügung – oder sie bietet Lösungen an, für die dann passende Probleme gefunden werden können. Was ich hier am Beispiel der Ingenieur- und Technikwissenschaften angedeutet habe, ließe sich auch für andere Disziplinen zeigen:

- Einer *Erziehungswissenschaft* bedarf es erst dann, wenn die Unterweisung der jungen Generation nicht mehr eindeutig durch ständische, religiöse oder sonstige Traditionen gesichert wird und wenn eine öffentliche Organisation des Erziehungs- und Bildungswesens entsteht, etwa durch staatlich organisiertes Schulwesen, das selbst wiederum darauf reagiert, dass Tätigkeiten anders tradiert werden müssen.

- Bedarf für eine *psychologische* Wissenschaft entsteht erst dort, wo die Innenwelt des Menschen für ihn selbst zum Problem wird, wo der Mensch als Individuum sein Leiden an der Welt insbesondere als Leiden an sich selbst erlebt – auf die Zeit- und Ortsgebundenheit der Entstehung der Freudschen Psychoanalyse im morbiden Wien des *fin de siècle* ist immer wieder hingewiesen worden.
- Für *Theologie* als wissenschaftliche Disziplin entsteht erst dort ein gesellschaftlicher Bedarf, wo die Auslegung der Heiligen Schrift zum Problem wird, wo also unterschiedliche Deutungsmöglichkeiten zugleich auftreten und man sich nun in einer Welt wieder findet, in der man auf ein Publikum stößt, das lesen und schreiben kann und womöglich eigene Zugänge zur Transzendenz sucht.
- *Ökonomische Wissenschaften* treten erst dann auf, wenn sich ein kapitalistischer Wirtschaftsverkehr entwickelt, in dem wirtschaftliche Prozesse selbst immer komplizierter werden und immer weniger durch naturwüchsige Traditionen gesichert sind.
- *Geschichtswissenschaften* entstehen dort, wo deutlich wird, dass sich die Gegenwart nur als Resultat historischer Prozesse darstellen lässt – und wo sich mit historischen Standortbestimmungen Identitäten legitim herstellen lassen.
- *Frauen- und Geschlechterforschung* reagiert auf gesellschaftliche Entwicklungen, in denen Geschlechterverhältnisse ihre Naturwüchsigkeit verlieren und für gesellschaftliche Gestaltung freigegeben werden.
- Die Auflösung mancher Disziplinen in *cultural studies* ist in einer Gesellschaft plausibel, in der fast alles *kulturell* unterschieden wird und sich als Kultur emanzipiert.
- Vielleicht noch ein aktuelles Beispiel: Derzeit ist eine neue Disziplin unter Beteiligung medizinischer, sozialwissenschaftlicher, pädagogischer und psychologischer Kapazitäten im Entstehen begriffen, nämlich eine *Pflegewissenschaft*, die offenbar auf das Problem reagiert, dass die Betreuung von Alten und Kranken nicht mehr in Familien und anderen Versorgungsbezügen erfolgt und dass sich die Anforderungen an die Pflege aufgrund neuer medizinischer Möglichkeiten erheblich verändern. Die Emanzipation von Professionellen in den Pflegeberufen von ärztlicher Allmacht spielt hierbei sicher auch eine Rolle.

Die genannten Beispiele, die sich hier nur auf Andeutungen beschränken müssen, machen eines deutlich: Wissenschaftliche Disziplinen reagieren auf einen gesellschaftlichen Problembestand, auf einen Problemlösungsbedarf, der sich durch bisher zur Verfügung stehende Wissensformen nicht mehr befriedigen lässt. Dazu gehört dann auch die Etablierung von Forschung bar jeder und jenseits jeder Idee unmittelbarer Anwendbarkeitserwartung. Solche *Grundlagenforschung* in allen wissenschaftlichen Feldern ist dann das Ergebnis der Erfahrung, dass es die Wissenschaft selbst ist, von der Lösungen ausgehen – und wenn es am Ende bisweilen nur Lösungen für wissenschaftliche Probleme sind, die man ohne die Wissenschaft gar nicht hätte. Es ist dies gewissermaßen eine soziologische Hypothese, eine soziologische Basisannahme, mit Hilfe derer sich auch die Frage nach dem Ursprung der Soziologie beantworten lassen müsste.

Die entscheidende Frage lässt sich also nun exakter stellen: *Auf welches gesellschaftliche Problem reagiert die Entstehung der Soziologie als wissenschaftliche Disziplin?* Diese Frage verweist auf eine funktionale Methode. Vgl. dazu Armin Nassehi: Rethinking Functualism. Zur Empiriefähigkeit systemtheoretischer Soziologie, in: Herbert Kalthoff et al. (Hg.): Theoretische Empirie, Frankfurt/M. 2008, S. 79-106. Anders gefragt: Was ist das zentrale Bezugsproblem der Soziologie? Um diese Frage zu beantworten, ist es sinnvoll, einen Blick auf den historischen Beginn unserer Disziplin zu werfen, wobei man sich darüber streiten kann, wo dieser genau zu verorten ist. Ferner ist darauf hinzuweisen, dass menschliche Gesellschaftsformen schon erheblich früher, also etwa in der *Nikomachischen Ethik* des Aristoteles, Gegenstand wissenschaftlicher Erkenntnis waren, gleichwohl aber nicht mit jenem Problembezug, der die Soziologie als eigenständige Disziplin ausmacht. Außerdem dürfte – bei aller Pluralität des Faches – zumindest ihr Anfang so etwas wie Identität repräsentieren können, ohne dass damit einem soziologischen Schöpfungsmythos das Wort geredet werden soll. Wo auch immer der Anfang nun genau zu verorten ist, werde ich einige wenige *statements* früher Soziologen präsentieren, aus denen sich der grundlegende Problembezug bzw. das grundlegende Bezugsproblem soziologischen Denkens ablesen lässt.

Beginnen wir mit einem Autor, der explizit gar kein Soziologe ist, mit dem Philosophen Georg Wilhelm Friedrich Hegel (1770-1831). Hegels Staats- und Rechtsphilosophie hat in den ersten drei Jahrzehnten des 19. Jahrhunderts einen Primat des Politischen, des Staates vor den anderen großen Sphären der Gesellschaft betont – vor der *Familie* nämlich und vor der *bürgerlichen Gesellschaft*. In der Familie geht der Einzelne völlig auf, in der bürgerlichen Gesellschaft ist er Wirtschaftsbürger und Eigentümer und verfolgt eigene

Interessen, und im Staat ist er Teil eines Ganzen, das aber als Mitglied aus freien Stücken. Hegel schreibt: „Wenn der Staat mit der bürgerlichen Gesellschaft verwechselt und seine Bestimmung in die Sicherheit und den Schutz des Eigentums und der persönlichen Freiheit gesetzt wird, so ist das Interesse der Einzelnen als solches der letzte Zweck, zu welchem sie vereinigt sind, und es folgt hieraus ebenso, daß es etwas Beliebiges ist, Mitglied des Staates zu sein.“[8] Hegel hat dies 1821 geschrieben, sechs Jahre nach dem Wiener Kongress, auf dem die Nationalstaatsordnung Europas errichtet wurde, die bis heute gilt oder an deren Folgen Europa bis heute laboriert.[9] Die Mitgliedschaft zum starken, selbstbewussten Nationalstaat mit starkem Identitäts- und Bekenntnisanspruch war es, die Hegel vor allem im Blick hatte – es soll und darf für den (Staats-)Bürger nichts *Beliebiges* sein, Mitglied eines Staates zu sein. Aber Hegel erkennt auch an, dass der Mensch nicht nur Staatsbürger ist, sondern auch Wirtschaftsbürger – während Ersterer sich Kollektivinteressen unterzuordnen hat, verfolgt Zweiterer eigene Ziele. Es dürfte deutlich sein, dass eine solche – zwar noch vorsoziologische, die Soziologie aber stark bestimmende – Denkungsart dort entsteht, wo man die Erfahrung macht, dass unterschiedliche Sphären der Gesellschaft unterschiedliche Logiken ausbilden, unterschiedliche Gestaltungsmöglichkeiten eröffnen und unterschiedliche Anforderungen an den Menschen stellen – und damit je eigene Typen individuellen Handelns hervorbringen und legitimieren. Besonderes Vehikel, diese *neue* Erfahrung auf den Punkt zu bringen, war der Versuch der *historischen* Standortbestimmung. Für Hegel sind die bürgerliche Gesellschaft und der Nationalstaat gewissermaßen die Spitze einer dialektischen historischen Bewegung.

Bei Auguste Comte (1798-1857), jenem französischen Denker, der in der ersten Hälfte des 19. Jahrhunderts den Begriff *Soziologie* entwickelt hat, sollte die Soziologie jene Wissenschaft darstellen, mit Hilfe derer sich zum einen die statischen Strukturen der Gesellschaft beschreiben lassen, die aber zum anderen in der Lage ist, die objektiven Bewegungsgesetze der gesellschaftlichen Entwicklung herauszuarbeiten. Comte hat ein geschichtsphilosophisches System entwickelt, nach dem sich im Laufe der Weltgeschichte nach dem theologischen und dem metaphysischen Zeitalter nun das Zeitalter der Rationalität, der Vernunft, das positive Zeitalter durchsetzen werde. Hier sollten allein wissenschaftliche, gemäß den Naturwissenschaften gebildete Vernunftgründe Geltung besitzen und so eine allein auf Vernunft und rationales Kalkül gestützte Gesellschaftsform begründen. Der Soziologie wies Comte die zentrale Rolle gesellschaftspolitischer Planung und Steuerung zu, ja die soziologische Vernunft sollte gar Züge einer positivistischen Zivilreligion annehmen und damit durch die positivistische Versöhnung von Ordnung und Fortschritt geschichtspraktische Relevanz haben.[10]

Als weiteres Beispiel wähle ich einen krassen Kontrapunkt zu Comte, nämlich dessen deutschen Zeitgenossen Wilhelm Heinrich Riehl (1823-1897), ab 1854 Professor für Staatwissenschaft in München. Ging Comte von einer rationalistischen Fortschrittsphilosophie aus, hat der eher konservative Romantiker Riehl in den 50er und 60er Jahren des 19. Jahrhunderts ein soziologisches Denkgebäude entworfen, in dem dafür geworben wird, die moderne Gesellschaft nicht schlicht nivellierend auf ein Prinzip zurückzuführen, sondern die unterschiedlichen Schichten und Gruppen der Gesellschaft in ihrer Vielfalt wieder in den „Volkskörper" zu integrieren. Riehls besonderes Interesse gilt dem Proletariat, das, losgelöst von Brauchtum und Sitte, wieder mit sozialen Bezügen versehen werden sollte. Riehl hält eine Reform der auseinanderstrebenden kapitalistischen Gesellschaft vonnöten, und der Soziologie kommt nach seiner Auffassung eine besondere Bedeutung zu, denn „in einer Erkenntnis der Gesellschaft" könnte „bereits die Reform der Gesellschaft vorgebildet"[11] sein.

Ähnlich wie Riehl setzt auch – mein viertes Beispiel – Lorenz von Stein (1815-1890), ab 1846 Professor für Nationalökonomie in Kiel, ab 1855 in Wien, an der sogenannten *sozialen Frage* an. Zentrales Thema für Stein ist die Frage nach „Wesen, Bestimmung und Recht der Ungleichheit der Individuen mit ihren Folgen für alle menschliche Entwicklung"[12]. Stein war kein Sozialrevolutionär, sondern stellte sich die Frage, in welcher Weise die Gesellschaft in der Lage ist, die durch den Industriekapitalismus bedingte radikale Ungleichheit der Klassen zu legitimieren und zu tolerieren und welche Rolle dem Staat zukommt, diese Ungleichheit abzumildern und damit sozialen Frieden zu stiften.

Ein weiteres Beispiel, das hier nicht fehlen darf, ist der wissenschaftliche Sozialismus von Karl Marx (1818-1883) und Friedrich Engels (1820-1895). Marx schrieb am 25. Juli 1867 in London im Vorwort zur ersten Auflage des Kapitals, es sei „der letzte Endzweck dieses Werks, das ökonomische Bewegungsgesetz der modernen Gesellschaft zu enthüllen"[13], und zwar ein Bewegungsgesetz, das mit quasi-natürlicher Notwendigkeit sich entfalte und das im Prozess der Befreiung des Proletariats lediglich „die Geburtswehen abkürzen und mildern"[14] helfen könne. Als wesentliche Ursache des radikalen Wandels gilt hier die Entwicklung der Produktivkräfte und Produktionsmittel hin zu einer industriell-technischen Produktionsweise.

Was verbindet diese vier letztlich recht willkürlich ausgewählten Beispiele einer vor etwa 150 Jahren entstandenen Sozial- oder Gesellschaftswissenschaft? Es wird unmittelbar deutlich, dass in allen vier Statements auf radikale Umwälzungen der Gesellschaft aufmerksam gemacht wird: Bei Hegel auf die Entstehung des bürgerlichen Nationalstaats, bei Comte auf die Folgen der Französischen Revolution und die Enttäuschung darüber, dass die vorausgesagten Erfolge der revolutionären Umwälzung sich in ein konservatives Festhalten der neuen Machthaber an den für sie nun erreichbar gewordenen Fleischtöpfen verwandelt haben; bei Riehl auf eine neue gesellschaftliche Klasse – das Proletariat –, das aus dem System gesellschaftlicher Wechselwirkungen ausgeschlossen wurde und das geradezu zum Symbol einer durch Verstädterung und Industrialisierung aus den Fugen geratenen Welt wird; bei von Stein auf neue Formen und die Illegitimität sozialer Ungleichheit; bei Marx auf eine dem gesellschaftlichen Wesen inhärente Bewegung, die notwendig mit alten Verhältnissen aufräumt und neue inauguriert.

So verschieden die sozialpolitischen, philosophischen und auch sozialwissenschaftlich-methodologischen Ansätze dieser Beispiele sein mögen, der Soziologie bzw. der Gesellschaftswissenschaft, weisen sie eine besondere Rolle zu. Sie solle eine besondere, gewissermaßen mäeutische Funktion für das Entstehen eines neuen gesellschaftlichen Zustandes, für eine neue Epoche, für eine Zeit haben, die *modern* genannt wird.

Schon diese wenigen Andeutungen dürften deutlich machen, dass das gemeinsame Bezugsproblem jener neuen Wissenschaft darin besteht, dass sich die sozialen Verhältnisse der Gesellschaft selbst fremd geworden sind. Fügte sich in der alten Welt alles einer gewissen überzeitlichen Ordnung und bestand vor allem ihre Legitimation in einer quasi überzeitlich legitimierten, letztlich religiös vermittelten Sinnwelt, scheint die neue, moderne Welt den Grund ihrer Ordnung nicht mehr unproblematisch zu kennen. Radikale Umwälzungen in Ökonomie, Recht, Wissenschaft, Verkehr und staatlichem Gemeinwesen führen zu einer janusköpfigen Situation: *Einerseits* ging die Sicherheit spendende Kraft vorheriger überzeitlicher Weltbilder verloren, *andererseits* gewann man einen nie zuvor da gewesenen Gestaltungsspielraum. Alles war prinzipiell erneuerbar, und nichts konnte unreflektiert für sich reklamieren, so zu bleiben, wie es immer war. *Gesellschaft* war nun nicht mehr ein Raum der Geselligkeit, nicht mehr bloße Sphäre gemeinsamen Lebens, sondern ein Spielraum für Gestaltung. Pathetisch ausgedrückt: Was vormals das Resultat einer fremden Schöpfung war, unveränderlich und gültig, muss nun permanent neu erschaffen werden.[15]

Dabei ging es nicht nur darum, dass sich die Welt dynamisiert hat und sich schneller veränderte, sondern es ging vor allem auch darum, dass die *Gesellschaft* nun selbst sowohl *Adressat* als auch *Publikum* dieser Dynamik wurde.[16] *Gesellschaft* war kein abstrakter Begriff – sondern chiffrierte jenen Raum, jene *Arena,* in der sie sich selbst zum Thema wurde. Was entfesselt wurde, war vor allem *Kommunikation,* d.h. die beredte Form der Selbstwahrnehmung der Gesellschaft, des öffentlichen Diskurses und der Beobachtungen aller möglichen Handlungsfelder durch unterschiedliche Instanzen der Gesellschaft.[17] War die Welt zuvor stärker an der Tradierung ihrer Routinen oder an der langsamen Anpassung an ebenso langsame Veränderungen orientiert, wurde die Dynamik der Gesellschaft nun selbst zu jenem Thema, das dynamische Debatten hervorgebracht hat. Ich habe mit den wenigen Klassikern von Hegel bis Marx die entscheidenden Themen genannt: die Differenzierung von Gesellschaft und Staat, die soziale Frage der Verteilungsgerechtigkeit und des demokratischen Interessenausgleichs, die Frage der Klassenbildung und Ausdifferenzierung ganz neuer Lebensformen, nicht zuletzt die Frage der historischen Geschwindigkeit. All dies waren Themen, die die öffentlichen Arenen bestimmt haben – und zwar in erster Linie in der Form des im 19. Jahrhundert selbstbewusster werdenden Nationalstaates, dessen Herausforderung vor allem darin bestand, zwei gegenläufige Erfahrungen miteinander zu verbinden: *einerseits* die staatsbürgerliche und rechtliche Gleichheit der Menschen mit dem Versprechen auf Zugehörigkeit und Partizipation etwa derer, die noch eine Generation zuvor gar nicht als Träger allgemeiner Rechte in Frage kamen; *andererseits* die neue Form sozialer Ungleichheit, die mit dem im 19. Jahrhundert seinen Siegszug antretenden Industriekapitalismus vor allem in den Städten entstanden ist. In diesem Spannungsfeld bewegte sich das sozialwissenschaftliche Denken – im Spannungsfeld jener beiden Arena-Instanzen, die die Welt als gestaltbare Gesellschaft erscheinen ließ, im Spannungsfeld von *politischer Öffentlichkeit* und *Markt* als denjenigen Instanzen der öffentlichkeitswirksamsten Formen gesellschaftlicher Selbstbeobachtung.

Diese Friktion auf den Begriff zu bringen, ermöglichten nun sozialwissenschaftliche Denkweisen, von denen die Differenzierung in eher wirtschaftswissenschaftliche Disziplinen und eher an der politischen Selbstbeobachtung interessierte sozialwissenschaftliche Disziplinen hier ihren Ausgang nahm. Und dies ist auch der Ausgangspunkt für die Differenzierung in sozialwissenschaftliche Einzeldisziplinen wie die Volks- und Betriebswirtschaftslehre, die Politikwissenschaften, später die Kommunikations- und

> Medienwissenschaften, zum Teil auch die Erziehungswissenschaften, so weit sie mit sozialwissenschaftlichen Methoden arbeiten. Diese Ausdifferenzierung sozialwissenschaftlicher Disziplinen bildet letztlich wissenschaftlich ab, was gesellschaftliche Erfahrung werden sollte: dass die moderne Gesellschaft unterschiedliche *Orte* hervorbringt, aus deren Perspektiven sich die gesellschaftliche Dynamik unterschiedlich darstellt. Klassisch dafür ist die Unterscheidung von Markt und Staat, von Wirtschaft und Politik mit ganz unterschiedlichen Handlungsrationalitäten – dynamische Schnelligkeit und strategische Entscheidungen in der Wirtschaft, Einbau von Langsamkeit durch demokratische Partizipation und deliberierende Debatten in der Politik und in der politischen Öffentlichkeit. Der Beginn professionellen soziologischen Denkens jedenfalls hat sich noch stets für beide Arenen interessiert – sowohl für die bürgerliche Gesellschaft als auch für den Staat. Sie hat gewissermaßen das Hegelsche Erbe in eine empirische Wissenschaft übersetzt, dass die soziale Welt unterschiedliche *Orte* ausbildet, an denen die Akteure unterschiedlich reden und handeln – bei ihm waren das Familie, bürgerliche Gesellschaft und Staat. Dieser sehr einfache, aber folgenreiche Gedanke ist vielleicht der schwierigste soziologische Gedanke: *dass es die Orte sind, die uns zu Subjekten machen, und nicht die Subjekte, die Orte hervorbringen.* Dies alles zusammen zu denken und nicht getrennt voneinander, dies alles als Teil *einer* Gesellschaft zu denken, macht vielleicht die besondere Bedeutung der Soziologie im Vergleich zu den anderen Sozialwissenschaft aus.

Ich gebe zu, dass all das nicht ganz einfach ist und bin mir sicher, dass es sich der Anfängerin und dem Anfänger nicht sogleich erschließen wird. Ich weise aber, sollte das beim Lesen in Vergessenheit geraten sein, darauf hin, dass wir uns hier noch gar nicht in der Vorlesung selbst befinden, sondern noch in einer *fiktiven* Vorlesung, die auf die reale erst vorbereiten soll. Zunächst also weiter mit der fiktiven Vorlesung:

> Selbstverständlich weisen nicht alle Gründerväter der Soziologie wie Comte der neuen Wissenschaft einen quasi-religiösen Status zu, doch als commonsense lässt sich formulieren, dass die Soziologie als Reflexionstheorie jener Umwälzungsprozesse gelten kann und dass ihr Bezugsproblem in der neuen Erfahrung der Gestaltbarkeit der Welt liegt – deshalb ist sie bis heute die *allgemeinste* Sozialwissenschaft, ohne die, wenn man das mit einigem Selbstbewusstsein sagen darf, die Derivatdisziplinen sozialwissenschaftlicher Provenienz nicht sehen könnten, was sie sehen – weder theoretisch noch metho-

disch. Die Soziologie interessiert sich dafür, wer was warum und wie sagt und tut – und sie fragt nach den Bedingungen für diese Möglichkeiten. Insofern ist sie ein legitimer Spross der Aufklärung.

Übrigens ist der Ursprung der Soziologie aus dem Geist der Gestaltbarkeit der Welt am eindringlichsten von einem der entschiedensten Kritiker der insbesondere aus Frankreich stammenden positivistischen Schule Comtes formuliert worden, zwar in polemischer Absicht, aber doch sehr treffend. Der Philosoph Wilhelm Dilthey (1833-1911) schreibt: „Der Ursprung der Soziologie lag in der Erschütterung der europäischen Gesellschaft seit dem letzten Drittel des 18. Jahrhundert; eine neue Organisation der Gesellschaft sollte unter der Leitung des im 18. Jahrhunderts mächtig herangewachsenen wissenschaftlichen Geistes sich vollziehen; von diesem Bedürfnis aus sollte der Zusammenhang des ganzen Systems der wissenschaftlichen Wahrheiten, von der Mathematik aufwärts, festgestellt und als ihr letztes Glied die erlösende Wissenschaft der Gesellschaft begründet werden."[18] Damit ist ziemlich genau beschrieben, mit welchem impliziten wie expliziten Selbstanspruch jene neue Wissenschaft auftrat und welch neues Betätigungsfeld sich ihr eröffnete.

Die eigentliche Konsolidierungsphase der Soziologie als eigenständige wissenschaftliche Disziplin sollte erst zu Beginn des 20. Jahrhunderts einsetzen, im deutschen Sprachraum mit den Namen Ferdinand Tönnies (1855-1936), Max Weber (1864-1920) oder Georg Simmel (1858-1918) verbunden. Hier erst setzte eine eigenständige Begriffs-, Methoden- und Theoriebildung ein, in deren unmittelbarer Kontinuität auch die heutige akademische Soziologie nach wie vor steht. Ab nun stand weniger Programmatik als Pragmatik auf dem Programm: Die Konsolidierung der Soziologie erfolgte nämlich insbesondere dadurch, dass die Erfahrung einer brüchig gewordenen Welt nun umgemünzt wurde in soziologische Analysen von gesellschaftlichen Wandlungsprozessen: der Wandel von *Gemeinschaft zu Gesellschaft* bei Tönnies, *Rationalisierungsprozesse* bei Weber und *kulturelle Differenzierungs- und Individualisierungsprozesse* bei Simmel.[19]

Hat der hohe Selbstanspruch der Soziologie jene Konsolidierungsphase überstanden? Mit anderen Worten: lässt sich das, was ich als grundlegendes Bezugsproblem der Soziologie angedeutet habe, auch im heutigen Selbstverständnis der Soziologie wieder finden?

Zumindest haben sich die Verhältnisse abgekühlt. Niemand würde heute von der Soziologie mehr zivilreligiöse Energien erwarten, niemand würde heute ungebrochen behaupten, per soziologischer Erkenntnis in der Lage zu sein, gesellschaftliche Prozesse im Ganzen planen, steuern und damit entscheidend verbessern zu können. Doch was die akademische Soziologie auch heute noch ausmacht, ist ihr beharrlicher Hinweis darauf, dass gesellschaftliche Verhältnisse, wie starr, unauflöslich, selbstverständlich und indiskutabel sie erscheinen mögen, stets nur Ergebnisse gesellschaftlicher Konstitutions- und Konstruktionsprozesse sind und dass Gesellschaft nach wie vor ein Gestaltungsraum bleibt, der nicht nur aktiv veränderbar ist, sondern der sich auch ohne unser Zutun ständig verändert.

Vielleicht hat sich das klassische Bezugsproblem der Soziologie etwas verschoben: Ging es in der frühen Soziologie noch darum, Praxisanleitung für die aktive Gesellschaftsgestaltung zu geben, stehen wir als Soziologinnen und Soziologen heute vor der Situation, jene eigentümliche Dialektik von aktiver Gestaltungskraft und paradoxen Wirkungen, den Zusammenhang von gewollten Veränderungen und blinden Wandlungsprozessen, das Ineinandergreifen geplanter Prozesse und ungeplanter Veränderungen zu beobachten. In diesem Sinne behauptet Soziologie auch heute noch, „Korrekturwissen der Modernisierung“[20] anzubieten, und das sicher mit einigem Recht. Aber vor allem verdanken wir der Soziologie heute auch Wissen darüber, wie sehr sich Gesellschaft partiell für Wissen immun macht. *Soziologie* ist heute vor allem die Wissenschaft der Kontingenz: Sie lehrt uns, dass alles auch anders sein könnte, dass die Verhältnisse also prinzipiell instabil und damit gestaltbar sind. Sie lehrt aber auch, wie widerständig, ja wie stabil sich die Verhältnisse gegen Veränderungen, zumindest gegen einen eindimensional planenden Zugriff wehren. Und sie lehrt zum Dritten, dass geplante Veränderungen oft zu paradoxen Folgen führen, die man so nicht hat antizipieren können.

Die Soziologie war einmal das Vehikel aktiver Gesellschaftsplanung – gewissermaßen die soziologische Umsetzung des Diktums Immanuel Kants, Unmündigkeit sei selbstverschuldet, wenn man sich nicht seines Verstandes bediene. Man hat sich von ihr mehr erwartet als sie vermochte, was ihr übrigens jene Expansion an den Universitäten der 1970er Jahre eingetragen hat, die die Kultus- und Wissenschaftsbürokratien heute mit Stellenstreichungen belegen. Sie vermag aber auch mehr, als man von ihr erwartet, nämlich die Gesellschaft mit kritischen Beobachtungen darüber zu versorgen, dass die Verhältnisse zugleich flüssiger und stabiler sind, als sie uns im Alltag erscheinen. Immer noch ist das Problem der Gestaltung der sozialen Welt das Bezugsproblem soziologischen Denkens – doch heute wird das Problem der Gestaltung selbst reflexiv. Nicht mehr nur die Frage, *wie* man gestalten sollte, sondern ob man *überhaupt* aktiv gestalten könne, steht nun im Vordergrund.

> Die Soziologie ruft nicht mehr zur hemdsärmeligen Tat auf, sondern verbreitet Skepsis und Nachdenklichkeit angesichts jener Inflation einfacher oder einfach scheinender Lösungen für komplexe Probleme im Diskurs der Politik, in der medialen Öffentlichkeit oder im kulturellen Diskurs. Es bleibt die Stärke der Soziologie, die Gesellschaft auf ihre Schwächen, auf ihre blinden Flecken zu stoßen.

Verlassen wir nun endlich die fiktive Vorlesung – die sich hier selbstverständlich nur in Andeutungen und ziemlich ungenau präsentiert und die so schon aus didaktischen Gründen niemals zu halten wäre. Kehren wir in die reale Vorlesung zurück: Einer griffigen, nachgerade eindeutigen Bestimmung dessen, was Soziologie sei, ist hier nicht das Wort geredet worden. Im Gegenteil: Es dürfte bei den (fiktiven) Zuhörerinnen und Zuhörern bzw. Leserinnen und Lesern sich eher (eine nun womöglich real wirksame) Unzufriedenheit eingestellt haben – ein didaktisches Sakrileg?

Unzufriedenheit jedenfalls hätte sich mit Recht eingestellt. Aber: Dies hat Methode, denn es gilt in der Tat ernst zu nehmen, was ich am Anfang meiner Überlegungen gesagt habe: Die Soziologie kommt selbst in ihrem Forschungsgegenstand vor, und deshalb scheint mir der Hinweis auf das gesellschaftliche Bezugsproblem als definierendes Kriterium vonnöten gewesen zu sein. Eine Quelle der Unzufriedenheit dürfte deshalb auch die Argumentationsweise selbst hervorbringen: Sie war radikal zirkulär und selbstbezüglich. Ich sollte doch erst definieren, was Soziologie sei, anstatt dessen habe ich soziologisches Denken bereits angewandt, um etwas über Soziologie zu sagen. Auch dies hat Methode. Denn in einer Welt, in der es keine Sicherheiten, keine archimedischen Standpunkte und keine unveränderlichen, theoretisch a priori gesetzten Fundamente mehr geben kann, muss jede ernst zu nehmende theoretische Arbeit selbstbezüglich und damit zirkulär werden. Das ist es, was eine Einführungsveranstaltung in die Soziologie zu demonstrieren hätte: dass die Soziologie die Gesellschaft nicht von außen zum Objekt erklären kann, sondern nur *eine* unter konkurrierenden *Selbst*beschreibungen der Gesellschaft ist. Um dies zu verstehen, muss man bereits soziologisch operieren können, um aber angemessen soziologisch operieren zu können, sollten die soziologischen Voraussetzungen des soziologischen Operierens, also die inkurable Selbstbezüglichkeit soziologischen Denkens, zumindest bereits wahrnehmbar gemacht worden sein. Das *didaktische* Problem der Beantwortung der Frage *Was ist Soziologie?* besteht denn auch nicht darin, die Zirkularität soziologischen Denkens mit Hilfe einer soziologischen Erörterung *darzustellen* und *verständlich* zu machen, sondern die aus der Zirkularität der Antwort erwachsende *Unzufriedenheit* in Interesse an der eigentümlichen Selbstbezüglichkeit des soziologischen Denkens umzumünzen. Vielleicht ist es in der Tat die Soziologie, die aus der Not der modernen Dezentralität und Kontingenz der Welt die Tugend eines wissenschaftlichen Experimentierfeldes macht, auf dem das, was als Soziologie firmiert, nicht durch die Knute eines normalwissenschaftlichen common sense limitiert wird, ein common sense, der bekanntlich oft eher phänotypische Konventionen und fachinternen Sukzessionsrouten als ausschließlich wissenschaftlichen Erfordernissen folgt. Insofern ist erneut Ralf Dahrendorf zuzustimmen: „Vielleicht müssen wir es doch beim Un-Fach lassen und seine Disziplinlosigkeit in Kauf nehmen, weil es im Universum der Wissenschaften schließlich einen *Joker* geben sollte, der überall und nirgends hingehört."[21] Und – wenn die Bemerkung erlaubt ist – der Joker sticht, unabhängig von Ansehen und Rang.

Macht sich eine Einführung in die Soziologie diese Erkenntnis zu nutze, lässt sie wissenschaftliches Arbeiten sofort beginnen: Mit der Einsicht, dass die Soziologie eine Selbst*beschreibung* bzw. eine *Selbst*beschreibung der modernen Gesellschaft ist, wird jener unangenehme Beigeschmack der Pädagogik vermieden, der die Bedeutsamkeit dessen, was geschieht, stets in die Zukunft verlegt – *non scholae sed vitae*. Dieser Einstieg lässt die Definition von Soziologie als einer *Wissenschaft, die mit disziplineigenen Begriffen, Theorien und Methoden Struktur-, Funktions- und Entwicklungszusammenhänge der Gesellschaft beschreibt und erklärt*, nicht obsolet werden, ergänzt sie aber um den entscheidenden und – wie ich meine – motivierenden Aspekt der Selbstbezüglichkeit unserer Wissenschaft. Soziologie ist in der Tat „das, was Leute, die sich Soziologen nennen, tun, wenn sie von sich sagen, dass sie Soziologie betreiben. Mehr nicht."

Mehr nicht? Mehr nicht! Die Frage ist nur, wie man anfängt – und Dahrendorf schreibt ja richtig, dass es um ein *Tun* geht. Deshalb werde ich nun erst richtig in die *reale* Vorlesung eintreten, die Methode wechseln und gewissermaßen ins *Tun* einsteigen und vorführen, was man mit soziologischen Begriffen sehen kann, um sie so jenseits lexikalischer Eindeutigkeit zu erschließen – und zwar anhand einer erfundenen Geschichte, die so fiktiv ist, dass sie jeden Realitätstest problemlos bestehen können sollte. *Incipit sociologia!*

Zweite Vorlesung: Handlung, Kommunikation, Praxis

Es ist mittags – Zeit für die Mittagspause, Zeit, um einige Besorgungen zu machen. Da treffen sich Herr A und Frau B auf der Straße. Herr A ist aufgeregt. Er hatte immer gehofft, Frau B zu treffen, und nun, da es geschehen ist, ist er ebenso froh wie aufgeregt. Herr A findet Frau B ziemlich gut, um es noch genauer zu sagen: Er steht auf Frau B, die freilich nichts davon weiß. Herr A ist für sie letztlich völlig bedeutungslos.

Der Blutdruck von Herrn A ist inzwischen auf 160/80 mmHg gestiegen, sein Herz schlägt 110 mal in der Minute und pocht gegen seinen Kehlkopf. Er sieht Frau B und sagt nur kurz: „Hallo!" Er hebt dabei kurz die Hand, hat im selben Augenblick das Gefühl, Frau B seine innersten Geheimnisse zugerufen zu haben, der Blutdruck ist inzwischen wohl kaum mehr messbar, Kammerflimmern steht kurz bevor.

Frau B, völlig in Gedanken, erwidert nur ebenfalls ein „Hallo" und geht weiter, ebenso Herr A, bei dem sich zwar die Vitalfunktionen entspannen, aber auch Enttäuschung breit macht. Gerade will er sich einreden, was er doch für ein Blödmann ist, da hört er die Stimme von Frau B: „Ach, Herr A, Sie schickt der Himmel, schön, dass ich Sie treffe." Herr A traut seinen Ohren nicht, dreht sich um und sieht Frau B mit freundlichem Gesicht auf ihn zukommen. Er ist natürlich überrascht, freudig überrascht, wie man sich denken kann. Er lässt sich nichts anmerken. Er kann abwarten, denn es ist ja nun Frau B, die die Initiative ergreift.

„Ich habe schon länger daran gedacht, Sie anzurufen." Frau B war, wie gesagt, in Gedanken. Sie hat ein Problem. Sie will sich beruflich verbessern und überlegt, ob sie kündigen soll oder nicht; oder ob sie vielleicht ihrem Chef ihre Unzufriedenheit mitteilen soll, um bei ihm eine bessere Stelle zu erhalten oder wenigstens ein besseres Gehalt zu beziehen. Derzeit kann sie an gar nichts anderes mehr denken.

Frau B weiß aus Erzählungen eines Bekannten, dass Herr A sich vor kurzem erfolgreich eine neue Stelle gesucht hat und beruflich ganz zufrieden ist. Und das fällt ihr natürlich sofort ein, nachdem sie den alten Langeweiler kurz begrüßt hat.

Sie fährt fort: „Haben Sie nicht einmal Zeit für mich; ich hätte da was auf der Seele, na ja, es gibt Dinge, die kann man nicht zwischen Tür und Angel – Sie wissen schon. Manches kann das ganze Leben von heute auf morgen umkrempeln." Herrn As Blutdruck steigt wieder. Jetzt alles auf eine Karte setzen, aber vorsichtig: „Ich glaube, heute Abend könnte ich es einrichten."

„Wunderbar!", ruft Frau B aus. Herr A kann nun ein wenig Vorsicht zurücknehmen. „Bei Schubert's um 8?" Frau B geht gern darauf ein, sich mit Herrn A in der bekannten Bar am Odeonsplatz zu treffen. Die beiden verabschieden sich, beide zuversichtlich, das eine oder andere im Sinne einer radikalen Veränderung ihres Lebens vor sich zu haben.

Es ist 8 Uhr. Herr A ist frisch geduscht, hat lange gebraucht, bis er die rechte Garderobe gefunden hat. Er ist völlig verwundert, dass Frau B auf einmal ein solches Interesse zeigt – dabei hat sie ihn bis jetzt keines Blickes gewürdigt. Vorsorglich ist das Bett für alle eigentlich völlig unausdenkbaren Fälle frisch bezogen und die Unterwäsche ansehnlich.

Frau B dagegen hat einen anstrengenden Arbeitsnachmittag hinter sich, der sie in ihrem Beschluss, etwas ändern zu wollen, bestätigt. Sie ist abgehetzt, müde und dennoch erwartungsvoll, irgendwie in produktiver Unruhe.

Beide kommen gleichzeitig an, finden einen Tisch, wieder nur „Hallo" und „Hallo". Beiden ist anzumerken, dass sie nicht genau wissen, wie man anfangen soll. Herr A weiß, was ein echter Mann ist, kümmert sich um den angemessenen Wein. Er schlägt nach eingehendem Studium der Karte einen Bricco dell' Uccellone vor, ein 2001er Barbera von Braida, wirklich zu empfehlen. Frau B geht darauf ein. Es wird eine Flasche geordert. Kurzes Geplänkel übers Wetter, über eine gemeinsame Bekannte und über die Blitzmeldung des Tages, die Renten seien jetzt doch sicher.

Herr A gibt sich einen Ruck: „Es ist wirklich schön, dass wir uns mal sehen. Ich habe mich sehr gefreut, dass Sie sich einen Ruck gegeben haben, ich ..."

„Sie haben Recht. Es muss sich was ändern. So geht es einfach nicht weiter. Ich muss Ordnung in mein Leben bringen. Und ich mache mir fast Vorwürfe, dass ich Sie nicht schon früher angesprochen habe." Herr A wird rot. Gut, dass die Bar spärlich beleuchtet ist und der Wein kommt. Wieder ganz Mann, prüft er den Wein, gibt dem Kellner zu verstehen, dass der Wein in Ordnung sei und seiner Tischpartnerin, dass er eine gute Wahl getroffen hat. „In diesem Sinne liebe Frau B, lassen Sie uns auf die Zukunft trinken. Was sie wohl bringen wird?" Wie zufällig streift seine Hand die ihre, trifft sein Blick den ihren.

Aber das merkt Frau B gar nicht. Sie ist erleichtert, dass Herr A gleich zur Sache kommt. Sie hatte nach der Verabredung erst Sorge, dass es vielleicht komisch wirkt, ihn einfach anzusprechen und ihn mit ihren Geschichten zu belasten. Was werde der wohl denken. Und als Stimmungskanone ist Herr A ja auch nicht gerade bekannt. Aber er scheint doch ganz umgänglich zu sein. Also beginnt sie: „Wie Sie ja wissen, arbeite ich bei XY .... [es folgt eine lange Schilderung des Falles und die Frage an Herrn A, was er raten werde]."

Herrn A fällt es wie Schuppen von den Augen. Er hat das alles völlig falsch verstanden. Sie hat ihn nur gefragt, weil er einmal in einer ähnlichen Situation war. ‚Wie kann ich die Situation jetzt retten?', fragt er sich enttäuscht. „Ja, das ist ein schlimmer Fall." Es fällt ihm schwer, jetzt noch ausführlich zu werden. „Ich würde Ihnen raten, nach Ihrem Gefühl zu entscheiden. Sie müssen selbst wissen, was Sie wirklich wollen!" Viel mehr fällt ihm nicht dazu ein. Frau B merkt sofort, dass der Ton sich geändert hat. Herr A trinkt den edlen Tropfen nun, als wär's ein Lambrusco vom Aldi, ist nun eher unkonzentriert und zeigt sich kaum interessiert. Komischer Rat das, denkt Frau B.

Frau B hatte nach der eher euphorischen Eröffnung andere Züge erwartet. Sie fragt sich, was denn in Herrn A gefahren ist. Aber ihn fragt sie das nicht. Sie sagt: „Ich glaube, Sie haben Recht. Vielen Dank für den Rat. Man muss es selber wissen. Vielleicht bin ich noch nicht so weit. Sie haben das ja damals bei Ihnen sicher auch nicht so ganz einfach entscheiden können, oder?" Herr A war nicht mehr aus der Reserve zu locken. War es vielleicht doch zu aufdringlich, ihn zu fragen? Frau B versucht sich zu erinnern – und da merkt sie auf einmal, dass Herr A womöglich etwas ganz anderes erwartet hatte. Und erst jetzt sieht sie, wie geschmackvoll er angezogen ist. Die Berührung und der Blick – war sie denn blind? Frau B entscheidet noch, ob sie verärgert oder geschmeichelt sein soll – und erst jetzt sieht sie, dass das ja doch ein ganz netter Kerl ist. Sie entscheidet sich, geschmeichelt zu sein, und übt sich in Liebenswürdigkeit. Frau B versucht zweimal, das Gespräch in andere Bahnen zu lenken. Es gibt ja genug, worüber man reden kann. Aber Herr A bleibt kurz angebunden. Gut, dass die Flasche endlich leer ist. Fast gleichzeitig schauen beide auf die Uhr. Der Kellner wird gerufen. Herr A zahlt den Wein, 75.- €, kein Pappenstiel. Die beiden bewegen sich wieder auf sicherem Terrain. Er hilft ihr in den Mantel, sie bedankt sich für die Hilfe, er dankt für den netten Abend. Sie hält ihm die Tür auf, und er weist auf die erfrischende Luft draußen hin. Die beiden verabschieden sich und versichern sich, zu telefonieren. Mit wem, sagen sie nicht. Beide gehen ihrer Wege – Frau B zurück in den Zweifel, was sie nun machen soll, Herr A in sein frisch bezogenes Bett, dem eine ruhigere Nacht bevorsteht, als es sich sein Besitzer – zumindest in seinen kühnsten Träumen – ausgemalt hatte.

An dieser Geschichte den Begriff des *Handelns* zu verdeutlichen, scheint sehr einfach zu sein: Es ist hier von Leuten die Rede, die ein Motiv haben, das sie dazu bringt, zu handeln. So trifft Frau B auf Herrn A, stürmt an ihm vorbei, erinnert sich dann an etwas, motiviert sich, ihn zu fragen, dreht sich um – und spricht Herrn A an. Was hier geschehen ist, entspricht exakt dem, was man in der Soziologie üblicher Weise als *Handeln* bezeichnet: ein Verhalten, dem ein subjektiv gemeinter Sinn unterliegt, so die klassische Definition des Handelns von Max Weber.[22] Frau B dreht sich um und spricht – dies ist ein von außen beobachtbares Verhalten, und es wird dadurch zum Handeln, dass sie damit einen subjektiv gemeinten, das heißt: ihr selbst auch transparenten Sinn verbindet. Wir lassen zunächst einmal völlig unbeachtet, wie sich Motive bilden und wo der Ursprung eines subjektiv gemeinten Sinnes liegt.

Das Gesagte dürfte evident sein – und doch ist es eine merkwürdige Vereinfachung. Denn wie schon im Beispiel selbst ersichtlich, scheint es gar nicht so einfach zu sein, den subjektiv gemeinten Sinn tatsächlich beobachten zu können. Der unglückliche Herr A unterstellt Frau B nämlich einen gänzlich anderen subjektiv gemeinten Sinn. Er wundert sich, dass Frau B sich nach dem allzu kurzen „Hallo“ doch eines Besseren besinnt, weiß aber zunächst nicht genau, wie er es deuten soll. Schon das verweist auf eine soziologisch bedeutsame Einsicht: Das Verhalten von Menschen liegt zwar beobachtbar vor, was es aber bedeuten soll, lässt sich dem Verhalten selbst nicht immer eindeutig entnehmen. Menschliches Verhalten scheint etwas zu sein, das man *deuten*, *interpretieren* und *verstehen* muss. Verstehen muss man nur solche Gegenstände, die interpretationsoffen sind, d.h. die sich nicht von selbst verstehen. Anders gewendet: Verstehen muss man nur das, was man immer auch anders verstehen könnte. Üblicherweise denkt man an Texte – etwa an Dichtung und Literatur oder an heilige Schriften, an denen so etwas wie *verstehende* Wissenschaften historisch entstanden sind.[23]

Auch die Soziologie hat es mit einem Gegenstand zu tun, den man *verstehen* muss: mit sozialem Handeln nämlich, das als Verhalten zwar positiv und sichtbar vorliegt, dessen *Sinn* aber stets uneindeutig ist. Nun wird man einwenden können, dass nicht alles Handeln so schwer zu deuten ist wie die Kehrtwendung von Frau B. Das stimmt. So wird der Kellner bei Schubert's nur wenig Interpretationsspielraum gehabt haben, als Herr A eine Flasche Bricco bestellt. Und auch als die Flasche da war, Herr A einen Schluck probiert und den Wein für den weiteren Genuss frei gibt, sind die Verhältnisse eindeutig. Sie sind so eindeutig, dass all dies mit der Geschichte irgendwie miterzählt wird, ohne dass es explizit erwähnt werden muss. Man kann sich vorstellen, wie das Ganze abgelaufen ist – erwähnenswert sind für die Geschichte aber offensichtlich nur die Dinge, bei denen sich Interpretationsoffenheiten zeigen. Was heißt es denn nun, dass Frau B sich umdreht und Herrn A anspricht?

Wir stellen dies noch einmal zurück. Für einen soziologischen Blick jedenfalls ist entscheidend, dass sich die Soziologie nicht nur für die konkrete Situation interessiert, nicht für den konkreten Einzelfall als solchen, sondern für Regelmäßigkeiten.[24] So mag es zwar völlig klar zu sein, wie man eine Flasche Wein bestellt, wen man dafür anzusprechen hat, was man zu tun hat, wenn nach dem Entkorken der erste Schluck zu nehmen ist usw. Aber so selbstverständlich ist das nicht. Selbstverständlich ist es nur, weil es in einer bereits strukturierten Welt geschieht, weil es Handlungsmuster und Normen, Regelmäßigkeiten, Typisierungen und Erwartbarkeiten gibt, nach denen sich Handlungen in einer Gesellschaft ereignen. Und selbstverständlich ist es nur für denjenigen, der bereits auf eingespielte Verhaltensweisen zurückgreifen kann – in der Soziologie sprechen wir hier von *Sozialisation*, also das merkliche und unmerkliche Einüben von bewährten Verhaltensweisen durch Teilnahme.[25] Man kann das an sich selbst am einfachsten testen, indem man sich in Situationen begibt, deren Regelmäßigkeiten man nicht kennt. Man stößt dann auf interpretationsoffene Situationen, deren Muster sich nicht von selbst erschließen. Oder anders formuliert: *Erst dann muss überhaupt interpretiert werden.* Wie vorreguliert die soziale Welt immer schon ist, kann man dann am eigenen Leibe erfahren, daran nämlich, wie anstrengend und riskant auch die einfachsten Handlungen sind, wenn man ihre soziale Grammatik *nicht* kennt – und wie einfach sie werden, wenn man es öfter gemacht hat. Exakt deshalb sind Soziologen nicht am Einzelfall interessiert, sondern an Regelmäßigkeiten, daran, dass es viel größere Handlungsspielräume gibt als dann tatsächlich ablaufende Handlungen. Das ist es, was wir *soziale Ordnung* nennen: Obwohl Menschen viel mehr Handlungsmöglichkeiten zur Verfügung stehen, ist ihr Verhalten zumeist auf sozial erwartbare Möglichkeiten eingeschränkt.[26]

Man achte genau auf den Aufbau meiner Argumentation: Dass ich behaupte, dass das Verhalten zumeist auf sozial erwartbare Möglichkeiten eingeschränkt ist, tut so, als sei nur dasjenige Verhalten ein wirkliches Handeln, bei dem so etwas wie ein subjektiv gemeinter Sinn im Sinne einer empirisch tatsächlich vorkommenden Reflexion zu beobachten ist; einfacher formuliert: wenn man wirklich in seinem eigenen subjektiven Erleben einen Handlungsplan oder wenigstens eine Handlungsintention vorfindet, die man dann umsetzt. Es lohnt sich ein Blick darauf, wie wir die Episode mit Herrn A soziologisch interpretieren. Es scheint nur das einer Erwähnung wert, das Reflexion beinhaltet oder dem wenigstens Reflexion unterstellt werden kann. Erzählenswert scheint womöglich nur das zu sein, was solcher Reflexion würdig ist – alles andere läuft *en passant* mit, etwa das Bestellen und Prüfen des Weins oder die gewohnten Handlungen nach dem Ende der Reflexion, um den Abend noch zu retten, aber auch das Verhalten auf der Straße usw. *Wir ertappen uns als Soziologen selbst dabei, dass wir übersehen, dass das Meiste, was geschieht, relativ reflexionsfrei geschieht.* Als Autor der obigen Geschichte fällt es einem erst im Nachhinein auf und ein, dass die Erzählung selbst bereits selektiv ist. Sie hält nur das für erwähnenswert, was sich irgendwie mit Reflexionsleistungen des Handelnden verbinden lässt – kein Wort darüber, was für Handlungen nötig sind, um über die Straße zu kommen, um zur Bar zu finden etc., kein Wort darüber, wie all das Erzählte umstellt ist von alltäglichen Handlungen, an die man sich so gewöhnt hat, dass man sie weder befragt noch erzählt.

Den Begriff des Handelns so auf die Reflexionsinseln, auf reflexive Episoden in einem Alltag zu beschränken, zeugt von den Grenzen des Handlungsbegriffs, den man auch anders herum hätte bauen können: Vielleicht sind ja die explizit reflektierten Handlungen die Ausnahmen.[27] Denn wenn man wie ich im vorigen Abschnitt behauptet, dass nur dasjenige Handeln interpretiert und reflektiert werden muss, das sich nicht einfach Mustern, Routinen und Gewohnheiten fügt, muss man schon aus logischen Gründen schließen, dass solches Handeln offensichtlich weitgehend reflexionsfrei, jedenfalls jenseits voraussetzungsreicher und bewusster Verstehensakte sich vollzieht.

Die Soziologie konzentriert sich tatsächlich allzu stark auf einen Handlungsbegriff, der an der Reflexion ansetzt. Die besagten Beschränkungen müssen dann also subjektiv, also mehr oder weniger reflektierend eingeschränkt werden. Die Soziologie stößt dann üblicher Weise entweder auf *Wissen* oder auf *Normen*, auf *Werte* und auf *Nutzenkalküle*, die das Handeln strukturieren.[28] Normen sind mehr oder weniger eindeutige Vorschriften, die etwa von eher informellen Grußnormen bis hin zu stark formalisierten Rechtsnormen reichen. Unter Werten versteht man allgemeine, vermeintlich von allen geteilte Orientierungsmuster, die man tatsächlich gesellschaftsweit unterstellen kann – etwa den anderen als Menschen zu achten, bestimmte moralische Standards oder auch Binnenwerte bestimmter Gruppen. Und Nutzenkalküle sind Präferenzen, nach denen wir unser Handeln im Sinne unseres eigenen Vorteils strukturieren, versehen freilich mit einer Langsicht, die es auch später noch möglich machen soll, mit anderen zusammen zu leben, gegen die wir gerade unseren eigenen Nutzen durchgesetzt haben. All das muss der Handelnde „wissen", damit er sich danach richten kann. Die Soziologie tritt insofern meistens als ein Denken auf, das nach Motiven und ihren Gründen sucht, warum dies und nicht jenes getan wurde – und kann dann mit all dem, was alltäglich ohne Reflexion läuft, erstaunlich wenig anfangen.

Von Handeln ist in diesem engeren Sinne nur dann zu sprechen, wenn der Handlungsträger einen Verhaltensspielraum hatte, wenn er also auch etwas Anderes hätte tun können – und das erklärt dann auch die Konzentration auf Motive. Denn das meiste Verhalten hat letztlich keine Alternative, weil es eher auf Gewohnheit beruht, darauf, dass sich etwas bewährt hat. Motive lassen sich dann auf Nachfrage im Nachhinein noch immer finden – man wird wohl sagen müssen: konstruieren statt *re*konstruieren.

Deutlich wird diese Logik dort, wo man es mit nicht-menschlichen Aktanten zu tun bekommt. Ein sehr einfaches Beispiel wären etwa Tiere, deren Verhalten wir dann als Handeln auffassen würden, wenn sie eine Alternative haben oder wenn sie aus unterschiedlichen Möglichkeiten oder Strategien die „richtige" wählen können. Ersteres etwa unterstellen wir gerne Haustieren – es reicht vielleicht schon, einem Tier einen Namen zu geben, um es zu einem potentiellen Motivträger zu machen. Zweiteres wäre die Strategie der Verhaltensforschung, die etwa bei Primaten erforscht, wie viele Handlungsalternativen diese sich vorstellen können, bevor eine realisiert wird. Ein anderes Beispiel wären Götter, denen wir Freiheit zugestehen müssen, auch wenn wir sie durch gute Taten oder Glauben in ihrer Freiheit einzuschränken versuchen. Ein Gott ohne Handlungsfreiheit jedenfalls wäre kein Gott. Würde Gott tatsächlich handeln, wenn er so etwas wie einen „Alltag" hätte? Man stelle sich vor, ein Stamm glaubte tatsächlich, dass jeden Morgen die Sonne nur deshalb aufgeht, weil man abends einen bestimmten Ritus tanzt. Dieser Stamm wird eine gewisse technische Notwendigkeit in sein Verhalten einbauen. Einen Sinn hat das Ganze aber nur, wenn man Götter unterstellt, die die Möglichkeit hätten, die Sonne *nicht* aufgehen zu lassen – selbst wenn man dem Ritus gefolgt wäre. Und dann wünscht man sich Götter, die nicht auf Reflexion, sondern auf Alltag und Gewohnheit bauen würden. Das macht sie irgendwie verlässlicher – wie auch den Nächsten in unserem Alltag, dessen Reflexion uns zumeist weniger interessiert als das, was er tut.

Ein weiterer Aspekt, der mit dem Handeln in Verbindung gebracht wird, ist der Zielpunkt des Handelns: Handeln wird meist modelliert als ein Verhalten, um dies oder jenes zu erreichen: Herr A grüßt Frau B, um wenigstens Kontakt aufnehmen zu können; Frau B dreht sich um, weil sie etwas erfahren will; Herr A ist in der Bar enttäuscht, versucht aber höflich zu sein und sich nichts anmerken zu lassen; der Abend ist irgendwie in die Hose gegangen, und beide versuchen, ihn irgendwie angemessen zu beenden und finden Formen, die sich von selbst verstehen usw. Alles was geschieht, lässt sich also damit erklären, wie bei den beiden Protagonisten unserer Geschichte Motive entstehen – Motive, deren Ursprung in der Situation liegt, in Erwartbarkeiten, in Kalkülen und in der Notwendigkeit, sich selbst irgendwie durch das eigene Verhalten zu positionieren. Ein soziologischer Blick lässt nicht nur Leute sichtbar werden, die etwas tun, sondern v.a. Leute, die dies und nicht jenes tun, die einen Verhaltensspielraum haben und deren Verhaltensspielraum nur insofern verstehbar ist, als das Verhalten im sozialen Raum stattfindet. Und die soziologische Kunst scheint darin zu bestehen, die Motive tatsächlich zu verstehen, d.h. im Kontext sozialer Erwartungen zu interpretieren.

So weit, so gut. Aber all das ist noch nicht allzu tiefenscharf – und es klingt fast banal. Vielleicht wird es interessanter, wenn wir einen etwas genaueren Blick auf Herrn A und Frau B lenken. Genau genommen, tun sie nichts anderes als das, was ich gerade der Soziologie unterstellt habe. Sie suchen nach Motiven – eben weil diese nicht positiv vorliegen. An der Geschichte lässt sich sehr schön nachverfolgen, mit welchem Grundproblem sich die beiden herumschlagen. Es beginnt schon in der Situation, in der sie sich begegnen: Sie nehmen einander wahr, sie nehmen wahr, dass sie einander wahrgenommen haben, sie nehmen aber nicht wahr, was sie jeweils denken. Etwas überstilisiert, aber doch wohl durchaus nachvollziehbar habe ich Herrn A mit einem sehr hohen Blutdruck, innerer Unruhe und Unsicherheit ausgestattet – und als Grußhandlung kommt gerade mal ein „Hallo" zustande. Den unmittelbaren Motiven von Herrn A hätte doch viel eher entsprochen, Frau B zu sagen, dass er sehr glücklich sei, sie zu treffen und ohnehin auf sie stehe. Warum sagt er das nicht? Man könnte sagen, das widerspreche einer Norm oder sei gar etwas, das dem Wert widerspreche, dass man Menschen nicht über Gebühr unter Druck und Zugzwang setzen solle. Oder man könnte auch vermuten, dass Herr A ein ganz gewiefter Nutzenkalkulator ist, der genau weiß, dass ein zu offener Satz geradezu eine Einladung für einen allzu offenen Gegen-Satz sein könne – viel zu riskant also.

All das ist durchaus denkbar – aber zunächst dürfte an der Situation doch zweierlei auffallen: *Erstens* zielen Handlungen auf eine offene Zukunft. Sie wollen etwas bewirken, können aber in der Gegenwart noch nicht wissen, welche Wirkung die Handlung zeitigt, denn auch der andere hat ja einen Verhaltensspielraum, den er in einer neuen Handlungsgegenwart ausschöpfen kann. Handeln ist also stets mit einem gewissen Risiko ausgestattet, weil es stets mit ungewissen Zukünften zu tun hat. *Zweitens* – und das hängt unmittelbar damit zusammen – ist der andere, das *alter ego,* für *ego* stets intransparent. Zu deutsch: Wir können uns nicht gegenseitig in den Kopf blicken, können unsere Motive nicht gegenseitig sehen. Exakt deshalb muss das Verhalten gedeutet werden. Herr A und Frau B tun also tatsächlich das Selbe wie das, was ich zuvor der Soziologie unterstellt habe: Sie sehen Verhalten und suchen nach Motiven, um das Verhalten verstehen zu können und entsprechend damit umzugehen. Dass ich die Geschichte so erzählt habe, dass wir es hauptsächlich mit Missverständnissen zu tun haben, dient nur der Verdeutlichung des Verstehens. Herr A versteht Frau B völlig falsch, und Frau B interpretiert das Verhalten von Herrn A um, als sie merkt, warum er sich so verhielt, wie er es tat. Missverständnisse sind nur ein Sonderfall dessen, was im sozialen Raum stets geschieht: Wir *unterstellen* dem Verhalten von Handelnden einen je subjektiv gemeinten Sinn, weil wir den Sinn *nicht* wirklich *wahrnehmen* können. Der Sinn von Handlungen erschließt sich also aus dem sozialen Kontext, in dem die Handlung stattfindet – und wie die Soziologie sich als ein Beobachter vorfindet, der selbst verstehen und deuten muss, gilt das auch für die Handelnden selbst, die das Problem der wechselseitigen Intransparenz bearbeiten müssen. Die Geschichte mit Herrn A und Frau B hätte so nicht stattfinden können, wenn die beiden je transparent für einander gewesen wären, denn sie hätten sich dann nichts *unterstellen* müssen, sie hätten es ja gewusst. Die Praxis des Handelns ist also genau genommen eine Praxis des Nicht-Wissens, der Unterstellung und Zurechnung, nicht der eindeutigen Wahrnehmung.

Was an dem Beispiel auch deutlich geworden sein dürfte, ist dies: Es ist eine sträfliche Vereinfachung, das soziale Handeln tatsächlich allein auf abstrakte Normen, Werte oder sonstige Kalküle zurück zu führen – diese Redeweise dient lediglich der soziologischen Operationalisierung und Modellierung. An dem Beispiel lässt sich sehen, dass das reale Geschehen viel komplexer ist – wenn auch Werte, Normen und Kalküle hier durchaus eine Rolle spielen. Was in der ersten Situation zwischen Herrn A und Frau B geschieht, ist das, was manche Spielarten der Soziologie eine Situation „doppelter Kontingenz" nennen.[29] Kontingent ist etwas dann, wenn es nicht notwendig so ist, wie es ist, aber auch nicht zufällig. Kontingenzen verweisen auf Spielräume, auf andere Möglichkeiten. Und die Realisierung von Möglichkeiten verweist darauf, dass auch andere Möglichkeiten möglich gewesen wären. *Doppelt* kontingent ist eine Situation sozialen Handelns vor allem deshalb, weil sowohl das Verhalten *egos* als auch das Verhalten *alter egos* kontingent ist. Denken Sie an die Begegnung von Herrn A und Frau B. Herr A nimmt Frau B wahr, und er nimmt wahr, dass Frau B ihn wahrgenommen hat. Nun entsteht die Situation, dass Jeder der Beiden sein Verhalten vom Verhalten des Anderen abhängig macht – dies meint das Gedankenkonstrukt der „doppelten Kontingenz". Letztlich kann es nun nicht weiter gehen, denn wenn beide ihr Verhalten von dem des anderen abhängig machen, blockieren sie sich gegenseitig. Nun kann man freilich empirisch beobachten, dass solche Situationen doppelter Kontingenz tatsächlich ihre symmetrische Form verlieren – etwa dadurch, dass einer der beiden einfach beginnt, etwas zu tun. In diesem Fall ist es Herr A, der „Hallo" sagt, was die Situation für Frau B nun leichter macht. Sie kann mit einem einfachen „Hallo" antworten und ohne weiteres Risiko weiter gehen. Dass einfach „Hallo" gesagt wird, ist sehr wahrscheinlich. Wenn man will, kann man darin sogar eine Handlungsnorm sehen: Herr A hat ein Verhalten gewählt, das erwartbar ist, wenig Risiken enthält und alles offen lässt.

Nun tut bereits meine Beschreibung so, als habe Herr A sein „Hallo" im Kopf bereits erwogen, sich einen subjektiv gemeinten Sinn zurecht gelegt. Er sagt aber nur „Hallo", weil das ein eingeübtes Verhalten ist, das sich bereits dutzendfach bewährt hat. An dem Beispiel kann man auch sehen, wie groß die Differenz von Denken und Handeln sein kann und hier ist. „Hallo" zu sagen, ergibt sich irgendwie praktisch – ich will fast sagen: ob man will oder nicht. Soziologisch ist daran interessant, dass das Gedankenexperiment der „doppelten Kontingenz" zeigen kann, dass Handeln stets in einer Gesellschaft stattfindet, die bereits Muster und Asymmetrien kennt, die bestimmtes Verhalten wahrscheinlicher machen als anderes Verhalten. Insofern erklärt das Gedankenexperiment der „doppelten Kontingenz" soziale Ordnung keineswegs *dyadisch*, also nur von dem Kontakt zweier Personen her. Es ist immer ein Drittes im Spiel, die Gesellschaft nämlich, die entsprechenden Selektionsdruck erzeugt. In der Soziologie bleibt der theoretische Sinn „doppelter Kontingenz" zumeist unbegriffen; vgl. etwa Gesa Lindemann: Die Emergenzfunktion und die konstitutive Funktion des Dritten. Perspektiven einer kritisch-systematischen Theorieentwicklung, in: Zeitschrift für Soziologie 35 (2006), S. 82-101. So entsteht etwa an einem Fahrkartenschalter nach einem Gruß erheblich weniger Selektionsdruck als zum Beispiel auf einer Party – und dass Frau B Herrn A nach dem kurzen „Hallo" nun doch anspricht, verdankt sich v.a. der Erinnerung an einen ähnlich gelagerten beruflichen Fall wie den ihren, was es für sie wenig riskant macht, Herrn A darauf anzusprechen. Pech ist nur, dass aus der Perspektive von Herrn A die Sache ganz anders verstanden wird, eben weil die Situation *doppelt* kontingent ist – Jeder kann nur sehen, was er selbst sieht, nicht aber, was er nicht sieht und schon gar nicht das, was der Andere sieht. Das kann immer nur *unterstellt* und *zugerechnet* werden.[30] Und zur Vereinfachung glauben wir zumeist, dass wir alle in der selben Welt leben.

Noch etwas zeigen die verschiedenen Begegnungen zwischen den beiden Protagonisten in dieser ersten Geschichte – noch etwas, das darauf hinweist, wie verkürzt es ist, das soziale Handeln allein damit zu erklären, welche Motive und welcher subjektiv gemeinte Sinn ihm unterliegt. Zum einen sind es stets die Kontexte, in denen solche Motive erst verstehbar werden und von denen her sie interpretierbar sind. Dabei geht es empirisch sowohl um große kulturelle Kontexte als auch um kleine, individuelle Kontexte. So wird man sagen können, dass das „Hallo" zwischen Herrn A und Frau B auf der Straße auf eine Kultur verweist, die wenig vorstrukturierte Grußnormen kennt und von so etwas wie Rangkriterien oder Geschlechtscodierungen in solchen Alltagssituationen absehen kann. Es sind durchaus Gesellschaften denkbar, in denen die Situation doppelter Kontingenz dieser Art ganz anders aufgelöst wird, etwa dadurch, dass der Untergebene zuerst grüßen muss, oder in dem Sinne, dass die wechselseitige Wahrnehmung des Wahrgenommenhabens zwischen Männern und Frauen keineswegs zu einem solch intimen Gruß wie einem „Hallo" führen darf. Die Vermeidung des „Hallo" wäre dann keineswegs die Vermeidung von Handeln, sondern ein Handeln, denn man hätte auch grüßen können. Man muss aber nicht nur an solche großen kulturellen oder historische Kontexte denken, sondern auch an ganz und gar individuelle Kontexte, die sich in Handlungssituationen unterscheiden können. In unserem Beispiel sind dies die unterschiedlichen Kontexte, in die die beiden Protagonisten die Deutung der Situation stellen. Herr A schließt an alles im Hinblick auf Liebesdinge an, Frau B denkt an ihren Job – und beide können diese Perspektivendifferenz zunächst gar nicht als Differenz wahrnehmen. Kontextualisierungen hängen also von den Perspektiven der Beteiligten ab – und gemeinsames soziales Handeln muss nicht unbedingt dazu führen, dass man sich gegenseitig transparenter wird.

Halten wir einen Moment inne und sehen uns den letzten Abschnitt noch einmal an. Man muss sich fragen: *Wer sagt das, und wer kann das sehen?* Antwort: Das sagt und sieht ein soziologischer Beobachter, der sich dafür interessiert, wie ein Verhalten wie das von Herrn A und Frau B zustande kommt. Das sagt ein Soziologe, der sich nicht damit zufrieden geben kann, dass einfach „Hallo" gesagt, „Hallo" geantwortet und schließlich eine Frage gestellt wird. Aus der Perspektive der Beteiligten ist all das zunächst nur ein Verhalten, von dem sie alle mehr oder weniger überrascht werden – auch Frau B davon, dass sie der Assoziation nachgibt, dass Herr A derjenige ist, der etwas zu ihrem Problem sagen könnte. Es geschieht einfach, was geschieht. Erst der soziologische Beobachter sieht etwas von kulturellen Kontexten, von individuellen Befindlichkeiten und dem Problem doppelter Kontingenz.[31] Ich habe oben gesagt, die Dinge seien komplexer, als es der Rekurs auf Handlungsmotive sei. Das stimmt. Die Dinge sind aber auch viel einfacher. Was wir Soziologinnen und Soziologen lernen müssen, ist, uns von der Vorstellung zu lösen, dass das Handeln durch Reflexion der Normalfall ist und das reflexionsfreie Handeln der erklärungsbedürftige Fall. Es ist vielleicht umgekehrt: *Wie schafft die Gesellschaft es, Handelnden Motive zu unterstellen und einzupflanzen?* Es ist dann eine empirische Frage, wo soziales Handeln die reflexive Vorarbeit des Handelnden explizit benötigt und wo solches Handeln so routiniert, selbstverständlich und gewohnheitsmäßig geschieht, dass ein subjektiv gemeinter Sinn des handelnden Subjekts gar nicht erst bewusst wird.

Letztlich hängt der Sinn, und zwar der soziale Sinn einer Handlung ohnehin davon ab, ob und wie an sie angeschlossen wird. Ob sich eine Handlung bewährt, liegt weder an einer abstrakten Begründung im Hinblick auf Normen, Werte oder Kalküle noch an irgendeiner Konsistenz im Hinblick auf eigene Motive, sondern vor allem darin, ob und wie an die Handlung angeschlossen wird – schlichter: *ob sich die Handlung bewährt.* Die Zukunftsorientierung des Handelns, über die sich alle soziologischen Theorien einig sind, findet ihre Bestätigung darin, wie handelnd an die Handlung angeschlossen wird. Herr A sagt „Hallo", und Frau B schließt mit einem „Hallo" an – und dann doch ganz anders; Frau B betont, dass

Manches das Leben von heute auf morgen umkrempeln kann, und Herr A schließt daran an; Frau B betont abends in der Bar, dass sie Ordnung in ihr Leben bringen will, und Herr A beschwört die Zukunft – und dann kommt es doch zu ganz anderen Anschlüssen, als Herr A es sich gedacht hatte. Man kann an diesem Beispiel sehen, wie sich quasi automatische Anschlüsse mit überraschenden Wendungen abwechseln. Nur letztere erfordern Reflexives, erstere geschehen gewissermaßen von selbst. Wenn der abstrakte Satz stimmt, dass man von Handeln dann spricht, wenn es mehrere Verhaltensmöglichkeiten gibt, dann zeigt sich das empirisch darin, dass Handlungsketten damit klarkommen müssen, dass das Nacheinander von Handlungen eben nicht festgelegt ist, sondern *selbst* ständig interpretiert, wie es weiter gehen könnte – aber zumeist doch relativ geregelten Mustern folgt, Gewohntem, Alltäglichem, reflexionsfrei Gegebenem.

Es sollte deutlich geworden sein, dass der je einzelne Handlungsakt für sich genommen letztlich nichts weiter bedeutet. Seine Bedeutung für den Handlungsverlauf bekommt er erst mit dem nächsten Handlungsakt, erst mit dem Anschluss, mit seiner *Anschlussfähigkeit*. Es sollte des Weiteren deutlich geworden sein, wie sich der Fokus der soziologischen Beobachtung unmerklich verschiebt: von der Frage des angemessenen subjektiv gemeinten Sinns zum *sozialen* Sinn der Handlung, der sich vom subjektiv gemeinten durchaus unterscheiden oder ganz ohne einen subjektiv gemeinten Sinn auskommen kann. Man kann nun sehen, dass im Handlungsverlauf nur vorkommt, was tatsächlich im Handlungsverlauf vorkommt. Nicht mehr die einzelne Handlung ist der Gegenstand der Beobachtung, sondern das Nacheinander unterschiedlicher Handlungen, die man offensichtlich nicht mehr allein den einzelnen Personen zurechnen kann. Es entsteht eine Eigendynamik eines Handlungsgeschehens, das natürlich nicht unabhängig von den Handelnden geschieht, aber in dem tatsächlich nur das geschieht, was im Handeln selbst passiert. Vielleicht kann man sagen: Reflexion, also das innere Zurechtlegen von Motiven, ist nicht immer die Voraussetzung fürs Handeln. Umgekehrt: *Handeln verhindert bisweilen Reflexion.* Denn wenn Handlungsketten laufen, bedarf es letztlich keiner Reflexion. Der eine tut dies, der andere tut jenes, die Handlungen schließen aneinander an, und so lange das weiter geht, geht es weiter. Die Notwendigkeit einer Reflexion tritt erst dann auf, wenn Handlungsketten Abweichungen aufweisen oder Individuen den Gang der Dinge durchbrechen wollen. Deshalb ist die Geschichte von Herrn A und Frau B voller Reflexion – und deshalb wird sie so erzählt, wie sie erzählt wird.

Handeln wird hier als Handlungsprozess, als das Nacheinander von Handlungen aufgefasst. Und es ist sicher sinnvoll, dafür einen weiteren Begriff einzuführen, der schon semantisch davon abstrahiert, als handle es sich um etwas, das ein einzelnes Individuum tun könnte. Ein solcher Begriff wäre der Kommunikationsbegriff.

Dem Begriff der *Kommunikation* ist schon eingeschrieben, dass man es immer mit mindestens zwei Akteuren zu tun hat. Die klassische Kommunikationstheorie geht dabei von einem Sender-Empfänger-Modell aus. Der Sender sendet ein Signal, das der Empfänger aufnehmen muss – und gelungen ist die Kommunikation dann, wenn das Signal den Kommunikationsprozess möglichst unbeschadet übersteht, wenn also auch das verstanden wurde, was gesendet wurde.[32] Eine solche Kommunikationstheorie ist sehr unterkomplex, denn sie unterschätzt die jeweiligen Eigenleistungen von Sender und Empfänger – und sie muss so tun, als könne man tatsächlich prüfen, ob richtig verstanden wurde. Es gibt einen einfachen Test, um die Unterkomplexität dieses Modells auf den Begriff zu bringen. Um herauszubekommen, ob richtig verstanden wurde, gibt es letztlich nur ein probates Mittel: Man befragt den Empfänger, was er verstanden hat – eine Methode, die ein wenig an die „stille Post" erinnert: in einer Reihe von Mitspielern wird ein Wort oder ein Satz weiter geflüstert, und am Ende haben alle Spaß daran, was aus dem Ausgangswort oder -satz geworden ist. Wenn man also Jemanden befragt, ob er richtig verstanden habe, was tut er dann? Er muss kommunizieren, d.h. man muss das Mittel anwenden, das man prüfen will. Um nicht falsch verstanden zu werden. Frau B hätte natürlich nachfragen können: „Herr A, meinten Sie das Schubert's am Odeonsplatz?"; und dieser hätte sicher bestätigt und damit das Gelingen der Kommunikation bezeugt. Aber auch das wäre nur Kommunikation gewesen. Lernen lässt sich daraus, dass das Kommunikationsgeschehen eine Eigendynamik entwickelt, die nicht nur damit zu tun hat, dass die Anschlüsse oftmals anders geschehen als von einzelnen Handelnden geplant. Die Eigendynamik liegt vor allem darin, dass man nicht außerhalb der Kommunikation kommunizieren kann. Wir sind gefangen im Kommunikationsprozess – auch die Unterbrechung von Kommunikation müsste kommuniziert werden. Selbst wenn Herr A und Frau B, nachdem sie beide gemerkt haben, wie sehr sie aneinander vorbei geredet haben, das Ziel gehabt hätten, die Sache aufzuklären und darüber zu reden, hätten sie eben dies machen müssen: *darüber reden*. Auch über Kommunikation zu kommunizieren ist eben Kommunizieren. Daraus gibt es kein Entrinnen.[33]

Soziologisch gesehen, ist dies ein wichtiger Befund: Es gibt keine Möglichkeit, aus sozialer Praxis auszubrechen. Es tritt ein neuer Begriff auf: Der Begriff der *Praxis*. [34] Er soll nur dazu dienen, zu zeigen, dass sich soziale Realität eben praktisch ereignet, im Vollzug. Es muss etwas getan werden. Die soziale Praxis steht nie still. Sie kann nicht suspendiert werden. Es geht immer weiter – eben das meint die Idee, dass es die *Anschlüsse* sind, die über den Sinn, den *sozialen Sinn* des Handelns entscheiden.[35] Auch das lässt sich zwischen Herrn A und Frau B besichtigen. Beide hatten nicht die Chance, aus dem praktischen Geschehen auszusteigen und sich wie Unbeteiligte darüber zu verständigen, wie es denn nun weiter gehen soll, die Zeit zu suspendieren oder sich kurzfristig zurück zu ziehen, um ihre Strategie zu überdenken – wenn man so will, die Reflexion über die Situation außerhalb der Situation zu verhandeln. Denn auch das wäre Kommunikation gewesen, auch diese Handlungen wären eben Handlungen gewesen, die aufeinander verwiesen und die ein Nacheinander erzeugt hätten, in dem aneinander angeschlossen wird. Nichts anderes meint hier der Begriff der Kommunikation.

Worauf ich hinaus will, ist das, was in der Theoriesprache der Kybernetik und der Systemtheorie als „operative Geschlossenheit" bezeichnet wird.[36] Geschlossenheit meint, dass man kommunikativ nicht aus der Kommunikation ausbrechen kann – man bleibt immer an Kommunikation gebunden. Und dass es eine *operative* Geschlossenheit ist, weist darauf hin, dass es *praktische* Operationen sind, um die es hier geht. Es schließt Kommunikation an Kommunikation an und erzeugt so eine Eigendynamik, in die die beteiligten Personen gewissermaßen hineingezogen werden, fast mit Haut und Haaren, denn sie haben keine Chance, sich diesem Geschehen zu entziehen, selbst wenn sie an sich selbst erleben, wie weit der subjektiv gemeinte Sinn vom sozialen Sinn der Kommunikation abweicht. In Situationen, in denen gar kein subjektiv gemeinter Sinn benötigt wird, weil sich die Dinge geradezu reflexionsfrei ergeben, kann nicht einmal das erlebt werden. Sollte man versuchen, das an sich selbst zu prüfen, würde man leider *praktisch* dazu gezwungen, sich selbst reflexiv zu thematisieren.

Das mag sich kompliziert anhören, meint aber etwas ganz Einfaches: Man kann an sich selbst erleben, dass man dann, wenn man die Praxis reflektiert, in eine reflektierende Praxis gerät. Wenn man also tut, was man sowieso tut, tut man es einfach. Sobald man sich dabei bewusst beobachtet, verändert sich alles, denn es wird dabei eine andere Praxis. Genau deshalb wird die intellektuelle Reflexion des Alltäglichen das Alltägliche immer nur als Reflexion entdecken.[37] Und diese Art intellektueller Selbstdistanzierung führt dann womöglich dazu, dass der intellektuell beobachtende Soziologe nur reflexive und reflektierende Akteure wahrnimmt, und dort, wo diese explizit nicht auftauchen, wenigstens eine „Als-ob-Methode" benützt: Was wären eigentlich die Werte, Normen, Kalküle und Motive eines solchen Handelns?

Es ist von soziologisch eminenter Bedeutsamkeit, sich Handlungsketten als operativ geschlossene Handlungsketten vorzustellen, die mehr Sinn haben, als es die beteiligten Handelnden wissen (können), die eine Eigendynamik entwickeln, aus der es kein Ausbrechen gibt, ohne an der Dynamik teilzuhaben. Um dies besser zu verstehen, bietet sich eine Analogie zu einer anderen operativen Geschlossenheit an, zum Bewusstsein nämlich. Auch Gedanken eines Bewusstseins bringen eine Praxis hervor, aus der man nicht heraus kann – oder versuchen Sie einmal, denkend aus dem eigenen Bewusstsein auszubrechen, sich neben Ihr Bewusstsein zu stellen oder zu prüfen, ob Sie mit Hilfe Ihres Bewusstseins richtig wahrgenommen haben. All das ist möglich – aber eben wieder nur im Medium des *eigenen* Bewusstseins – und um an ein anderes Bewusstsein heranzukommen, bleibt nur Kommunikation. Selbst symbiotische Mechanismen wie Sex oder Gewalt erreichen nicht das andere Bewusstsein, selbst wenn behauptet wird, dass zumindest Ersteres nur im Kopf stattfindet – aber eben nur im eigenen!

Die operative Geschlossenheit des Bewusstseins ist der abendländischen Denktradition wohlbekannt. Die philosophische Tradition kennt spätestens seit René Descartes (1596-1650) im 17. Jahrhundert das Problem der operativen Geschlossenheit des Bewusstseins, das nicht aus sich selbst ausbrechen kann und das die Welt eben nur als bewusste Welt, das Sein nur als Bewusstsein kennt. Man kann einen Baum sehen, aber man muss ihn eben *sehen*, um ihn sehen zu können. Und um zu prüfen, ob man ihn richtig sieht, muss man – nun, *sehen*. Es ist der Soziologie vorbehalten, auch die operative Geschlossenheit des Sozialen, der Kommunikation darzulegen – eine Geschlossenheit, von der die Geschichte von Herrn A und Frau B zeugt, denen es nicht gelingen kann, kommunikativ über die Kommunikation hinaus zu kommen. Das Aufregende an der Soziologie, an einem soziologischen Blick besteht demnach darin, wie man sich, verstrickt in die Dynamik des kommunikativen Geschehens, mit seinen Handlungen in einem praktischen Geschehen wieder findet – und keineswegs nur der Urheber dieses Geschehens ist.

Ich komme nun auf den Handlungsbegriff zurück. Ich hoffe, dass deutlich geworden ist, welch merkwürdige Vereinfachung im Handlungsbegriff liegt. Der übliche soziologische Handlungsbegriff ist vor allem am Akteur, am Handelnden orientiert. Besser formuliert: Er ist am Erleben, an der Selbsterfahrung des Handelnden orientiert.[38] Denn ohne Zweifel beobachten wir uns selbst stets so, dass wir es sind, die handeln – wenn wir es denn explizit beobachten! Denn erst dann, wenn wir erleben, wie wir für die Folgen und die Wirkungen unseres Handelns verantwortlich gemacht werden, stoßen wir auch auf all das, was uns die Soziologie als Erklärung anbietet: auf Normen, die wir erfüllen oder überschreiten, auf Werte, die wir hochhalten oder niederwerfen, auf Kalküle, denen wir genügen oder die wir ungeschickt verfehlen. Wir finden dann gute Gründe – meist aber erst auf Zuruf und im Nachhinein. Und in unserer kleinen Geschichte ist das sicher ähnlich. Herr A hat gehandelt, indem er versucht hat, sich mit Frau B zu verabreden, und hofft dabei auf den Beginn einer wunderbaren Freundschaft; Frau B hat gehandelt, indem sie versucht hat, von Herrn A Informationen über einen möglichen Jobwechsel zu erhalten. Sicher gehörte zu all dem auch eine gehörige Portion subjektive Reflexion, aber erst die nachträgliche Wahrnehmung, dass die Dinge anders gelaufen sind, als man es erwartet hatte, bringt die Notwendigkeit hervor, Handeln und subjektiv gemeinten Sinn aufeinander zu beziehen – im Nachhinein wohlgemerkt. Man kann an diesem Beispiel sehr schön sehen, dass das Schema des Handelns dazu dient, die Welt tatsächlich einfacher beobachtbar zu machen, d.h. Ordnung in die Welt zu kriegen und sie damit beschreibbar zu machen. In der sozialen Praxis geschieht also tatsächlich etwas Ähnliches wie das, was die Soziologie versucht: ein komplexes Geschehen so zu modellieren, *als ob* alles Handeln einzelnen Individuen zuzurechnen ist und *als ob* alles Handeln auf einen subjektiv repräsentierten Sinn, auf Motive, Kalküle und Präferenzen zurück geht. Ein genauerer Blick freilich zeigt, wie diese Beobachtung des Geschehens als eine Folge von individuellen Handlungen letztlich nur ein Beobachtungsschema ist, mit dem es der sozialen Praxis gelingt, Individuen als Handelnde plausibel werden zu lassen.

Allerdings: Diese Einsicht darf nicht generalisiert werden. Es ist eine empirische Frage, in welcher Weise und in welchem Ausmaß solche Zurechnungspraxen und die Unterstellung eines autonomen Handlungsträgers für die Alltagspraxis relevant sind. Vieles, was im Alltag geschieht, geschieht reflexionsfrei – schon weil es schnell und nacheinander geschieht. Erst ein Beobachter, also jemand, der explizit hinguckt, sieht sich geradezu dazu gezwungen, einen Konnex zwischen gemeintem und gehandeltem Sinn herzustellen. *Und die Soziologie muss explizit hingucken* – deshalb schränkt sie offensichtlich ihren eigenen Blick allzu sehr auf Handlungen ein, hinter denen ein vernünftiges Subjekt, ein Handelnder mit guten Gründen vermutet werden kann. Alles andere, alles Routinierte, Reflexionsfreie wird zwar registriert, aber geradezu verächtlich einer „natürlichen Einstellung" zugerechnet, wie es bei Alfred Schütz (1899-1959) heißt.[39] Die Soziologie ist damit selbst eine Gefangene ihrer Praxis – nämlich überall Motive entdecken zu müssen, um Handelnde verstehen zu können.

Selbstkritisch ist anzumerken: Das gilt auch für die Art und Weise, wie ich die Geschichte mit Herrn A und Frau B zu erzählen begonnen habe. Es ist die Art und Weise, wie ein intellektueller Beobachter erzählt. Die Geschichte ist reflektiert insofern, als sie vor allem das für erwähnenswert hält, was nach Reflexion riecht. Handlungen ohne diesen Zusatz kommen nicht vor, sondern werden reflexionsfrei mitgeliefert – ich habe etwa die Szene mit dem Wein erwähnt. Ich habe die Geschichte freilich nicht geändert, um deutlich zu machen, was es bedeutet, zu *sehen*: Die Soziologie muss lernen zu sehen, dass Handlungen einen *sozialen Sinn* haben, der sich vom subjektiv gemeinten nicht nur unterscheiden kann, sondern dass letzterer in vielen Fällen womöglich ein theoretisches Artefakt ist.

Um nicht falsch verstanden zu werden: Es soll nicht in Abrede gestellt werden, dass es tatsächlich Handelnde sind, die handeln. Aber einem soziologischen Blick darf das nicht genügen. Ein soziologischer Blick muss zugleich sehen lernen, wie sich im Nacheinander von Handlungen, begrifflich präziser: in *Kommunikationsprozessen* Eigendynamiken entfalten, die den Handelnden zum Handelnden werden lassen. In dieser zweiten Vorlesung kann das zunächst nur sehr vereinfacht wiedergegeben werden. Vielleicht genügt aber schon der Hinweis darauf, wie sehr das Erleben des je eigenen Handelns von Herrn A und Frau B von der Reaktion und von der erwarteten Reaktion des je Anderen abhängig ist, wie die Anschlüsse des Handlungsverlaufs den Sinn der Handlung nachträglich ändern und wie etwas geschieht, das so keiner von beiden intendiert hatte. Der Begriff des Handelns ist also eine methodische Vereinfachung – sowohl der sozialen Praxis selbst als auch der Soziologie, die sich in die Lage versetzen will, das Verhalten von Menschen beschreibbar zu machen.

Dazu dient die Idee, das Handeln der Menschen auf einen subjektiv gemeinten Motivsinn zurückzuführen – eine Idee, die nach einem Jahrhundert Soziologie auf den historischen Prüfstand gehört. Darin steckt ein Gutteil moderner Tradition des 19. Jahrhunderts. Denn es waren tatsächlich spannende theoretische und politische Kämpfe, die darum ausgefochten wurden, wer denn eigentlich der Urheber des Handelns ist: Theoretisch stand auf dem Programm die Idee, die Autonomie des handelnden Individuums zu begründen und Handlungskoordinierung nicht mehr Tradition, göttlicher Eingebung oder gar dem Kommando von Autoritäten zu unterwerfen. Es war ein kulturprotestantisches Programm, das Gründe vor Gewohnheit, Reflexion vor Praxis setzte. Allein in der Subjektivität des Individuums und in seinen Geltungsansprüchen sollte das Handeln gründen können. Und politisch stand mit der Idee der Demokratie auf dem Programm, dass sich das durchsetzt, was an Intentionen, Wünschen und Ansprüchen eines Publikums sich äußert und öffentlich begründet und durchgesetzt werden kann. In dieser Gemengelage von theoretischen und politischen Autonomieansprüchen ist die Soziologie entstanden – als Reflexionstheorie des Handelns, zugleich aber auch immer in der eigentümlich zwiespältigen Rolle einer Streiterin für die Handlungsermächtigung des Einzelnen, aber auch als Beobachterin des sozialen, des gesellschaftlichen Ursprungs von Handlungsmotiven, Normen, Werten und Kalkülen. Von dieser Zwiespältigkeit zeugt noch heute der Begriff des Handelns: *einerseits* verlegt er die Genese des Handelns in die innere Abwägung von Alternativen, *andererseits* kann er gar nicht anders, als den semantischen, den grammatischen und den praktischen Gehalt solchen Abwägens in der sozialen Umwelt des handelnden Individuums aufzufinden.[40]

Deshalb ist es sinnvoll, Handlungen nicht nur als Einzelhandlungen aufzufassen und Handlungsmuster nicht nur als Kumulation von ähnlichen Handlungen im sozialen Raum, die man statistisch erfassen und mit anderen Parametern korrelieren kann. Beides hat durchaus sein Recht – sowohl die Rekonstruktion von individuellem Handeln als auch die Analyse von Kumulationen und statistischen Zusammenhängen von Einzelhandlungen und ihren Aggregaten. Das Meiste, was wir an sozialwissenschaftlichen Ergebnissen kennen, wird in dieser Weise erhoben. Um dem Handeln aber selbst auf die Spur zu kommen, ist es sinnvoll über die individualistische und kumulative Methode hinaus den Blick dafür zu schärfen, dass Handlungen stets im Zeitverlauf auf andere Handlungen bezogen sind, dass in Situationen ein Nacheinander von Handlungen zu beobachten ist, das eine Eigendynamik entwickelt, das den *sozialen Sinn* von Handlungen hervorbringt, dadurch nämlich, dass Handlungsketten durch ihre Anschlüsse *selbst* eine interpretative Arbeit leisten – dafür habe ich den Begriff der Kommunikation eingeführt, der zeigen soll, wie Handlungen im Nacheinander dadurch darauf bezogen sind, dass sie *verstehend* aufeinander Bezug nehmen.[41]

Die Kommunikation versteht in diesem Sinne tatsächlich selbst – das lässt sich bei Herrn A und Frau B in der Tat nachverfolgen. Erinnern Sie sich an die Situation, in der – so meine Beschreibung – seine Hand „wie zufällig" die ihre streift. Ob das eine Handlung war oder nicht, ist nicht das Entscheidende. In der Kommunikation, also durch Äußerungen, weitere Handlungen oder Sonstiges ist diese Berührung jedenfalls nicht als Handlung behandelt worden, was ja durchaus möglich gewesen wäre – ganz unabhängig davon übrigens, ob Herr A die Berührung intendiert und kalkuliert hat oder nicht. Und selbst als Frau B später die Berührung durchaus registriert, kommt diese nicht in der Kommunikation an – weil sie nicht weiter thematisiert wird. Das ist ein erneuter Hinweis darauf, dass alles, was im sozialen Raum geschieht, geschehen muss – eben Praxis ist. Vielleicht genügt dies schon als das Ergebnis der ersten Vorlesung: Der soziologische Blick muss an sich selbst einüben, das soziale Geschehen in seiner Eigendynamik und in seiner Begrenztheit auf die je eigene Praxis aufzufassen. Und er muss sich von der alltäglichen Erfahrung distanzieren, das Handeln stets nur als das Ergebnis individueller Motive anzusehen, sondern als das eigentümliche

Zusammenspiel von Ereignissen, in denen sich Personen wieder finden, denen Handlungen zugerechnet werden, die sie sich selbst zurechnen und die an sich selbst erleben, wie wenig linear die eigenen Motive in soziale Praxis und in sozialen Sinn umzusetzen sind.[42] Herr A kann davon ein Lied singen – und er wird in den nächsten Vorlesungen weiter singen.

Zum Schluss noch ein kurzer Hinweis: Ich habe behauptet, die Zurechnung auf individuelle Motive sei eine kulturelle Konvention – eine sehr nützliche Konvention freilich, ohne die die meisten Routinen unserer Gesellschaft gar nicht denkbar wären. Aber auch die soziale Praxis hat Erfahrungen damit, diese Konvention bisweilen außer Kraft zu setzen, etwa in Strafgerichtsverfahren, in denen geprüft wird, ob ein Beschuldigter wirklich „zurechnungsfähig" ist, also ob er womöglich bestimmte Informationen nicht hatte, die seiner Handlung einen anderen sozialen Sinn gegeben hätten, ob er durch Alkohol oder andere Mittel in seiner Urteilsfähigkeit getrübt war oder ob starke Emotionen und Affekte ihn an angemessenen Motiven gehindert haben.[43] Auch als medizinische Praxis kennen wir solche Suspendierungen, etwa wenn ein Psychiater feststellt, dass der Suizidwunsch eines Schwerkranken nicht dessen „wirklichen" Wünschen entspricht.[44] Solche Suspendierungen weisen darauf hin, dass auch die Zurechnung selbst eine kulturelle Konvention ist.[45]

Die Formulierung der kulturellen Konvention erinnert an eine andere Diskussion, die seit einigen Jahren inzwischen auch im Feuilleton geführt wird. Die Idee des autonomen, ganz seinem Willen unterworfenen Handelnden wird ja nicht nur soziologisch und kulturell in Zweifel gezogen, sondern auch durch die moderne Hirnforschung. Diese hat gezeigt, dass bereits 500 ms, bevor dem Handelnden sein Handlungsmotiv bewusst wird, entsprechende Erregungszustände im Gehirn nachweisbar sind.[46] Daraus wird der Schluss gezogen, den freien Willen für eine bloße Illusion zu halten. Und gerade im Hinblick auf strafrechtliche Konsequenzen wird offen diskutiert, ob man Straftäter tatsächlich für ihr Verhalten verantwortlich machen kann – das dann streng genommen kein Handeln mehr wäre, weil sie keine Alternative hatten, wenn das Gehirn die Handlung bereits prädeterminiert hat. Jedenfalls haben sich auch Hirnforscher darauf geeinigt, die Idee des freien, autonomen Willens für eine nützliche und wirksame kulturelle Konvention zu halten: Aus der Perspektive des Ich erscheint das Handeln als autonom hervorgebracht, während es aus der Perspektive des Gehirns bereits zuvor determiniert war. Die breite Debatte um die Natur des freien Willens mutet freilich merkwürdig an – wird als Gegenthese gegen die Hirnforschung doch eine völlig unrealistische Idee von Willensfreiheit gesetzt.[47] Schon die Tatsache, dass jeder freie Willensakt durch biografische Kontexte und Vorerfahrungen gebrochen ist, zeugt davon, dass der Wille niemals unbedingt, sondern stets bedingt daher kommt – ganz abgesehen davon, dass man auch von seinen eigenen Willensäußerungen *überrascht* werden muss, denn das Wollen selbst kann man nicht noch einmal wollen, ohne dass weitere Begründungsprobleme auftauchen. Ob man freilich aus den Erregungszuständen des Gehirns semantisch und sinnhaft wirksame Entscheidungen ableiten kann, scheint mir sehr zweifelhaft zu sein. Aber die Idee, dass dem Handeln von Einzelnen bereits Erregungszustände voraus gehen, dürfte aus soziologischer Perspektive nicht allzu sehr erstaunen. Wie es offensichtlich *neuronale Erregungszustände* gibt, die jenseits der bewussten Handlungsreflexivität des Gehirns/Bewusstseins situiert sind, gibt es auch *soziale Erregungszustände* jenseits der motivgesteuerten Handlungsreflexivität des Akteurs. Für die Idee des freien Handelns/Willens bedeutet dies, dass man wohl davon Abstand nehmen muss, dessen Unbedingtheit für realistisch zu halten. Es ist nicht *unbedingt* gegeben, sondern *bedingt* – bedingt durch eine körperlich-neuronale Umwelt und eine soziale Umwelt, die beide Voraussetzung dafür sind, dass der Handelnde sich als handelnd erlebt und Freiheit erfahren kann, wenn das von ihm sozial verlangt wird. Der freie Handlungswille scheint heute eingekeilt zu sein – *eingekeilt zwischen Gehirn und Gesellschaft*.[48] Soziologisch käme es darauf an, unter welchen Bedingungen der Handelnde als ein reflektierend und frei handelnder Akteur auftritt und wo es eher die vorgängigen „Erregungszustände" sind, die das Handeln hervorbringen – seien es neuronal und körperlich gebundene Formen von Erfahrungen, Gewohnheiten und Strukturdeterminiertheiten, seien es soziale Erwartungsstrukturen und Bewährungsräume, in denen sich der Akteur vorfindet. Was man von der Hirnforschung jedenfalls lernen kann, ist, die soziale Situiertheit allen Handelns und die gesellschaftliche Zurechnungspraxis auf der einen Seite nicht gegen eine unrealistische Idee unbedingter Willensfreiheit auszuspielen. Dass beide keine Gegensätze sind, ist eine Einsicht des soziologischen Blicks, den wir hier einüben wollen. Und dass dieses eigentümliche Zusammenspiel von Freiheit und Einschränkung, von der Begrenztheit individueller Möglichkeiten und ihrer Alternativlosigkeit unvermeidlich ist, davon zeugt die Geschichte von Herrn A, mit der wir im nächsten Kapitel weitere soziale Bedingungen des Handelns kennen lernen – Lebenswelt, soziale Rolle und Habitus nämlich.

Dritte Vorlesung: Lebenswelt, Sinn, Soziale Rolle, Habitus

Herr A wird morgens wach. Sie erinnern sich, der vorherige Abend mit Frau B ist ziemlich daneben gegangen. Es ist der erste Gedanke, der Herrn A erschienen ist, als er aufwachte. Er ist nun ziemlich deprimiert und niedergeschlagen und fragt sich, wie man so blöde sein und sich so blamieren kann. Er duscht erst mal, zieht sich an, frühstückt kurz und fährt ins Büro. Herr A ist im Wertpapiergeschäft einer international agierenden Bank beschäftigt und fährt mit S- und U-Bahn zu seinem Arbeitsplatz. Heute freilich ist alles anders. Er kann sich nicht konzentrieren, fühlt sich völlig unwohl in seiner Haut. Er sitzt gerade in seinem Büro, sichtet die Post und ordnet den Kalender, kann sich kaum zu systematischer Tätigkeit aufraffen und nörgelt still vor sich hin. Seine Sekretärin, die ihm einen Kaffee anbietet, schnauzt er fast an, die wiederum wundert sich ziemlich.

Da klingelt das Telefon. Seine Sekretärin avisiert ihm einen der wichtigsten Geschäftskunden der Bank, und zwar nicht telefonisch und nicht für übermorgen. Der gute Mann sitzt schon bei ihr. Er muss offensichtlich ein erhebliches Problem haben, wenn er erstens selbst kommt und zweitens unangemeldet. Herr A ist auf einmal hochkonzentriert, vergegenwärtigt sich kurz den Kunden, ruft schnell die Kundendaten auf seinem Computer auf und lässt bitten. Er kommt dem Kunden auf halbem Wege entgegen, schüttelt ihm freudig, aber nicht überschwänglich die Hand, bietet ihm einen Platz an und bittet seine Sekretärin überaus freundlich darum, die Akte herauszusuchen und dem Kunden etwas anzubieten. Die fügt sich, denkt „geht doch!", lässt sich nichts anmerken und tut, wie ihr geheißen.

Der Kunde hat in der Tat ein Problem, das ich hier nicht wiedergeben kann, weil es recht heikel ist und stets haarscharf zwischen steuer- und strafrechtlicher Relevanz hin und her oszilliert. Jedenfalls kann Herr A dem Kunden einige sehr gute Tipps geben, um ihn zunächst aus der Schusslinie der Steuerfahndung zu bekommen. Das Gespräch dauert mehr als zwei Stunden, der Kunde ist sehr dankbar, Herr A ist zufrieden mit sich selbst, und man besiegelt die Sache mit einem guten Cognac. Es ist zwar noch Vormittag, aber das muss nun doch sein.

Als der Kunde wieder weg ist, ist Herr A zunächst geradezu euphorisch und richtig stolz auf sich selbst – bis ihm einfällt, dass es ihm ja eigentlich schlecht geht. Und schon geht es ihm wieder schlecht. Er liest in seinem Kalender, dass er einem früheren Studienfreund versprochen hat, heute in eine Soziologie-Vorlesung mitzugehen, die dieser im Rahmen eines Zweitstudiums an der LMU besucht. Der meinte, man könne da durchaus auch was „fürs Leben" lernen – und das kann Herr A nun wirklich gebrauchen. Vielleicht helfen ja Soziologen über seine Sinnkrise hinweg. Er fährt mit der U-Bahn zum Hauptgebäude seiner ehemaligen *alma mater* und trifft seinen Freund an der vereinbarten Stelle. Es ist für Herrn A ein zugleich vertrautes und fremdes Gefühl, durch das Gebäude zu gehen, das AudiMax zu betreten, in dem er eine seiner ersten VWL-Klausuren versiebt hat. Er beobachtet die ruhige Geschäftigkeit der Studentinnen und Studenten. Der Raum füllt sich mit mehreren hundert Personen. Die beiden finden einen guten Platz und beginnen der Vorlesung des Dozenten zu lauschen. Er hat heute das Thema „Lebenswelt, Sinn, Soziale Rolle, Habitus" – so ein typisches Soziologen-Kauderwelsch. Konnte Herr A schon früher nicht leiden. Der Professor sieht schon so aus wie das, was man nun erwarten kann. Schließlich legt der eine völlig blödsinnige Folie auf *(siehe nebenstehende Folie).*

Herr A wundert sich. Auf die Frage des Gelehrten, was denn da zu sehen sei, melden sich die ersten Eifrigen. Eine Studentin betont, dass sie die eingestreuten „Neins" erst nach mehrmaligem Hinsehen entdeckt habe. Sie meint, von dem Bild könne man lernen, dass das Negative keine Macht erhalte, wenn es von genügend Positivem umstellt werde. Ein Student pflichtet bei und ergänzt, dass es sich um eine moderne Lyrikform handelt, die sich eher minimalistischer Mittel bediene. Ein dritter Student meint dagegen, dass dieses Bild wohl ausdrücken solle, dass wir in einer Welt voller Ja-Sager lebten, gegen die die wenigen kritischen Stimmen nicht die geringste Chance hätten. Einer weiteren Studentin fällt auf, dass das Bild ohne die kleinen Abweichungen völlig sinnlos wäre. Einer der anwesenden Seniorenstudenten – schon öfter aufgefallen durch seine naturwissenschaftlichen Analogien – sieht in dem Bild eine Parabel auf die Evolution, die nur möglich sei, wenn es zu kleinen Abweichungen/Variationen komme, symbolisiert in den „Neins". Diese seien es, die dafür sorgten, dass sich die Welt weiter entwickle. So geht das muntere Treiben weiter – und der Professor scheint zufrieden zu sein mit seinen Schäfchen.

Herr A wundert sich immer noch – aber seine anfängliche Skepsis weicht einem eigentümlichen Interesse. Und kaum merkt er selbst, dass er sich auch gemeldet hat. Der Professor hält ihm das Mikrophon vor die Nase, und Herr A meint: „Wenn ich es recht sehe, dann bildet die Sache ganz gut die Bank ab, in der ich arbeite. Lauter Pfeifen, die tun, wie ihnen geheißen, nur einige Wenige sagen auch mal ‚Nein', und eigentlich müsste man ja die positiv darstellen, weil sie es sind, die dafür sorgen, dass wir uns weiter entwickeln und Probleme lösen." Murmelnde Zustimmung und zustimmendes Gemurmel machen sich breit – und plötzlich erschrickt Herr A über sich selbst und über das grinsende Gesicht seines Freundes. Den Schrecken immer noch im Nacken verlässt Herr A unter dem Vorwand eines dringenden Termins vorzeitig die Vorlesung.

Prof. Dr. Armin Nassehi:
Einführung in die Soziologie. Folie der Vorlesung vom 5.11.2007

---

ja ja ja ja ja ja ja ja ja ja ja ja ja ja ja ja ja ja ja ja ja ja ja ja ja ja ja ja ja ja ja ja ja ja ja ja
ja ja ja ja ja ja ja ja ja ja ja ja ja ja ja ja ja ja ja ja ja ja ja ja ja ja ja ja ja ja ja ja ja ja ja ja
ja ja ja ja ja ja ja ja ja ja ja ja ja ja ja ja ja ja ja ja ja ja ja ja ja ja ja ja ja ja ja ja ja ja ja ja
ja ja ja ja ja ja ja ja ja ja ja ja ja ja ja ja ja ja ja ja ja ja ja ja ja ja ja ja ja ja ja ja ja ja ja ja
ja ja ja ja ja ja ja ja ja ja ja ja ja ja ja ja ja ja ja ja ja ja ja ja ja ja ja ja ja ja ja ja ja ja ja ja
ja ja ja ja ja ja ja ja ja ja ja ja ja ja ja ja ja ja ja ja ja ja ja ja ja ja ja ja ja ja ja ja ja ja ja ja
ja ja ja ja ja ja ja ja ja ja ja ja ja ja ja ja ja ja ja ja ja ja ja ja ja ja ja ja ja ja ja ja ja ja ja ja
ja ja ja ja ja ja ja nein ja ja ja ja ja ja ja ja ja ja ja ja ja ja ja ja ja ja ja ja ja ja ja ja ja ja ja
ja ja ja ja ja ja ja ja ja ja ja ja ja ja ja ja ja ja ja ja ja ja ja ja ja ja ja ja ja ja ja ja ja ja ja ja
ja ja ja ja ja ja ja ja ja ja ja ja ja ja ja ja ja ja ja ja ja ja ja ja ja ja ja ja ja ja ja ja ja ja ja ja
ja ja ja ja ja ja ja ja ja ja ja ja ja ja ja ja ja ja ja ja ja ja ja ja ja ja ja ja ja ja ja ja ja ja ja ja
ja ja ja ja ja ja ja ja ja ja ja ja ja ja ja ja ja ja ja ja ja ja ja ja ja ja ja ja ja ja ja ja ja ja ja ja
ja ja ja ja ja ja ja ja ja ja ja ja ja ja ja ja ja ja ja ja ja ja ja ja ja ja ja ja ja ja ja ja ja ja ja ja
ja ja ja ja ja ja ja ja ja ja ja nein ja ja ja ja ja ja ja ja ja ja ja ja ja ja ja ja ja ja ja ja ja ja ja
ja ja ja ja ja ja ja ja ja ja ja ja ja ja ja ja ja ja ja ja ja ja ja ja ja ja ja ja ja ja ja ja ja ja ja ja
ja ja ja ja ja ja ja ja ja ja ja ja ja ja ja ja ja ja ja ja ja ja ja ja ja ja ja ja ja ja ja ja ja ja ja ja
ja ja ja ja ja ja ja ja ja ja ja ja ja ja ja ja ja ja ja ja ja ja ja ja ja ja ja ja ja ja ja ja ja ja ja ja
ja ja ja ja ja ja ja ja ja ja ja ja ja ja ja ja ja ja ja ja ja ja nein ja ja ja ja ja ja ja ja ja ja ja ja
ja ja ja ja ja ja ja ja ja ja ja ja ja ja ja ja ja ja ja ja ja ja ja ja ja ja ja ja ja ja ja ja ja ja ja ja
ja ja ja ja ja ja ja ja ja ja ja ja ja ja ja ja ja ja ja ja ja ja ja ja ja ja ja ja ja ja ja ja ja ja ja ja
ja ja ja ja ja ja ja ja ja ja ja ja ja ja ja ja ja ja ja ja ja ja ja ja ja ja ja ja ja ja ja ja ja ja ja ja
ja ja ja ja ja ja ja ja ja ja ja ja ja ja ja ja ja ja ja ja ja ja ja ja ja ja ja ja ja ja ja ja ja ja ja ja
ja ja ja ja ja ja ja ja ja ja ja ja ja ja ja ja ja ja ja ja ja ja ja ja ja ja ja ja ja ja ja ja ja ja ja ja
ja ja ja ja ja ja ja ja ja ja ja ja ja ja ja ja ja ja ja ja ja ja ja ja nein ja ja ja ja ja ja ja ja ja ja
ja ja ja ja ja ja ja ja ja ja ja ja ja ja ja ja ja ja ja ja ja ja ja ja ja ja ja ja ja ja ja ja ja ja ja ja
ja ja ja ja ja ja ja ja ja ja ja ja ja ja ja ja ja ja ja ja ja ja ja ja ja ja ja ja ja ja ja ja ja ja ja ja
ja ja ja ja ja ja ja ja ja ja ja ja ja ja ja ja ja ja ja ja ja ja ja ja ja ja ja ja ja ja ja ja ja ja ja ja
ja ja ja ja ja ja ja ja ja ja ja ja ja ja ja ja ja ja ja ja ja ja ja ja ja ja ja ja ja ja ja ja ja ja ja ja
ja ja ja ja ja ja ja ja ja ja ja ja ja ja ja ja ja ja ja ja ja ja ja ja ja ja ja ja ja ja ja ja ja ja ja ja
ja ja ja ja ja ja ja ja ja ja ja ja ja ja ja ja ja ja ja ja ja ja ja ja ja ja ja ja ja ja ja ja ja ja ja ja
ja ja ja ja ja ja ja ja ja ja ja ja ja ja ja ja ja ja ja ja ja ja ja ja ja ja ja ja ja ja ja ja ja ja ja ja
ja ja ja ja ja ja ja ja ja ja ja ja ja ja ja ja ja ja ja ja ja ja ja ja ja ja ja ja ja ja ja ja ja ja ja ja
ja ja ja ja ja ja ja ja ja ja ja ja ja ja ja ja ja ja ja ja ja ja ja ja ja ja ja ja ja ja ja ja ja ja ja ja
ja ja ja ja ja ja ja ja ja ja ja ja ja ja ja ja ja ja ja ja ja ja ja ja ja ja ja ja ja ja ja ja ja ja ja ja
ja ja ja ja ja ja ja ja ja ja ja ja ja ja ja ja ja ja ja ja ja ja ja ja ja ja ja ja ja ja ja ja ja ja ja ja
ja ja ja ja ja ja ja ja ja ja ja ja ja ja ja ja ja ja ja ja ja ja ja ja ja ja ja ja ja ja ja ja ja ja ja ja

Was Herr A nicht mehr mit bekommt, ist die Auflösung der ganzen Geschichte. Der Soziologe im AudiMax hält inne und fragt die Studierenden, was denn gerade abgelaufen sei. Er erläutert, dass er sich die Folie am Abend zuvor ohne weitere Hintergedanken ausgedacht habe – mit einem Hintergedanken freilich schon. Er wollte zeigen, wie es gelingen kann, in einer Situation wie der Vorlesung die Anwesenden dazu zu bringen, dieses Bild zu interpretieren und dem Buchstabensalat an der Wand einen *Sinn* zu unterstellen. Einen Sinn zu unterstellen, beantwortet nicht die Frage, ob das Bild sinnvoll sei oder nicht, sondern ob es überhaupt etwas bedeutet.[49] Die Beiträge der Studierenden – eingeschlossen Herr A – zeugen jedenfalls davon, wie stark offensichtlich der Zugzwang ist, einem in der Situation der Vorlesung präsentierten Muster, wie es an die Wand projiziert wurde, einen Sinn zu unterstellen, d.h. es für so bedeutsam halten zu können, dass es interpretierbar ist.

Ich habe bereits in der letzten Vorlesung betont, dass wir die soziale Welt stets für eine vorinterpretierte Welt halten. Insofern liegt es stets nahe, auch Ungewohntes, Unerwartetes und zunächst Unverständliches verstehbar zu machen, d.h. es für sinnhaft zu halten, ihm einen interpretierbaren Sinn zu unterstellen. Die Wahrnehmung der sozialen Welt enthält ein gewisses Trägheitsmoment. Dieses Trägheitsmoment wird in der Soziologie üblicher Weise mit dem Begriff *Lebenswelt* belegt. *Lebenswelt* meint nicht einfach die Welt als ganze. Der Begriff der *Welt* hat eine lange Tradition. Er meint stets eine ganzheitliche Sphäre. Welt ist stets verstanden worden als „Welt für alle", oder wie der Philosoph Martin Heidegger (1889-1976) es ausdrückt, als „All des Seienden".[50] Ein solcher Weltbegriff sieht davon ab, dass sich die Welt aus unterschiedlichen Perspektiven sehr unterschiedlich erschließt – je nach Vorerfahrung, kulturellem und historischem Hintergrund oder auch sozialer Position. Deshalb übernimmt die Soziologie von dem Philosophen Edmund Husserl (1859-1938) den Begriff der *Lebenswelt*.[51] Die Lebenswelt ist eben nicht die Welt als ein Ganzes, sondern diejenige Welt, die aus einer bestimmten Perspektive als die Welt erscheint, in der sich die Dinge einer gewohnten Ordnung fügen. Die Lebenswelt ist in diesem Sinne letztlich kein positiv vorliegender Ort, sondern eine soziale Sphäre, in der die Dinge so behandelt werden, als seien sie nicht nur mir, sondern auch den anderen in gleicher Weise gegeben. Zur Lebenswelt gehört ein Vertrauensvorschuss, etwa in dem Sinne, dass etwas, das einem in einer Vorlesung gezeigt wird, eine sinnhafte Bedeutung haben muss, dass die U-Bahn, in die man steigt, tatsächlich in jene Röhre fährt, die zuvor angegeben wurde usw. Die lebensweltliche Sicherheit von Herrn A lässt ihn Dinge tun, über die er nicht weiter nachdenken muss – und ein gesellschaftlicher Alltag ist voll solcher Unterstellungen, denen stets ein Vertrauensvorschuss in das Funktionieren der meisten Routinen innewohnt. Letztlich ist die Lebenswelt in vielen Aspekten eine reflexionsfreie Welt.

So schmeißen wir etwa Liebesbriefe, die sonst niemand lesen darf und die wir nie aus der Hand geben würden, ohne mit der Wimper zu zucken in gelbe Kästen und verlieren jegliche Kontrolle darüber, wer das gute Stück in den nächsten Stunden in die Hände bekommt; wir besteigen Fluggeräte und gehen unbesehen davon aus, dass die Flugzeugtechniker dafür gesorgt haben, dass alles funktioniert; wir wollen den Flugkapitän nicht persönlich kennen lernen, obwohl ein falscher Handgriff von ihm unser wertvolles Leben auslöschen kann (dass dann auch er dran glauben muss, ist nur ein schwacher Trost); wir lassen uns von Anästhesisten Mittel spritzen, die uns in einen komaähnlichen Zustand versetzen und zum Objekt von Leuten mit scharfen Messern machen usw. Lebensweltliche Sicherheiten bauen uns einen Boden, auf dem wir fest stehen können und von dem aus sich die Welt beobachten lässt. Die Lebenswelt hat also sowohl eine Boden- als auch eine Horizontfunktion. Sie ist stabile Basis, zugleich Ausgangspunkt neuer Erfahrungen und Perspektiven. Die Lebenswelt ist der Ort der *Praxis*, von der in der zweiten Vorlesung die Rede war. Lebensweltliche Selbstverständlichkeiten sind der Ort, an dem uns die Welt als eine sinnhafte Welt begegnet, ohne dass diese Sinnhaftigkeit weiter thematisiert werden muss. Die Lebenswelt ist der Ort, an dem sich unser Handeln buchstäblich ereignet. Die Funktion der Lebenswelt besteht darin, dass möglichst wenig Reflexionsbedarf entsteht – und deutlich wird das spätestens dann, wenn wir diese Sphäre verlassen und uns auf neue lebensweltliche Routinen einlassen müssen oder wenn wir später in Räume und Sphären zurück kehren, die wir längst verlassen haben.[52]

Herr A etwa erlebt seine Begegnung mit dem AudiMax der Münchner Universität mit einer gleichzeitigen Vertrautheits- und Fremdheitserfahrung. Man kann sich vorstellen, wie er einerseits Personen, womöglich Geräusche und Erfahrungen wieder vernimmt, die ihm längst abhanden gekommen sind, wie er aber andererseits feststellt, wie weit dies von seinen gegenwärtigen Erfahrungen entfernt ist. Und sein Schrecken, sich in der Vorlesung gemeldet zu haben und einen Interpretationsbeitrag zum besten gegeben zu haben, hat sicher auch mit dieser eigentümlichen Kombination aus Vertrautheit und Fremdheit zu tun. In der Soziologie jedenfalls wird der Begriff der Lebenswelt dann verwendet, wenn es darum geht, wie Vertrautheitssphären dafür sorgen sollen, dass die Welt als ein sinnhaft geordneter Kosmos erscheint – wobei auch diese für Soziologen gebräuchliche Formulierung wieder das intellektuelle Missverständnis nährt, als gehe es dem Alltagshandelnden um einen sinnhaft geordneten Kosmos. *Praktisch ist dieser Kosmos deshalb sinnhaft geordnet, weil sich die Frage gar nicht stellt.* Einiges von diesem Vertrauensvorschuss lässt sich an der Vorlesung ablesen, die Herr A besucht hat. Die Studierenden lassen sich darauf ein, dass das, was da geschieht, einen Sinn hat, dass es interpretierbar ist – selbst wenn ihnen im Moment womöglich keine Kriterien zur Verfügung stehen, diesen Sinn zu entschlüsseln.

Der Begriff des Sinns ist in der Tat missverständlich, denn er suggeriert eine Eigenschaft von Dingen oder Sachverhalten. Der Sinn steckt freilich nicht in den Dingen – wie der Sinn der Ja/Nein-Folie nicht in ihr selbst liegt, sondern darin, was hier praktisch aktualisiert werden kann. Konkret: Die Studierenden, die diese Folie sehen, haben in dieser Situation mehrere Möglichkeiten, den Sinn der Folie zu aktualisieren. Sie können etwa tatsächlich nach dem *sachlichen* Aspekt fragen – und das tun sie auch, indem sie auf die Suche nach der sachlichen Bedeutung des projizierten Bildes gehen. Unter diesem Sachaspekt wird man nur herausbekommen, was die Folie nun wirklich bedeutet. Aber es scheint nicht nur einen sachlichen, sondern auch einen *sozialen* Sinn der Situation zu geben. Als sozial erscheint Sinn dann, wenn wir uns fragen, wer spricht oder wem Handlungen zugerechnet werden können, und an wen bestimmte Verhaltenserwartungen gerichtet sind. Auch dies ist hier zu beobachten, denn dass die Studierenden sich an die Interpretationsarbeit machen, hängt auch damit zusammen, dass sie sehen, *wer* sie dazu auffordert. Schließlich können sie abwarten, also *zeitlich* Sinn verarbeiten – gerade in didaktischer Hinsicht lernen Schülerinnen und Schüler sowie Studierende schnell, wie langsam das alles geht. Man vertröstet sich auf eine Zukunft, in der man das dann verstehen wird, ob es sich nun um eine nahe Zukunft innerhalb der gleichen Vorlesungsstunde handelt oder um das nächste Semester. Sinn wird hier differenziert in verschiedene *Sinndimensionen*, nach denen Gegenwarten entweder *sachlich, zeitlich* oder *sozial* verarbeitet werden und die Anschlüsse dann entsprechend wahrscheinlicher werden. Der Begriff der Sinndimensionen stammt von dem Soziologen Niklas Luhmann (1927-1998), der damit zeigen wollte, dass Sinn vor allem dadurch erzeugt wird, dass es zu *Verweisungen* kommt, also dass Handlungen und Kommunikationen sich dadurch ordnen, dass sie sachlich, zeitlich oder sozial plausibel werden. Er will damit Sinn vom Subjekt, von der Innenwelt des Handelnden lösen und als Dimension begreifen, die durch soziale Dynamiken und soziale Erwartungen zustande kommt. Letztlich ist das eine Radikalisierung dessen, was in der letzten Vorlesung als Logik der Situation bezeichnet wurde: Man muss sich stets fragen, worauf etwas sinnhaft verweist, im Falle der Vorlesungssituation: auf die *Sachbedeutung* der Folie, darauf, *wer* diese mitgebracht hat und vorführt, oder *wann* man mit Auflösung rechnet oder das womöglich auf später verschiebt.

Im Hinblick auf die *Sozialdimension* ist es vor allem die Frage der Rollenverteilung: von wem welches Handeln erwartet wird. Es tritt nun ein weiterer soziologischer Fachbegriff in Erscheinung, der Begriff der *sozialen Rolle*. Was das Vorlesungsbeispiel zeigt, zeugt auch davon, dass soziale Rollen dazu dienen, Verhaltenserwartungen zu stabilisieren. Unter einer sozialen Rolle versteht die soziologische Nomenklatur die *reziproke Verhaltenserwartung an den Inhaber einer Position*.[53] Soziale Rollen dienen also dazu, das Verhalten von anderen, aber auch das eigene Verhalten erwartbar zu machen. Entscheidend an sozialen Rollen ist vor allem die *reziproke*, also wechselseitige Erwartbarkeit. Eine Vorlesung etwa wäre nicht möglich, wenn nicht bereits zuvor bekannte Rollenmuster festgelegt wären; wenn nicht die Rolle des Professors und die der Studierenden reziprok aufeinander bezogen wären; wenn nicht ohne weitere Erörterung die Initiative beim Professor liegen würde; wenn nicht Studierende zunächst in der passiven Zuhörerposition wären; wenn nicht wenigstens ein gewisses Maß an Frustrationstoleranz bei den Studierenden zum erwartbaren Rollenmuster gehören würde. Es wäre kaum denkbar gewesen, dass sich dieselben Leute, die bei der Vorlesung anwesend waren, in einer anderen Situation genau so verhalten hätten. Das Verhalten sowohl des Professors als auch ihr eigenes Verhalten ist unmittelbar davon abhängig, dass in dieser Vorlesungssituation die Rollenmuster des Professors und der Studierenden reziprok aufeinander bezogen sind. Und zu diesem Rollenmuster gehört ganz offensichtlich, dass ein von einem Professorendarsteller an die Wand projizierter Zeichensalat interpretiert werden kann und muss. Das Risiko, sich mit einer Interpretation zu blamieren, sinkt in dem Maße, in dem es erwartbar ist, dass überhaupt interpretiert wird. Die Anwesenden finden sich in einer Lernsituation wieder, in einer Hochschulveranstaltung, in der exakt ein solches Verhalten möglich ist. Das Rollenmuster passt in eine Gesellschaft, in der pädagogische Frageformen, didaktische Muster und erzieherische Asymmetrien erwartbar sind – ich komme darauf in der sechsten Vorlesung zurück, wenn ich den Begriff der Gesellschaft erläutere. An dieser Stelle mag der Hinweis genügen, dass die entsprechenden Rollenmuster die Möglichkeit solcher pädagogischer, didaktischer und erzieherische Sozialformen stabilisieren.

Die Beteiligten treten zunächst nicht als konkrete Personen auf, sondern als Inhaber sozialer Rollen. Soziale Rollen machen es möglich, von konkreten Situationen und konkreten Personen zu abstrahieren – auch dieser soziologische Grundbegriff ist in einer Gesellschaft entstanden, in dem die Menschen immer mehr Erfahrungen mit Personen machen, die sie nicht persönlich kennen (müssen), die ihnen eher anonym gegeben sind, die ihnen aber in konkreten Rollen gegenüber treten, weil sie Inhaber von bestimmten Positionen sind. Man muss sich nur einmal klar machen, mit wie vielen Inhabern von Positionen man in einem städtischen Alltag zu tun bekommt, nur um von einem Ort zum anderen zu gelangen – von den positionslosen Zeitgenossen ganz zu schweigen, die man auf der Straße, in der U-Bahn oder in Treppenhäusern trifft und die sich so verhalten, dass ein relativ karambolagefreies Bewegen möglich ist. Gehen Sie mal absichtlich im *british style* immer links an den Leuten vorbei, Sie werden sehen, wie abhängig die Dinge von den unmerklichen reziproken Verhaltenserwartungen sind, die sich uns eingeschrieben haben. Im Londoner Straßenverkehr kann man übrigens gut beobachten, wie zuvorkommende Automobilisten damit rechnen, dass Touristen die Gefahr zunächst auf der falschen Seite suchen, weil sie mit Rechtsverkehr rechnen und nach links schauen. Vielleicht stabilisiert sich die reziproke Verhaltenserwartung so, dass die Gefahr, totgefahren zu werden, viel größer wird, je konsequenter man in die richtige Richtung schaut, denn das wäre kein Anlass für eine besondere Aufmerksamkeit von Autofahrern.

Soziale Rollen treten als Strukturmuster gewissermaßen zwischen die Gesellschaft und ihre Muster und die konkrete Person. Man kann das Verhalten eines Studenten einschätzen, ohne ihn kennen zu müssen – und für Studierende ist es durchaus nicht erstaunlich, dass sich jemand vor sie hinstellt und sie in Spielfilmlänge belehrt. Und von abstrakten Rollenmustern lässt sich leicht auf konkrete Situationen schließen – und so steigt die Wahrscheinlichkeit, dass man viele „Jas“ und wenige „Neins“ auf einer projizierten Folie in der Weise interpretiert, wie es hier berichtet wird – und der Autor dieser Zeilen kann unter Zeugen versichern, dass keine der genannten Interpretationen „erfunden“ wurde.

Doch soziale Rollen machen nicht nur das Verhalten anderer bzw. das eigene Verhalten erwartbarer und kalkulierbarer – Rollen scheinen Personen geradezu mitzureißen oder sogar hervorzubringen. Versetzen wir uns noch einmal in die Situation von Herrn A in der Vorlesung. Er war sehr skeptisch. Und trotzdem wurde er letztlich von den reziproken Verhaltenserwartungen hingerissen – dies ist übrigens eine Formulierung des französischen Soziologen Emile Durkheim (1858-1917), der bereits 1895 schrieb, der Einzelne werde von der sozialen Gesamtheit „hingerissen“ und damit durch Rollenhandeln erst zu dem, als der er im sozialen Raum erscheint.[54] Exakt das widerfährt Herrn A, der von der reziproken Verhaltenserwartung in der Situation geradezu übermannt wird. Er kommt als Banker in den Hörsaal und wird, ohne darüber zu reflektieren, zum Studenten – und er wird von sich selbst überrascht. Ich denke, dass diese Erfahrung durchaus nachvollziehbar ist. Sehr selten ist es so, dass wir in komplizierten Rollensettings die Möglichkeit haben, nach dem klassischen Modell des Handelns ein Motiv oder eine Intention umzusetzen, die zuvor in unserem Bewusstsein präsent war.

Jeder macht zum Beispiel die Erfahrung, dass er oder sie in einem Gespräch davon überrascht wird, was er oder sie sagt. In der Tat sind es die Situationen selbst, ist es der Handlungsvollzug, ist es die Praxisdynamik und ist es die reziproke Verhaltenserwartung, die Personen tun lässt, was sie tun.

Herr A hat dasselbe am Tag bereits zuvor erlebt. Er kommt frustriert von zu Hause in die Bank, ist unfreundlich zu seiner Sekretärin und ergeht sich in Selbstmitleid. Spätestens aber als der Geschäftskunde anruft und Herrn As ungeteilte Aufmerksamkeit braucht, ändert sich sein gesamtes Auftreten. Er ist nun so wie immer, wird „hingerissen" von der Situation – und dann sogar überaus freundlich zu seiner Sekretärin. Die Euphorie bleibt – bis er es merkt. Es sind die reziproken Verhaltenserwartungen, die das Verhalten von Herrn A strukturieren – letztlich ohne dass er sich das vornehmen muss. Seiner Sekretärin gegenüber scheint es erwartbar zu sein, dass er sich seine von zu Hause mitgebrachte Stimmung anmerken lässt. Und diese wundert sich nur, ohne etwas zu sagen. Das spricht für relativ stabile Rollenverhältnisse – und es zeigt, wie wenig man zwischen der Rolle und der Person tatsächlich unterscheiden kann. Zwar besteht die Funktion einer Rolle darin, zwischen der Gesellschaft und der konkreten Person zu vermitteln; zusätzlich dienen Rollen als Strukturmerkmale dazu, dass auch komplizierte Sachverhalte unter Absehung der konkreten Person möglich sind. Es reicht, dass die Rollen und Positionen entsprechend symbolisiert werden – durch Kleidung, Amtsbezeichnungen, Türschilder oder sonstige Symbole, die auf entsprechende lebensweltliche Vertrauensvorschüsse aufbauen. Aber trotzdem muss die Rolle stets und immer wieder praktisch umgesetzt werden. Auch Rollenhandeln ist Praxis, eine Praxis, die sich in einer konkreten Gegenwart bewähren muss. Am befremdlichsten sind Situationen, in denen Person und Rolle nicht zusammen passen – etwa ein Arzt, der sich nicht traut, seinen Patienten anzufassen; ein Hochschullehrer, der keine Antwort auf studentische Fragen geben kann; ein Kellner, der nicht in der Lage ist, ein Tablett mit vollen Gläsern durch ein Lokal zu balancieren – oder Leute, die etwas anderes tun, als man von ihnen erwartet. Der Soziologe Harold Garfinkel (*1917) hat dies in Form von Krisenexperimenten zu verdeutlichen versucht.[55] Wenn man sich etwa für jeden Handgriff seiner Mitmenschen bedankt oder floskelhafte Alltagsfragen („Wie geht's?"; „Alles klar?" usw.) wörtlich nimmt und ernsthaft beantwortet oder mit Passanten ausdiskutieren will, ob man nun rechts oder links aneinander vorbei gehen soll, wird man Krisen heraufbeschwören, die exakt damit zu tun haben, dass reziproke Verhaltenserwartungen enttäuscht werden. Letztlich wird damit die lebensweltliche Sicherheit des Erwartbaren kurzfristig suspendiert. Allerdings geht es dabei der Soziologie nicht um die voyeuristische oder exotisierende Inszenierung und Beobachtung von Krisen. Es geht vielmehr darum, Nicht-Krisen sichtbar, verstehbar zu machen, Erwartbarkeiten und das Aufeinander-angewiesen-Sein von Akteuren auf den Begriff zu bringen.

Rolle und Person müssen zusammen passen. Sie müssen *habituell* aufeinander abgestimmt sein. Zum Rollenhandeln gehört ein bestimmter *Habitus*. Dieser Begriff stammt von dem französischen Soziologen Pierre Bourdieu (1930-2002).[56] Der Habitus ist für Bourdieu ein Konzept, mit dem er zeigen möchte, dass das Verhalten von Menschen keineswegs nur in jener in der Soziologie so beliebten Konzentration auf Motive, auf kognitiv repräsentierte Intentionen und Kalküle gründet. Im Habitus wird das Handeln *verkörpert*, d.h. es ist die bis ins Körperliche reichende, dem Handelnden selbst gar nicht verfügbare Disposition, die das Rollenhandeln plausibel macht. Bourdieu hat sich vor allem für soziale Ungleichheit interessiert, also für klassentypische Habitusformen – etwa ob man in der Lage ist, sich in bestimmten Kreisen zu bewegen, mit Speisen und Kleidung, Umgangsformen und Dingen angemessen umzugehen. *Angemessen* ist hier in dem Sinne gemeint, wie ich es in der ersten Vorlesung als *Anschlussfähigkeit* beschrieben habe. *Angemessen* ist ein Verhalten nicht im moralischen Sinne oder inhaltlich irgendwie festgelegt – angemessen ist es dadurch, dass es anschließen kann und dass man daran anschließen kann. Das gilt zum Teil auch für „unangemessenes" Verhalten. Auch mit Unverschämtheiten, unmoralischen Angeboten oder Betrügereien muss man sich *angemessen* anschlussfähig machen, sonst klappt es nicht. Gerade ein Betrüger etwa muss in der Lage sein, sein Verhalten ganz und gar stimmig zu machen, d.h. er muss damit rechnen, die Anschlussfähigkeit seiner Lügen sicher zu stellen, um nicht aufzufliegen. Solches Verhalten muss habituell „stimmen", es muss in die Situation passen, und die gesamte Person muss auch körperlich und von der Gesamtgestalt her plausibel machen können, dass das, was da behauptet wurde, auch tatsächlich „stimmt", d.h. stimmig ist. Der Habitus meint also, dass das menschliche Handeln viel mehr impliziert als nur die kognitivistische Konzentration auf das Verhältnis eines Handlungsplans und dessen Ausführung.

Um Missverständnissen vorzubeugen: Das Beispiel soll nicht suggerieren, man könne über den eigenen Habitus verfügen, ihn inszenieren und bewusst herstellen. Im Gegenteil: Das Beispiel zeigt, wie schwierig das wäre und worauf es letztlich ankommt, damit Verhalten habituell „stimmt". Bourdieu hat das v.a. an sogenannten sozialen Aufsteigern verdeutlicht, die ihre Herkunft aus niedrigeren sozialen Schichten vielleicht im Hinblick auf Positionen loswerden, schwerer aber im Hinblick auf das eigene Verhalten. Man sieht ihnen entweder die Herkunft direkt an oder den Versuch, genau das zu vermeiden.[57]

Das Habituskonzept schließt unmittelbar an das Rollenkonzept an. Wenn ein Professor eine Vorlesung halten will, gehört dazu nicht nur sein Wissen – er muss dies auch körperlich-praktisch umsetzen können. Dasselbe gilt für die Studierenden, die sich auch wie Studierende verhalten müssen, damit die ganze Situation funktioniert. Am Habitus lässt sich sehen, dass Rolle und Person einerseits zwei unterschiedliche Konzepte sind – dass sie aber andererseits zusammen gedacht werden müssen.

Auch hier hilft Herr A wieder weiter: Bis in seine Körperhaltung hinein, seinen Sprachduktus und seine physiologische Aufmerksamkeit ändert sich sein Verhalten, als er sich nicht mehr vor seiner Sekretärin gehen lässt, sondern dem wichtigen Geschäftskunden seiner Bank als souveräner Berater gegenüber sitzt. Übrigens sind beide Verhaltensweisen relevant: Dass Herr A sich seiner Sekretärin gegenüber gehen lässt, gehört ebenso zu seinem habitualisierten Rollenhandeln wie seine Souveränität dem Kunden gegenüber – abgesehen davon übrigens, dass es seiner Position entspricht, dass er sich seiner Sekretärin gegenüber verhalten kann, wie diese sich das ihm gegenüber wohl nicht erlauben könnte. In einer schönen Formulierung sagt Bourdieu, das Individuum sei „wie das Elektron eine *Ausgeburt des Feldes*",[58] in dem es sich bewegt. Dies widerfährt offensichtlich auch Herrn A. Später dann gerät er in den Habitus eines Studenten, indem er sich meldet – und es wäre eine unangemessene Überstilisierung gewesen, ihn in der Geschichte beim Melden auch noch mit den Fingern schnippen zu lassen, ein Verhalten, das ich bei jüngeren Studierenden oft dann beobachte, wenn diese so engagiert sind, dass sie in eine solche habituelle Regression ihrer Schulzeit verfallen. Dafür ist Herr A nun doch schon zu alt.

Es drängt sich eine Frage auf: In welcher Rolle ist Herr A eigentlich mehr „er selbst"? Als unfreundlicher Chef, als souveräner Berater, als regredierter Student? Ich möchte behaupten: *Man darf diese Frage nicht beantworten wollen.* Denn schon der Versuch einer Antwort würde bedeuten, das Konzept der Rolle völlig zu verkennen. Man darf sich Rollen nicht als etwas vorstellen, das über den eigentlichen Kern der Person übergestülpt wird.[59] Vielmehr befinden sich Handelnde stets in der Situation reziproker Verhaltenserwartungen. Das gilt auch für Situationen, in denen wir meinen, eine besondere Authentizität unterstellen zu können, z.B. in der Familie, in der Freizeit, unter Liebenden, v.a. in intimen Situationen. Auch diese vermeintlich besonders nah an der Person und jenseits abstrakter Rollenerwartungen gebauten Situationen sind an zum Teil ziemlich rigide reziproke Verhaltenserwartungen geknüpft.

Eine dieser Erwartungen könnte zum Beispiel lauten, besonders authentisch zu sein, mit Haut und Haaren hinter jedem Satz zu stehen, den man spricht. So wird man etwa bei einem Verkäufer, der sein Produkt anpreist, erwarten, dass er das vor allem deshalb tut, um seine Ware zu verkaufen. Man wird von ihm womöglich ein besonders authentisches Verhältnis zu seinen Sätzen gar nicht erwarten, während wir in einer Familie unterstellen, dass die Menschen sich nicht nur alles sagen können, sondern das auch meinen, was sie sagen. Nun ist es oftmals nicht die Lösung, sich tatsächlich alles zu sagen, wie die meisten aus eigenen Familienerfahrungen sehr wohl wissen – aber es wäre kaum möglich, hier strategisches Verhalten genauso gut zu heißen wie bei einem Verkäufer (wobei es noch eine offene Frage ist, ob Verhalten in einer Familie oder unter Liebenden tatsächlich weniger strategisch abläuft und ob man mit Überzeugung nicht die besten Verkaufserfolge erzielt). Entscheidend ist aber, dass auch die Erwartung an Authentizität eine Erwartung ist, eine reziproke Verhaltenserwartung an den Inhaber einer Position. Exakt mit diesen Worten habe ich oben den Begriff der *sozialen Rolle* definiert. Also so zu tun, als entspreche man gerade keiner Rolle, ist selbst das Ergebnis einer Rollenerwartung.

Um dies zu verstehen, muss eine weitere Differenzierung eingeführt werden. Zunächst ist zu betonen, dass es selbstverständlich Rollen von unterschiedlicher formaler Eindeutigkeit gibt. So legt etwa die Rolle eines Schalterbeamten, bei dem man eine Fahrkarte kauft, das Verhalten erheblich konkreter fest als etwa die Rolle einer Ehefrau ihrem Ehemann gegenüber. Die Rolle eines Schiedsrichters in einem sportlichen Wettkampf kennt mehr eindeutig festgelegte Formen als etwa die Rolle eines Freundes. Man kann Rollen also anhand des Grades ihrer Formalität unterscheiden – doch auch hier lohnt es sich, das Rollenhandeln stärker als eine *in konkreten Gegenwarten ablaufende Praxis* zu beobachten.

Bereits mein Hinweis auf den Habitus enthält den Schlüssel zu diesem praxeologischen Aspekt. Das Habituskonzept macht darauf aufmerksam, dass etwa Herrn As Verhalten seiner Sekretärin und seinem Kunden gegenüber oder auch sein Verhalten im Hörsaal nicht nur die Umsetzung eines abstrakten Musters bedeutet, sondern sich praktisch, habituell bewähren, sich also unmittelbar in einer konkreten Gegenwart behaupten muss. Das gilt für jegliches Rollenhandeln, das nicht nur die Erfüllung eines zuvor festgelegten Fahrplanes ist. Was Rollenhandeln praktisch ermöglicht, ist das, was der amerikanische Soziologe George Herbert Mead (1863-1931) ein *role-taking* genannt hat.[60] Mead geht davon aus, dass der Handelnde auf einen Handlungsimpuls, etwa eine vorherige Handlung, so reagiert, dass er sich durch die Brille seines Gegenübers beobachtet und sein Verhalten an dem antezipierten Verhalten seines Gegenübers orientiert. Er meint damit nicht, dass dies als ein bewusstes Abwägen von Alternativen geschieht, sondern mehr in dem Sinne, dass die Aufmerksamkeit des Handelnden sich an dem Aspekt der *Reziprozität* des Rollenhandelns orientiert. Wenn Herr A also unfreundlich zu seiner Sekretärin ist, hat er deren taktvolle Nicht-Reaktion antezipiert; wenn er vor seinem Kunden als souveräner Macher erscheint, bedient er eine der Situation angemessene Erwartung; und sich wie ein Student zu verhalten, setzt einen Professor voraus, der Fragen stellt, deren Antworten dieser potentiell bereits selbst kennt. Hätte der Kunde eine solche didaktische Frage gestellt, wäre das für Herrn A befremdlich gewesen – die Verhaltenserwartungen wären nicht reziprok aufeinander abstimmbar gewesen. Man kann an diesen Beispielen sehen, wie sich Rollenerwartungen nicht abstrakt erfüllen, sondern praktisch und im Vollzug selbst.

Verdeutlichen lässt sich das daran, wie sich weniger formalisierte Rollenaspekte mit der Zeit herausbilden. Dass Herr A sich seiner Sekretärin gegenüber mehr Launen erlauben kann als diese ihm gegenüber, mag in der hierarchischen Struktur ihrer Rollenbeziehung festgelegt sein – und dass die abstrakten Rollenmuster so aufeinander bezogen sind, verweist auf eine Organisation und eine Gesellschaft jenseits der konkreten Rollen. Aber dazu kommen wir später.

Dass Herr A aber seine Launen in der konkreten Form an ihr auslässt, ist bereits das Ergebnis eines eingeübten Verhaltens, das darauf verweist, dass die reziproke Verhaltenserwartung besteht, dass Herr A sich bisweilen gehen lässt, dies aber auch bald wieder vorbei geht. Man kennt solche wechselseitigen Stabilisierungen vor allem aus Familien, die aufgrund ihrer Zeitfestigkeit und aufgrund der Stabilität ihres Personals die Chance haben, solche Wechselseitigkeiten auszubilden – und sich zu stabilisieren. Denn bisweilen wird man solche Rollenerwartungen auch nicht mehr los.

Es ist ja gerade die Funktion von sozialen Rollen, bestimmte Verhaltenserwartungen zu *institutionalisieren*. Der soziologische Begriff der Institution meint ein Muster, das auf Dauer gestellt wird und aufgrund seiner Zeitfestigkeit Erwartungen stabilisiert.[61] Vielleicht erinnern Sie sich an das Ende der letzten Episode mit Herrn A und Frau B, als der Abend schon ziemlich in die Hose gegangen war. Die Institutionen des In-den-Mantel-Helfens, des Danks für den netten Abend, des Aufhaltens der Tür und des unschuldigen Satzes über die frische Luft stabilisieren reziproke Verhaltenserwartungen und vereinfachen so das Handeln. Dass Herr A und Frau B auf diese Rolleninstitutionen zurückgreifen, hängt auch damit zusammen, dass die Situation zuvor ein großes Maß an Unsicherheit produziert hat. Es sind dies eher formalisierte Institutionen, relativ personenunabhängig und damit mit wenig Variationsmöglichkeiten ausgestattet. Gerade institutionalisierte Höflichkeitsformen sind meistens stark formalisiert, gruppenspezifisch und kulturell differenziert, aber sie vereinfachen das Handeln enorm.

Dies alles sind Beispiele für relativ stark formalisierte Institutionen. Aber solche Institutionen können auch durch die Praxis selbst entstehen. Ich habe Familien als Sozialformen erwähnt, die stark an konkreten Personen orientiert sind und selbst reziproke Erwartungen erzeugen, die man bisweilen nicht mehr los wird, die sich also in konkreten Familien oder unter Liebenden institutionalisieren. Man kann so etwas bisweilen beobachten, wenn man sich in anderen Familien aufhält, die womöglich vergessen, dass äußere Beobachter zugegen sind und Formulierungen, Gesten, Anspielungen und wortlose Verständigungsformen benutzen, die von außen befremdlich, im besten Falle unverständlich wirken. Solche Binneninstitutionalisierungen können so stabil werden, dass sie die Beteiligten so stark auf bestimmtes Verhalten festlegen, das sie diese tatsächlich nicht wieder los werden. Wie stark Verhalten von solchen Binnenerwartungen abhängig wird, kann man etwa daran sehen, wie sich das Verhalten von Menschen ändert, wenn man sie das erste Mal in ihrer eigenen Familie sieht und sie zuvor nur in Berufs- oder Freizeitrollen gekannt hat. All das wirkt immer ein wenig befremdlich – und Familien verstehen zumeist, damit souverän umzugehen. Äußeren Beobachtern wird eine Vorderbühne gezeigt, eine inszenierte Familienatmosphäre, während die Hinterbühne den Familienmitgliedern vorbehalten ist. Um keine Missverständnisse aufkommen zu lassen: Die Vorderbühne ist nicht weniger „echt" als die Hinterbühne – sie reagiert nur auf andere Arrangements reziproker Verhaltenserwartung.[62]

Übrigens muss man dafür nicht unbedingt Familien in Anspruch nehmen. Auch Herr A wechselt seiner Sekretärin gegenüber sein Verhalten spätestens dann, wenn ein dritter Beobachter dazu tritt, dem ein zuvorkommender Chef und eine lautlos und effektiv funktionierende Sekretärin präsentiert werden – auch das gehört wohl zum eingespielten Rollenverhalten der beiden, die sich diesbezüglich nicht abzusprechen brauchen. Soziale Rollen gehen also der sozialen Praxis nicht immer voraus – sie entstehen *in der* und *mit der* sozialen Praxis. Sie sind nicht nur ihre Voraussetzung, sondern auch ihr Resultat. Als mehr oder weniger abstrakte Muster sind sie bisweilen die Voraussetzung, als praktische Form freilich sind sie eher das Resultat – wie dann auch die Personen selbst das Resultat ihrer Rollen werden.

Dies ist eine merkwürdige Formulierung, aber zwei Gedanken mögen zeigen, dass die Formulierung stimmt. Zum einen nehmen wir Personen in der Tat nicht einfach als solche wahr, sondern in ihrem durch reziproke Verhaltenserwartungen eingespielten Verhalten. Es gibt die Person nicht außerhalb ihres Verhaltens, nicht außerhalb – da ist sie wieder! – ihrer je gegenwartsbasierten *Praxis*. Das gilt sowohl für Personen, die wir nur in relativ stark formalisierten Rollen wahrnehmen, als auch für Personen, die uns in der wechselseitigen Herstellung von Erwartungen vertraut sind. Und so ist es immer wieder erstaunlich, welche unterschiedlichen „Personen“ in einem Menschen stecken und wie sehr darin doch eine Kontinuität erscheint.[63] Ich komme darauf in der Vorlesung über Individualität/Individualisierung zurück.

Zum anderen aber ist auch das, was wir das „Selbst“ oder die „Persönlichkeit“ nennen können, das Ergebnis sozialer Praxis – nicht in dem Sinne, dass der Mensch durch ein soziales Allgemeines determiniert und bestimmt sei, sondern das Ergebnis einer Praxis, einer Tätigkeit, durch die die Person wird, was sie ist. Auch hier lohnt sich ein Rückgriff auf den amerikanischen Soziologen George Herbert Mead, dessen theoretische Position nicht zufällig aus dem sogenannten amerikanischen *Pragmatismus* stammt – eine Theorie, die sich für die *pragmata* interessiert, d.h. für die *praktische* Herstellung von Bedeutung, von Identität und jenem „Selbst“, das wir als Kern der Person ansehen.[64] Einer von Meads Lehrsätzen lautet, dass Bewusstsein nicht die Voraussetzung fürs Handeln sei, sondern Handeln eine Voraussetzung für Bewusstsein.[65] Damit ist Folgendes gemeint: Mead beobachtet Handeln als Kette von Einzelhandlungen, als das Nacheinander von Ereignissen, wie ich es in der ersten Vorlesung erläutert habe.[66] Nun geht Mead zunächst von dem beobachtbaren Verhalten aus und stellt fest, dass wir zumeist ohne größere Beteiligung von vorgängiger Bewusstheit handeln – etwas, das sich im Alltag durchaus beobachten lässt. Ich habe es bereits erwähnt: Vieles von dem, was wir tun, vermag uns zu überraschen, gerade weil es dafür keinen vorgängig repräsentierten subjektiv gemeinten Sinn gibt. Wenn Herr A also davon überrascht wird, dass er sich auf einmal meldet, ist das ein Hinweis darauf, dass es die Situation selbst ist, die uns dazu bringt, etwas zu tun – sehr wohl unter Beteiligung all unserer physiologischen und neuronalen Aktivitäten, aber letztlich oft ohne eine bewusste Repräsentation dessen, was wir da tun. Insofern ist es so, dass wir uns selbst bisweilen erst als „Person“ kennen lernen, wenn wir uns in solcher sozialer Praxis beobachten – etwa im Hinblick darauf, dass uns in bestimmten Situationen einfällt, was wir auf Aufforderung bisweilen nicht einfach wiederholen können. Unsere Handlungsmöglichkeiten sind stärker von Situationen abhängig, als wir das in unseren Selbstbeschreibungen womöglich zugeben.

Auch von hier aus gesehen würde es sich wahrscheinlich lohnen, sich aus soziologischer Perspektive die Bedeutung mancher Ergebnisse der modernen Hirnforschung genauer anzusehen und die Kommentierung weder manchen schwärmerischen Philosophen überlassen, die den absolut „freien Willen“ als alleinige Quelle individueller Handlungen anerkennen wollen, noch manchen

Hirnforschern, die dann nur für das andere Extrem einer Determination durch das Gehirn plädieren. Beides ist unterkomplex gedacht – und spottet dem, was als Freiheit und Selbstbestimmung empirisch immer wieder neu erkämpft werden muss.

Empirisch jedenfalls lässt sich beobachten, dass unser Verhalten in sozialen Situationen bisweilen auch ohne so etwas wie ein reflexives Bewusstsein auskommt. Aber – und hier setzt Mead an – wenn es in sozialen Situationen nicht gelingt, schlicht anzuschließen und sich in Handlungsketten einzuklinken, entsteht das, was er die *Handlungshemmung* nennt. Der Begriff ist sehr griffig. Stellen Sie sich vor, ein Handlungsverlauf werde unterbrochen, weil nicht sofort klar ist, was zu tun ist. Es entsteht eine Hemmung, während derer der handelnde Organismus eine Instanz braucht, die sich mehrere Handlungsalternativen vorstellt, eine explizite Rollenübernahme vornimmt und dann sein Handeln wählt. Erst in dieser Situation, so Mead, ist Bewusstsein im Sinne einer bewussten Vorstellung bzw. reflektierten Vorwegnahme der Handlung funktional notwendig. Im Falle von Herrn A bedeutet das also in der Situation, nach der er sich in der Vorlesung gemeldet hatte, dass er so erschrocken war, dass er nicht wusste, wie nun anzuschließen sei. Der Vorwand eines wichtigen Termins, den er seinem Freund gegenüber ins Spiel brachte, dürfte das Ergebnis einer solchen Handlungshemmung sein, in der erst jene Form der Selbstreflexivität entsteht, die man naiver Weise für die Voraussetzung allen Handelns hält. Handlungshemmungen, also die innere Reflexion von Handlungsalternativen und nicht realisierten Möglichkeiten sind es, die eine stärkere Beteiligung des Bewusstseins erforderlich machen und die so etwas wie „Lernen“ ermöglichen. Soziale Rollen sind dann Strukturmuster der Gesellschaft, in denen es darum geht, solche Handlungshemmungen möglichst gering zu halten und das Handeln von allzu viel Reflexion zu befreien – manche Rollensettings aber dienen geradezu dazu, Handlungshemmungen einzubauen, v.a. solche, in denen es um Bildungsprozesse und ums Lernen geht. Dazu gehören zum Beispiel Vorlesungen, in denen es eher schädlich wäre, wenn die Beteiligten ganz ohne Handlungshemmungen auskämen. Sofort zu verstehen, bedeutet nämlich, dass das Verstehen selbst nicht bis zur Bewusstheit vordringt, weil es ganz in der Situation verhaftet bleibt. Man hat dann in der Situation alles verstanden – und gleich wieder vergessen.

Vierte Vorlesung: Interaktion, Netzwerk

Herr A – wir kennen ihn als unglücklich verliebten Zeitgenossen, der einen vergleichsweise guten Job hat – sitzt in seinem Büro. Es ist 16.00 Uhr. Sein Feierabend naht. Er ist im Wertpapiergeschäft einer Bank beschäftigt und muss bis um 16.30 Uhr dem Bankvorstand eine Empfehlung unterbreiten, wie im Hinblick auf bestimmte US-amerikanische Papiere zu verfahren sei. Wie Sie wissen, herrscht derzeit auf dem internationalen Finanzmarkt helle Aufregung. Man ist verunsichert. Wird sich die US-amerikanische Wirtschaft erholen? Sind einzelne Papiere, die unter Druck geraten sind, überhaupt noch seriös? Kann man amerikanische Firmenbilanzen überhaupt noch als nicht-fiktionale Texte lesen? Wie soll Herr A entscheiden? Die Geschäftsleitung hat ihm Vollmacht darüber gegeben, wie das eigene Haus entscheiden soll. Lediglich formell muss die Geschäftsleitung zustimmen und dann die entsprechende Empfehlung an ihre Kunden weiterleiten.

Herr A ist unsicher. Es ist bereits 16.05 Uhr. Er beschließt, seinen alten Studienfreund Herrn C anzurufen. Herr C arbeitet beim Wall-Street-Journal in New York City. Da ist es jetzt gerade 10.05 Uhr. Er kann also problemlos durchklingeln, und der gewünschte Gesprächspartner ist gleich dran. „Na, alter Junge, wie sieht's aus? Immer noch solo? Lass den Kopf nicht hängen!" Das hat unserem Freund jetzt gerade noch gefehlt. Spricht der Blödmann die Geschichte mit Frau B an. Das war ja wohl eine peinliche Situation. „Du kannst es aber auch nicht lassen. Spiel Dich nicht so auf. Ich kann Dich da an einige Geschichten erinnern, die auch nicht gerade gut für Dich ausgegangen sind." Herr C spielt nur den Empörten, denn er weiß genau, was gemeint ist – eine schlimme Geschichte, in der Tat schlecht ausgegangen. Und am besten lenkt er jetzt ab. „Habe heute morgen schon auf der Bundesliga-Homepage nachgesehen. Schalke hat gewonnen – prima! Nur aus der zünftigen Bayern-Krise wird nun doch wieder nichts. Dabei dachte ich, die kriegen endlich, was sie verdienen. Die wirklich wichtigen Dinge interessieren in der Neuen Welt aber auch niemanden." Das ist endlich das Stichwort für Herrn A. „A propo neue Welt: Ich habe ein Problem. Was erwartest Du? Wie entwickeln sich die Dinge bei Euch? Der amerikanische Markt ist ja überhaupt nicht mehr kalkulierbar. Und nicht nur der Markt, wenn man an die High-Noon-Mentalität Eures Präsidenten denkt. Jetzt aber Scherz beiseite: Was meinst Du, wird sich der Markt in den nächsten Tagen stabilisieren, oder gibt's Turbulenzen? Vielleicht lieber antizyklische Empfehlungen? Ich muss in einer Viertelstunde eine bindende Empfehlung an die Geschäftsleitung geben. Und Gründe gibt's für beide Strategien. Na ja, das kennst Du ja."

„Weißt Du", antwortet Herr C, „ich bin froh, dass ich den Blödsinn nicht entscheiden muss, sondern nur darüber berichte. Wir schreiben in der morgigen Ausgabe, dass Empfehlungen derzeit noch weniger begründbar sind als sonst." „Du bist ne echte Hilfe", meint Herr A, „kein Wunder dass sie Dich sitzengelassen hat. Na, Tschüß, ich muss jetzt endlich zu Potte kommen."

Herr A, da steht er nun und weiß nicht, was er tun soll. Er entscheidet sich für die eher konservative, abwartende Strategie, tippt eine Empfehlung in den Computer, die auch genau so gut anders hätte ausfallen können, und sendet sie übers Intranet an das Sekretariat der Geschäftsleitung, das daraus sogleich eine Tischvorlage für die anstehende entscheidende Sitzung macht, die dann auch schnell entscheidet und die Empfehlung rausschickt.

Es ist nun schon nach 18.30 Uhr. Herr A zieht sich den Mantel an, verschwindet schnell aus dem Büro und taucht im U-Bahn-Gewimmel unter. Die Stadt ist voll, er nimmt viele Menschen wahr, aber Niemanden wirklich. Körper stoßen sich an, Blicke treffen sich, man diffundiert mehr durch den Raum als man selber geht. Plötzlich spricht ihn in der U-Bahn ein Gesicht an, das Herr A nach einer Schrecksekunde als bekannt abscannt, offenbar ein alter Bekannter. Herr A merkt sogleich, dass er sowohl dessen Namen vergessen hat als auch, wo sie sich das letzte Mal gesehen haben. „Hallo, Herr A, schön Sie zu treffen. Sie werden es nicht glauben, vorhin habe ich noch gedacht, ich müsste mich mal wieder bei Herrn A melden." Der Bekannte hat Recht, Herr A glaubt das wirklich nicht, aber er sagt: „Tatsächlich, Sie haben Recht, ist schon wieder ne ganze Zeit her, seit ..." „Und das war ja auch ein echtes Ding, damals, na ja, so was erlebt man nicht alle Tage", erwidert der gute alte Bekannte. „Ja, Sie haben Recht", meint Herr A und grübelt, was der gute Mann denn meinen könnte. Zum Glück muss er nun aussteigen und ruft seinem alten Bekannten zu, er werde sich bald mal melden, und schon wird er von den anderen Gästen aus dem U-Bahn-Wagen gespült.

Er ist am Marienplatz angekommen, um seine S-Bahn noch zu erwischen, und wer begegnet ihm jetzt? Frau B. Er hat sie seit dem peinlichen Abend vor zwei Wochen nicht mehr gesehen und gehofft, sie nicht so schnell wieder zu Gesicht zu bekommen. Sie hat ihn schon gesehen, und sie hat auch gesehen, dass er sie wahrgenommen hatte. An ein schnelles Vorbeistürmen war nicht mehr zu denken. „Hallo, Herr A!" „Hallo." Und jetzt? Frau B hatte während der zwei Wochen allzu oft an Herrn A denken müssen, und daran, wie blind sie gewesen ist. „Hallo Herr A, schön Sie zu treffen?" sagt sie. Herr A möchte eigentlich unwirsch entgegnen, er habe keine Zeit, doch er versucht sich in Freundlichkeit: „Ja, sehr schön. Wie geht es Ihnen? Haben sich Ihre Probleme gelöst?" „Ach, das wird schon," entgegnet Frau B und versucht, ein unverfängliches Gespräch zu beginnen. Freundlich, aber durchaus deutlich antwortet Herr A auf den Vorschlag, doch einmal wieder einen Wein gemeinsam zu trinken, man könne ja einmal telefonieren, und zieht seiner Wege. Herr A ist verunsichert, will sich aber nichts anmerken lassen und spielt den souveränen Herrn, der so tut, als sei ihm das alles ziemlich egal und fährt nach Hause. Er macht es sich dort gemütlich, lässt den ganzen Abend die Glotze laufen und geht noch vor Mitternacht ins Bett. Vorher schaut er sich im Internet die Entwicklung der Börsenkurse an, bringt ein paar kleine Käufe und Verkäufe aus seinem privaten Depot auf den Weg und schreibt seinem Freund, Herrn C, noch eine anzügliche E-Mail. In seiner Post liest er noch, dass der Vermieter seiner Wohnung immer noch nicht die Nebenkostenabrechnung des letzten Jahres geschickt hat und schreibt diesem einen Brief, er werde bei erneutem Ausbleiben der Abrechnung laut Paragraph sowieso des Mieterschutzgesetzes die Zahlung der Nebenkostenabschläge ab nächstem Monat einstellen.

Im Büro am nächsten Morgen findet er zwei Nachrichten vor: eine Notiz der Geschäftsleitung, die ihn für seine kompetente Empfehlung belobigt und ihm mitteilt, wie froh man über die stets durchdachten und abwägenden Empfehlungen von Herrn A sei; und ein unfrankiertes, offensichtlich persönlich abgegebenes Schreiben von Frau B. Er öffnet den Brief und liest: „Lieber Herr A! Lassen Sie uns doch nochmal eine Flasche Wein zusammen trinken, in der Bar von letztens. Ich verspreche auch, dass ich keinerlei Rat brauche ...“ Herr A, der langsam beginnt, sich zu entspannen, wird jäh von einem Anruf gestört. Es meldet sich einer der potentesten Privatkunden der Bank und beschwert sich darüber, dass ihn die idiotische Empfehlung der Bank ein halbes Vermögen gekostet habe, was denn in die Geschäftsleitung gefahren sei und was denn er selbst nun empfehle. Wird wohl ein turbulenter Tag werden.

In den beiden letzten Vorlesungen ging es mit dem Handlungs- und dem Kommunikationsbegriff sowie mit dem Rollen- und dem Habitusbegriff darum, den soziologischen Blick dafür zu schärfen, dass sich einzelne Handlungen nicht als Einzelhandlungen verstehen lassen, sondern nur in ihrer sozialen Genese. Das gilt sowohl für die eher technische und abstrakte Redeweise der Norm- und Wertgenese des Handelns als auch für die empirisch genauere Einsicht, dass sich Handlungen stets als Einzelhandlungen von Handlungsketten, in diesem Sinne von Kommunikationsprozessen verstehen lassen, die eine eigene Verstehenskontrolle in ihr Nacheinander einbauen. Auch der Rollenbegriff verweist darauf, dass sich Einzelhandlungen stets als Teil eines Arrangements verstehen. Und mit dem Habitusbegriff wird soziale Ordnung und damit das Relationale von Handlungen in die körperliche und bildliche Gestalt des Handelnden eingebaut – zum Teil jenseits seiner kognitiven Repräsentation. Doch mit diesen Begriffen kann es noch nicht gelingen, die Art und Weise zu unterscheiden, wie Handlungen aufeinander bezogen werden oder aneinander anschließen können. Darum wird es nun in dieser und in den nächsten beiden Vorlesungen gehen.

In dieser Geschichte wird Herr A als jemand vorgeführt, der in verschiedenen Handlungs-/Kommunikations- und Rollenmustern vorkommt, in denen sich

Ordnung unterschiedlich herstellt. Ich deute dies zunächst nur an. Zunächst trifft er auf einen Arbeitsauftrag innerhalb des Unternehmens, in dem er beschäftigt ist. Bis 16.30 Uhr soll er eine Vorlage anfertigen, die dann von der Geschäftsleitung geprüft und als Empfehlung des Geldinstituts an die Kunden weiter gegeben wird. Dann hat Herr A unmittelbar von Angesicht zu Angesicht mit anderen Menschen zu tun – mit dem unbekannten Bekannten in der U-Bahn oder mit Frau B, die er in der U-Bahn-Station am Münchner Marienplatz trifft. Schließlich verkehrt er schriftlich mit seinem Vermieter, am nächsten Morgen wiederum mit Frau B oder abends noch per E-Mail mit seinem Freund in NYC.

Von Interesse ist hier Folgendes: Diese unterschiedlichen Handlungs- und Kommunikationsformen folgen unterschiedlichen Ordnungskriterien. Die Treffen mit dem unbekannten Bekannten und mit Frau A sind Kommunikationsformen, die sich vor allem dadurch strukturieren, dass hier Anwesende unmittelbar aufeinander reagieren. Sie nehmen sich wahr, haben keine Zeit, die Anschlusshandlungen lange zu planen, sondern müssen unmittelbar reagieren und haben letztlich keine Chance, dieser Anforderung der Situation zu entkommen. Diese Ordnungsform wird mit dem Begriff der *Interaktion* bezeichnet. Wie Herr A sich dagegen innerhalb seiner Bank bewegt, ist vor allem dadurch gekennzeichnet, dass die Bank eine *Organisation* ist, also ein soziales Gebilde, das vor allem aus Mitgliedschaftskriterien und -regeln besteht sowie sich dadurch kontinuiert, dass es *Entscheidungen* hervorbringt. Eine weitere Ordnungsebene ist die, dass Herr A seinen Studienfreund Herrn C anruft. Am Telefon findet ohne Zweifel eine Interaktion statt, was noch zu erläutern ist, aber dass Herr A jemanden kennt, der ihm womöglich bei der Lösung eines Problems helfen könnte, ist Ergebnis eines *Netzwerks*, das es einem erlaubt, ohne große Hürden auf Wissen, Informationen oder Kontakte zurück greifen zu können, die man nicht hat, aber von denen man weiß, wo sie zu finden sind. Und schließlich findet all dies in einer *Gesellschaft* statt. So gibt es etwa Anspielungen auf politische Entscheidungen (US-Präsident), auf Märkte (der US-amerikanische Markt, der Kauf und Verkauf aus dem eigenen Depot) oder auf Rechtsvorschriften, auf die sich Herr A in seinem Brief an seinen Vermieter beruft. All dies verweist auf andere Kontexte und damit auf *Gesellschaft* – doch das ist hier noch nicht wirklich verständlich zu machen. Ich verweise also auf andere Kontexte in diesem Buch, in denen dies zum Thema werden wird.

Es sollte an dieser Stelle nur deutlich geworden sein, in welchem Zusammenhang diese und die beiden nächsten Vorlesungen stehen. Sie werden unter den Stichworten *Interaktion und Netzwerk*, *Organisation* und *Gesellschaft* vier soziale Ordnungsniveaus erläutern, die sich erheblich voneinander unterscheiden und für die soziologische Interpretation von konkreten Situationen sehr wichtig sind.

Auf den ersten Blick sieht diese Trias aus wie das, was man in der Soziologie üblicher Weise als „Mikro-", „Meso-" und „Makroebene" bezeichnet. Dies ist freilich eine missverständliche Formulierung, denn es geht hier nicht um Ebenen von höherer oder niedrigerer Allgemeinheit, sondern um unterschiedliche Ordnungstypen.[67]

Doch zunächst zur *Interaktion*. Unter *Interaktion* ist Handlung und Kommunikation *unter Anwesenden* zu verstehen.[68] Das bedeutet, dass die Anschlüsse weiterer Handlungen und Kommunikationen vor allem dadurch geprägt sind, dass die Akteure in der Lage bzw. gezwungen sind, auf die Anwesenheit und damit auf die unmittelbare Reaktionsmöglichkeit (und -wirklichkeit) des Gegenübers einzugehen. Kommunikation unter Anwesenden beginnt mit Wahrnehmung und Wahrnehmung des Wahrgenommen-worden-Seins. Das hört sich kompliziert an, ist aber eine alltägliche Selbstverständlichkeit. Herr A nimmt nicht nur wahr, dass der unbekannte Bekannte ihn in der U-Bahn wahrgenommen hat. Er nimmt auch wahr, dass der unbekannte Bekannte bereits Herrn As Wahrnehmung registriert hat. In einer solchen Situation ist Interaktion kaum mehr zu vermeiden, denn auch eine Vermeidung weiterer Kommunikation würde in einem solchen Falle als Kommunikation registriert werden – selbst wenn es nicht zu weiteren Kommunikationen kommt. Hätte Herr A nicht auf die Offerte des unbekannten Bekannten reagiert, hätte dieser womöglich seinerseits nicht durch äußerlich sichtbares Verhalten reagiert, aber er hätte zumindest das Nicht-Handeln von Herrn A als Handeln registriert: *Der will nicht mit mir reden.* Nun, Herr A hat reagiert, schon weil das, was ich in der zweiten Vorlesung als Situation doppelter Kontingenz eingeführt habe, dadurch asymmetrisiert wurde, dass der unbekannte Bekannte gesehen hat, dass Herr A ihn auch gesehen hat – und schon ist es erheblich einfacher, mit Kommunikation zu beginnen. Wenn man etwa jemanden nach dem Weg fragen will, so spricht man nicht einfach irgend einen Körper an, sondern nur einen, von dem man bereits wahrgenommen hat, dass er den Blickkontakt erwidert, oder von dem man annimmt, dass er wahrgenommen hat, dass man ihn wahrnimmt. Das senkt die Schwelle für Kommunikation und soziales Handeln.

An der Begegnung in der U-Bahn lässt sich zweierlei sehen: Interaktion nimmt die Person unmittelbar in Anspruch, und sie erfolgt schnell. Diese Unmittelbarkeit und Schnelligkeit ist etwa in schriftlicher Kommunikation nicht gegeben. Einen Brief oder ein E-Mail kann ich auch noch später beantworten. Selbst in einem Chatroom ist es eher möglich, mit den Antworten zu warten oder sich zwischenzeitlich auszuklinken. Das ist in Interaktionen erheblich schwieriger, weil Interaktionen tatsächlich die Person unmittelbar in Anspruch nehmen. Interaktionen sind zwar einerseits sehr begrenzte Formen der Kommunikation und des Handelns, aber sie kennen andererseits kaum Grenzen, hinter die man sich zurückziehen kann. Man wird in Echtzeit in Anspruch genommen – man muss sofort reagieren, und es gibt aus der Situation letztlich nur schwer ein Entrinnen.

Ich habe versucht, das bei Herrn A so darzustellen, dass er durchaus wenig Interesse hat, mit dem unbekannten Bekannten zu sprechen, aber letztlich gar nicht anders kann, als es zu tun. Ähnliches gilt für seine Begegnung mit Frau B, die zu treffen er sich einerseits freut, andererseits weiß er nicht recht, was er tun soll. Das ist genau das Bezugsproblem von Interaktionen: dass Anschlüsse kontingent sind, also vielfältig und stets auch anders möglich sind, dass aber kaum Zeit und Abwägungskapazität besteht, wie man nun reagieren soll. Diese Unmittelbarkeit der Interaktion paart sich mit ihrer merkwürdigen Inanspruchnahme der Person. In Interaktionen ist man sichtbar – das macht die Interaktion aus. Interaktionen erfordern deshalb noch am ehesten ein gewisses *impression management* in dem Sinne, dass man sich in Interaktionen präsentieren muss, und zwar unmittelbar, praktisch, unentrinnbar und ohne dass man irgend etwas zurück nehmen kann. Insofern dominiert in Interaktionen zumeist die Sozialdimension, weil man schlicht nicht ignorieren kann, *wer* spricht, *wer* handelt, *wer* anwesend ist. In der Zeitdimension geht es dann um Gleichzeitigkeit oder unmittelbares Nacheinander. Interaktion hat keine Zeit, zumindest keine Zeit, auf die man warten könnte.

Deutlich kann man das in Interaktionen notwendige, bis in die körperliche Disposition hinein gehende *impression management* an Interaktionen beobachten, von denen man nur die eine Seite mitbekommt. Schönes Studienobjekt dafür sind Nutzer von Mobiltelefonen im öffentlichen Raum, deren Gesprächspartner man nicht mithören kann, deren Verhalten damit aber umso merkwürdiger wirkt. Man kann jedenfalls sehen, wie sehr Interaktion, also Reagierenmüssen in Echtzeit Aufmerksamkeit absorbiert und die Wahrnehmung der unmittelbaren Umgebung geradezu ausblenden kann. An Bahnhöfen oder auf Flughäfen sieht man dann Leute, die sich letztlich in ganz anderen Umgebungen aufhalten als in der sichtbaren – und was an ihnen stört, ist gar nicht nur die Lautsärke, sondern das Wegdriften aus der gemeinsamen Realität. Es ist viel einfacher, zwei anwesende Gesprächspartner auszublenden als einen Mobiltelefonnutzer, der etwas sieht, was man selbst nicht sieht. Merkwürdig erscheint wohl das *impression management* ohne Publikum, ohne sichtbares Publikum wenigstens, allerdings mit unpassendem Publikum. Und selbst wenn man selbst telefonierend merkt, dass es gerade gar nicht in den Kontext passt, weil Andere das mitbekommen, ist es schwer, das dem Gesprächspartner gegenüber klar zu machen – denn man muss dafür wieder kommunizieren. Interaktion macht uns zu Komplizen, zu interessierten Zeitgenossen, lässt einen Sog entstehen, dem man sich schwer entziehen kann.

Auch Herr A muss sich dem unbekannten Bekannten gegenüber als interessierter Zeitgenosse darstellen. Alles andere wäre erheblich riskanter. Er hätte auch sagen können: „Pass auf, mein Guter, ich habe Dein Gesicht zwar schon mal gesehen, aber ich kann mich beim besten Willen nicht daran erinnern, wann, wo und warum. Und am liebsten wäre es mir auch, wenn es so bliebe." Ein solches Verhalten wäre durchaus möglich – aber weniger wahrscheinlich als das Verhalten, das so tut, als wüsste Herr A, wovon sein Gegenüber spricht. Und zur Logik von Interaktionen in der modernen Gesellschaft gehört auch, dass sie zumeist schnell wieder zerfallen, weil Personen mobil sind, alltäglich unterschiedlichste Sozialkontakte haben und deswegen eher mit Vielen kurz als mit Wenigen kontinuierlich in Interaktion stehen. Ausnahmen sind Familien in Ausnahmesituationen wie etwa an Feiertagen und in Ferien oder die Betreuung von Kindern oder Pflegebedürftigen mit Anwesenheitszwang. Das Anstrengende solcher Interaktionsformen besteht vor allem darin, dass man nicht weg kann, also permanent wahrgenommen wird. Deshalb ist das Überleben von Familien auch daran gebunden, nicht nur auf Interaktion bauen zu müssen.

Wenn man versucht, die Logik von Interaktionen darzustellen, tritt oftmals so etwas wie *Takt* oder *Zuvorkommenheit* in den Vordergrund. Takt ist ein Mittel der Differenzierung von psychischen und sozialen Erwartungen, einfacher ausgedrückt: Takt verzichtet darauf, zu sagen, was man wirklich denkt. In Interaktionen lernen wir tatsächlich ein bewusstes *impression management*, letztlich das, was ich in der letzten Vorlesung mit George Herbert Mead als *role taking* beschrieben habe. Diese domestizierte Form der Kommunikation wird bisweilen sogar strategisch angewandt, um Takt gewissermaßen strukturell einzubauen – etwa wenn man in Organisationen darauf setzt, Mitglieder in Gremien und Kommissionen durch Anwesenheit zu Mitentscheidern zu machen, damit sie nicht einfach Betroffene sind. Dass auch andere Sozialformen wie etwa Organisationen auf Interaktion bauen, heißt nicht, dass sie aus Interaktionen bestehen – ich werde darauf in der nächsten Vorlesung ausführlich zu sprechen kommen. Es heißt aber, dass das besondere Potential von Interaktion genutzt wird, um etwa Organisationsentscheidungen stabiler und für die Mitglieder plausibler machen zu können. Und ohne zeitweilige Kommunikation unter Anwesenheit kommt kaum ein Bereich der Gesellschaft aus – man kann Geschäfte inzwischen über Computernetze abwickeln, aber ganz ohne Verhandlungen unter Anwesenden wird es nicht gehen, weil sich darin erst Formen wechselseitiger Einschätzung ergeben, von denen man glaubt, dass sie womöglich authentischer sind als die Papierform. Und wer etwa als Mitglied einer Universität etwas erreichen will, wird zunächst nicht die Schriftform wählen, schon weil dann der Entscheidungsapparat der Organisation durch Aktenführung und Vorgänge in Gang gesetzt wird, sondern er wird zunächst auf flüchtige Interaktion setzen und potentielle Entscheider anrufen – also Telefonapparat statt Entscheidungsapparat. Auch hier wandeln sich dann konfliktuöse Einschätzungen und starke Urteile oft in Formen, die zumindest von außen fast zivilisiert aussehen.

Wie Herr A sich selbst daran hindert, dem unbekannten Bekannten zu sagen, was er denkt, wandeln sich also etwa starke Urteile über andere Personen in vergleichsweise zivilisiertes Verhalten, wenn diese sich gegenüber stehen. Das kennt jeder. Man zieht über den anderen her, ist um deftige Urteile nicht verlegen – aber von Angesicht zu Angesicht bleiben die Sätze meist in erträglicherem Rahmen. Man könnte das mit geltenden Normen und Werten erklären – plausibler aber ist es, auf die eigentümliche Personennähe von Interaktion zu achten. Diese Personennähe liegt an der schon erwähnten Unmittelbarkeit und Schnelligkeit von Interaktion, die stets mit der unmittelbaren Reaktion des Gegenübers rechnen muss. Deshalb ist Interaktion riskant. Es ist insofern manchmal einfacher, einem Gegenüber in einem Brief oder einem E-Mail Unerfreuliches mitzuteilen, auch wenn dies dann dokumentiert und vielfach wiederholbar ist. Die Distanz freilich verändert völlig den Charakter des Handelns – und exakt darum geht es, Interaktion als eine besondere Form der Kommunikation darzustellen. Schriftliches zieht Aktion und Reaktion, Mitteilung und Verstehen, spontane Affekte und wohlüberlegte Antworten zeitlich auseinander. Es bringt sozusagen die Sachdimension stärker zur Geltung. Gerade deshalb wirkt eine schriftlich geäußerte Bosheit viel nachhaltiger und böser als eine nur mündlich geäußerte Invektive, die man notfalls der Situation zurechnen hätte können. Und deshalb kultiviert etwa der Liebesbrief romantische Liebe gerade in seiner Distanznahme im Unterschied zum spontan geäußerten Liebesbeweis, in dem man bisweilen viel eher unmittelbare Zielerreichung als kultiviertes Gefühl vermuten darf.[69] Wir wollen hier freilich noch nicht von Liebesbriefen ausgehen, aber Frau Bs brieflicher Vorschlag ist erheblich nachhaltiger als ein in der Situation dahin gesagter Vorschlag, einen Wein trinken zu gehen. Schon an diesem sehr einfachen Beispiel des kleinen Briefes von Frau B lässt sich ersehen, welche evolutionäre Bedeutung die Entstehung und Etablierung schriftlicher Kommunikation gehabt haben muss. Man setzt nicht mehr auf die Unmittelbarkeit und Schnelligkeit von Interaktion, sondern sorgt in der Kommunikation für ein Moment Mittelbarkeit und Langsamkeit – und auf Wiederverwendung, die in Interaktionen ausgeschlossen ist.[70]

Zunächst noch ein Wort zum Takt. Das Taktvolle und seine Potenz ist nur die eine Seite ein und der selben Medaille. Dass Interaktion oft auf Abkühlung, auf Entdramatisierung, auf zivilisiertes Verhalten setzt, scheint ein Problem zu bearbeiten, das man mit der Anwesenheit von Körpern als dem konstitutiven Merkmal von Interaktion erklären könnte.[71] Denn auch *gewaltsames* Handeln, also Kommunikation im Modus des körperlichen Angriffs, ist zumeist sehr interaktionsnah gebaut[72] – sieht man einmal von Distanzwaffen ab, die den körperlichen Angriff ohne Körperkontakt erlauben, von der Faustfeuerwaffe bis zum chirurgisch sauberen Krieg mit lasergesteuerten Waffen und bildschirmvermittelten Zielen. Das Töten soll so leichter sein als der unmittelbare Interaktionskrieg der Schlachten und Schützengräben. Die kultivierte Form der Interaktion scheint auch die Körpernähe der Interaktion zu bearbeiten, die niedrigschwellige Möglichkeit des Angriffs und die zeitliche Unmittelbarkeit der möglichen Reaktion. Um nicht falsch verstanden zu werden: Ich behaupte nicht, dass Interaktion stets und überall taktvoll gebaut ist – das zu behaupten wäre naiv. Ich behaupte vielmehr, dass die meisten Interaktionssituationen von den Handelnden verlangen, dass sie sich auf andere Personen, auf anwesende Körper einstellen und so Anschlussfähigkeit sichern wollen, die auch weiteres Handeln möglich macht. Beide Begegnungen von Herrn A zeigen das deutlich. Sowohl dem unbekannten Bekannten als auch Frau B gegenüber verhält sich Herr A so, dass man weiter kommunizieren kann, dass Anschlüsse möglich sind und dass man sich selbst dabei als sozialkompatibel präsentiert. Man muss sich die Logik der Interaktion wie eine Bühne vorstellen, auf der man von seinen Interaktionspartnern beobachtet wird – und die man selbst beobachtet. Und wiewohl man auf stabile Erwartungen, auf Rollen und mehr oder weniger wohl definierte Situationen trifft, gibt es auf dieser Bühne doch keine Intendanz und keine zentrale Regie. Es ist, um das Bild ein wenig zu übertreiben, eher eine Laienspielschar, die, zur Echtzeit gezwungen, weder Probe- noch Korrekturmöglichkeiten hat, sondern sich stets in einer Praxis befindet, die irgendwie stimmig sein muss. Auf der Bühne der Interaktion stellt sich nicht nur die Bearbeitung von Themen oder die Entlastung von Handlungsdruck dar, sondern auch die Person als Person.[73]

Hier lässt sich vom Interaktionsbegriff ein *link* zum *Habitusbegriff* setzen. Wenn der Habitus gewissermaßen körperlich gestaltete Sozialstruktur ist, in der am Handeln der Person seine soziale Anschlussfähigkeit deutlich und sichtbar wird, so ist der Habitus ein sehr interaktionsnah gebauter Begriff. Deutlich lässt sich das an der Geschlechterdifferenz studieren. Die moderne Gesellschaft ist ohne Zweifel keine geschlechterdifferenzierte und geschlechtersegregierte Gesellschaft, also keine Gesellschaft, die in erster Linie dadurch gekennzeichnet ist,

Männern und Frauen eindeutige Positionen zuzuweisen oder gar Bereiche vorzusehen, die nur für Männer oder nur für Frauen zugänglich sind. Das gilt selbst dann, wenn man sich vergegenwärtigt, dass es sehr wohl Berufe gibt, die fast nur von Männern oder von Frauen ergriffen werden. Und männerbündische Zusammenschlüsse wie die Marianische Männer-Congregation in Tuntenhausen oder schlagende Studentenverbindungen sind heute von ähnlich strukturgebender Bedeutung für die Gesamtgesellschaft wie der Damenbadetag in der städtischen Sauna oder die autonome Frauengruppe des AStA einer Provinzuniversität. All das fällt eher unter *varia et curiosa*. Man kann sagen, dass zumindest in unseren Breiten das meiste, was in der Gesellschaft geschieht, von seiner Logik her geschlechterneutral gebaut ist. Ob Zahlungen, Wählerstimmen oder Publikationen von Frauen oder Männern stammen, ob die Person mit der grundgesetzlich verbrieften Richtlinienkompetenz der deutschen Politik ein Mann oder eine Frau ist, ob ein Flugzeug von einer Pilotin oder von einem Piloten gesteuert wird, und ob – zumindest in manchen protestantischen Kirchen – der Segen von Frauenhand gespendet wird, macht prinzipiell keinen Unterschied. Die moderne Gesellschaft ist eigentlich (!) geschlechtsindifferent – und dennoch kommen überall Männer und Frauen vor, und das nicht nur als schmückender Nebenaspekt, sondern durchaus mit Folgen. So lässt sich statistisch nachweisen, dass der Anteil der Frauen auf Lehrstühlen, in bestimmten Berufen, Lohngruppen und Positionen unterrepräsentiert ist, während Mädchen die besseren Bildungsabschlüsse machen, was womöglich ein sozialpolitisches Thema sein könnte. Soziologisch ist daran weniger der sozialpolitische Aspekt interessant, sondern die Frage, warum das Geschlecht so wirksam ist, obwohl es dafür nur wenig Gründe gibt. Anders gefragt, warum ist soziale Praxis so geschlechtersensibel, wenn die Gesellschaft selbst eigentlich geschlechterindifferent ist?

Ich erwähne dieses Thema hier, weil es sich womöglich interaktionstheoretisch erklären lässt. Woher weiß Herr A, dass Frau B eine Frau ist? Das ist zugegebenermaßen eine blöde Frage – aber versuchen wir sie trotzdem zu beantworten. Die einfache Antwort heißt: *Er hat es gesehen*. Zwar gibt es auch noch andere Indizien, zum Beispiel den Vornamen (den wir noch nicht kennen) oder den sprachlichen Zusatz *Frau* B. Aber diese semantischen Zeichen unterstützen nur, was man sehen können muss: dass ein Mensch ein Mann/Junge oder eine Frau/ein Mädchen ist.[74] Sobald Kommunikation die Form der Interaktion annimmt, nimmt sie die Wahrnehmbarkeit des Geschlechts in Anspruch. Das ist übrigens kein Hinweis auf eine irgendwie geartete „Natürlichkeit" der Geschlechter, die es biologisch natürlich schon gibt, die aber kulturell und sozial erst in einer bestimmten Form hergestellt und bestätigt und mit Bedeutung versehen werden muss. Und wir sind es gewöhnt, die ohnehin gegebene Wahrnehmbarkeit der Geschlechter zu unterstützen, etwa durch Kleidung, Frisuren oder Gegenstände – noch mehr aber durch bestimmte männliche und weibliche Habitus. Nicht umsonst war eines der beliebtesten Filmmotive eher verklemmter Vergangenheiten der 50er und 60er Jahre, Männer in Frauenkleider zu stecken und mit dem unpassenden Habitus spielen zu lassen – das berühmteste Beispiel ist sicher *Some Like it Hot* mit Marilyn Monroe, Tony Curtis und Jack Lemmon (1959). Und nicht umsonst hat sich die soziologische Gender-Forschung so sehr für Transsexualität interessiert.[75] Auch Homophobie lässt sich soziologisch teilweise damit erklären, dass manche Wahrnehmungsselbstverständlichkeiten nicht mehr passen. Denn was *natürlich* ist, war einmal das, was man sehen konnte – in Zeiten der Molekularbiologie scheint das Natürliche sich freilich ins Unsichtbare verflüchtigt zu haben.

Männer und Frauen sind nicht einfach Männer und Frauen – sie müssen sich vielmehr in der Interaktion als Männer und Frauen bewähren und werden damit mit einer Sichtbarkeit ausgestattet, die sich davon zu emanzipieren scheint, dass Blicke nicht durch das Erblickte, sondern durch das Blicken selbst erzeugt werden.[76] Wir sehen Männer und Frauen – ob wir wollen oder nicht, womöglich sogar noch deutlicher, wenn wir in der Interaktion bewusst davon absehen wollen, dass Männer und Frauen (oder auch andere „Sichtbare“: Farbige und Weiße, Behinderte und Nicht-Behinderte) zugegen sind. In der Interaktion bewegen wir uns stets auch auf der Geschlechterbühne – und die Einteilung in Männer und Frauen mag „unlogisch“ sein oder auch „eigentlich“ irrelevant. Aber die Unterscheidung lässt sich stabilisieren und für weiteren Gebrauch nutzen. Und deshalb sehen wir stets Männer und Frauen mit, auch wenn es nicht um Männer und Frauen geht. Es wäre nun eine soziologisch weiter gehende Frage, warum ausgerechnet diese Unterscheidung so erfolgreich ist und sich offensichtlich fast überall bewährt. Dies kann hier nicht beantwortet werden.[77] Deutlich sollte aber geworden sein, dass Interaktionen einen besonderen Zugzwang auf Personen ausüben und dabei eine Bühne erzeugen, auf der sich Personen mit ihren gesamten habituellen Dispositionen wieder finden. Am Beispiel des Auftretens von Personen als Männer und Frauen in der Interaktion wird deutlich, wie Interaktionen es sind, die Personen dadurch hervorbringen, dass sich Handelnde so darstellen, dass sie sich selbst anschlussfähig machen. Das gilt auch für alle Begegnungen zwischen Herrn A und Frau B, die auch dann, wenn es thematisch nicht darum geht, dass sie Mann oder Frau sind, als solche auftreten – dass es bei ihnen freilich auch darum gehen wird, werden wir noch sehen.

Interaktionen zehren von Anwesenheit. Sie strukturieren sich dadurch, dass unmittelbar, schnell und in Echtzeit reagiert werden muss. Und Ordnungsbildung im Modus der Interaktion lässt sich soziologisch auch relativ leicht einsichtig machen, wahrscheinlich schon deshalb, weil es sich aufgrund der Anwesenheits- und Wahrnehmungsnähe um besonders eindrückliche und leicht beobachtbare Dynamiken handelt. Nun darf man soziale Ordnung nicht mit Interaktionsordnungen verwechseln. In der kleinen Episode mit Herrn A lässt sich das an zwei Dingen verdeutlichen. Zum einen erlebt Herr A unterschiedliche, nicht miteinander vermittelte Interaktionsepisoden. Zum anderen bewegt er sich auch in Ordnungsformen, die ganz und gar nicht auf Anwesenheit gebaut sind. Man denke etwa an seinen Auftrag, eine Vorlage für die Geschäftsleitung zu erstellen. Dies folgt einer völlig anderen Logik, die eher auf Abwesenheit setzt und für die Unmittelbarkeit und wechselseitige Personalisierung eher schädlich wäre. Auch der Rekurs auf Rechtsvorschriften und der Hinweis auf Märkte oder Politik verweisen auf andere Kontexte, die nicht der Logik der Interaktion folgen, sondern organisatorische und gesellschaftliche Ordnungsformen annehmen. Darauf wird in den nächsten beiden Vorlesungen zurück zu kommen sein. Jedenfalls machen die Episoden um Herrn A deutlich, dass sich soziale Ordnung nicht ausschließlich auf Interaktion stützen kann – es sei denn man geht von kleinen Gesellschaften wie etwa Stammesgesellschaften aus, bei denen soziale Kontrolle tatsächlich fast ausschließlich über Interaktion geregelt wird, weil die Mitglieder der Gesellschaft alle (wenigstens potentiell) anwesend sind und sein können. Abwesenheit wäre hier der Ausnahmefall – etwa im Falle von ausdifferenzierten Sakralrollen oder im Sinne gleichförmiger Segmente wie zum Beispiel Clans oder Familien. Aber das gesellschaftliche Grundprinzip ist hier Anwesenheit. In der modernen Gesellschaft dagegen ist Abwesenheit der Normalfall. Eine Interaktion – in welchem Zusammenhang auch immer – ist stets ein anderer Kontext anderer Kontexte, d.h. sie findet in einer Gesellschaft statt, in der unzählige andere Interaktionen stattfinden und in der weit mehr stattfindet als Interaktion. Wohl ist Interaktion die flexibelste und sicher variantenreichste Form der Kommunikation – aber auch die flüchtigste. Selbst wenn man sie auf Dauer stellen wollte, bedarf es anderer Ordnungsformen.

Auf eine dieser Ordnungsformen greift Herr A zu, indem er seinen ehemaligen Kommilitonen in New York City anruft. Das Telefongespräch ist zwar eine Interaktion – es findet Kommunikation in Echtzeit statt, und obwohl die Wahrnehmung auf akustische Wahrnehmung beschränkt ist, folgt auch ein Telefongespräch der Ordnungslogik von Interaktionen. Aber dass Herr A Herrn C anrufen kann, ist bereits das Ergebnis einer Selektion und einer Ordnung, die mit dem

Begriff des *Netzwerks* beschrieben werden kann. Unter *Netzwerken* sind soziale Muster zu verstehen, die den Zugang zu Informationen und Personen erleichtern.[78] So erhofft sich Herr A Insider-Informationen von Herrn C. Er hofft, dessen Spezialwissen als News-Experte bei einer der angesehensten Wirtschaftszeitungen anzapfen zu können und greift auf Ressourcen zurück, die nicht jedem zur Verfügung stehen – hier: die persönliche Bekanntschaft aus gemeinsamen Studientagen. Netzwerke sind mehr oder weniger stabile Zusammenhänge, die die Aufnahme von Beziehungen erleichtern. Netzwerke liegen quer zu anderen Ordnungsebenen – sie sind keine Interaktionen, weil sie auch jenseits von reziproker Wahrnehmbarkeit existieren und dadurch Interaktionen anbahnen können, wie man an dem Anruf von Herrn A sehen kann; sie sind aber auch keine Organisationen, weil sie sich nicht durch Entscheidungen reproduzieren und selbst binden. Dass das Telefongespräch nach New York eine Interaktion ist, lässt sich an dem Geplänkel vor dem eigentlichen Thema ablesen. Es ist von frei verfügbaren Themen die Rede – Fußball und Politik – und von Anspielungen auf Persönliches – hier Anspielungen auf Liebesdinge. Herr A und Herr C kennen sich offenbar so gut, dass Herr C in den Verlauf des unerfreulichen Abends mit Frau B eingeweiht ist. Die Interaktion „schmiert" sich gewissermaßen durch diese themenbezogenen Unmaßgeblichkeiten. Anders als eine Organisationskommunikation kann man nicht einfach im Sinne einer Notiz schriftlich ohne Anrede anfragen oder schlicht ohne Vorgeplänkel zur Sache kommen. Das Thema muss vorbereitet werden – aber deutlich wird, dass nicht jeder fragen kann und nicht jedem geantwortet würde.

Wenn sich Interaktionen durch Anwesenheit reproduzieren, ist es bei Netzwerken ihre Inanspruchnahme, die für das Aufrechterhalten des Netzwerkzusammenhangs sorgt. Solche Netzwerkstrukturen kommen in vielfältigen Zusammenhängen vor: Man kennt jemanden in der Verwaltung, den man fragen kann; man gehört Vereinen an, in denen Ortshonoratioren außerhalb der offiziellen Anlässe ungezwungen ins Gespräch kommen; man zitiert sich als Wissenschaftler gegenseitig; man lässt sich Informationen über dies und jenes zukommen; oder man kennt jemanden bei der Bank wie der Kunde von Herrn A, der sich jenseits des offiziellen Weges bei Herrn A beschweren kann und auf Informationen hofft, die man jenseits des „Dienstwegs" nicht zu bekommen meint. Der Begriff des Netzwerks soll dazu dienen, eine Selektionsebene zu beschreiben, die sich praktisch dadurch reproduziert, dass niedrigschwellige Kontaktaufnahme möglich ist, auf die man letztlich keinen Anspruch hat. Um noch einmal auf das Gender-Thema zu kommen: Es gibt womöglich keine wirksamere Form der geschlechtsspezifischen Schließung, also des Einschlusses und Ausschlusses als gut funktionierende Netzwerke, die es zum Beispiel Männern als Mitgliedern so genannter *old boys' networks* erlaubt, für Stellenbesetzungen oder sonstige Positionen relevante Kontakte leichter und unproblematischer zu erhalten. An diesem Beispiel kann man sehen, dass sich Netzwerke sehr informell bilden können, gewissermaßen jenseits „offizieller" Wege. Gerade deshalb sind sie auch so schwer zu steuern oder direktiv herzustellen. Man kommt nicht durch formelle Beschlüsse oder Anspruchsberechtigungen in bestehende Netzwerke, sondern letztlich nur praktisch, d.h. indem man unter Ausnutzung von Schnittstellen in die Praxis des Netzwerks einbezogen wird. In Netzwerke wird man einbezogen, indem man z.B. jemanden kennt, der in das Netzwerk integriert ist und Zugang gewährt, etwa zu Informationen oder Kontakten. Und, auf unser Beispiel bezogen, solange sich gerade informelle Interaktionen auf Wahrnehmung stützen und die Relevanz der Geschlechter vor allem eine Frage der *Sichtbarkeit* ist, sind es vor allem Netzwerke, die Einschlüsse und Ausschlüsse regeln.

Netzwerke ermöglichen Unerwartetes und Unwahrscheinliches. Denn anders als Interaktionen sind sie nicht auf Anwesenheit angewiesen, und anders als Organisationen sind sie nicht organisiert, also viel weniger geregelt. Netzwerke ermöglichen es deshalb, etwa an Kontakte oder Informationen zu kommen, die man bereits kennen müsste, wenn man sie organisieren wollte. Netzwerke geben einem die Chance, an solche Informationen und Kontakte zu kommen, mit denen man womöglich gar nicht gerechnet hätte. So gelten lose Verbindungen sogar bisweilen als stärker, weil man es da mit Personen zu tun hat, die ganz andere Erfahrungen machen und in ganz anderen Kontexten leben und arbeiten als man selbst. Denn das, was die Leute aus der eigenen Nähe gesehen haben und kennen, kennt man womöglich selbst.[79] So ist das Besondere etwa an Herrn As Kontakt zu Herrn C in New York, dass dieser ganz andere Perspektiven hat, weit weg ist und nicht jeden Tag mit den selben Leuten und Informationsquellen zusammen ist wie Herr A – wenn der Kontakt hier auch nicht geholfen hat.

In der Soziologie hat sich die Bedeutung von *Netzwerken* v.a. als eine Ordnungsebene zwischen Interaktion und Organisation erschlossen. Die Logik der Interaktion liegt darin, Kommunikation und Handlung auf die Anwesenheit und die wechselseitige Wahrnehmung von Personen zu stützen und die Anschlussfähigkeit weiterer Kommunikationen und Handlungen an dieses Kriterium zu binden. Netzwerke dagegen sind Aggregate, die zwar zumeist Interaktionsform, bisweilen sicher auch Schriftform annehmen, sich aber von konkreter Anwesenheit insofern unabhängig machen, als sie eine Ressource darstellen, ein Potential, das von denjenigen abgerufen werden kann, die Zugang zum Netzwerk haben –

und von anderen nicht. Sowohl der begriffliche als auch der „reale" Übergang zu Organisationen ist fließend.

Nehmen wir das Telefonat des Geschäftskunden am Ende der Geschichte. Es meldet sich ein besonders potenter Kunde, der einerseits die Bank anruft, andererseits aber auch Herrn A gewissermaßen informell – die Bank hat entschieden, was denn Herr A dazu denke. Dass Herr A die Vorlage erstellt hat, weiß der Kunde nicht – und er wendet sich ja auch nicht wirklich an die Bank, sondern nutzt ein Netzwerk: seinen kurzen Draht zu Herrn A, der in der nächsten Geschichte so tun wird, als habe er mit der Entscheidung nichts zu tun. Aber ich will nicht zu viel verraten. Hier geht es zunächst darum, den Unterschied zur Organisation herauszuarbeiten. Der Kontakt zu Herrn A ist eher informell, in dem Sinne, dass er jenseits dessen erfolgt, was die Organisation letztlich ausmacht, nämlich Entscheidungen zu treffen. Würde man Netzwerkbeziehungen auf Entscheidungen aufbauen, also etwa in dem Sinne, dass entschieden werden müsste, wer wen anrufen darf oder wer für wen zuständig ist, wäre das bereits eine organisatorische Entscheidung. Netzwerke wie Interaktionen leben davon, dass sie eher episodisch, eher praktisch, eher nicht unmittelbar intentional entstehen. Nicht selten wandeln sich dann Netzwerke durchaus in Organisationen – und gewinnen dadurch Stabilität, aber verlieren womöglich ihr Potential als eine Ressource, die quer zur Formalität einer Organisation liegt.

Insofern verwundert es nicht, dass umgekehrt Netzwerke oftmals auch innerhalb von Organisationen entstehen, etwa in Unternehmen, in denen sich Absolventen einer bestimmten Universität oder Anhänger des selben Sports vernetzen, die jenseits des offiziellen Weges kurze Dienstwege kennen. Es wird gemunkelt, dass manche Sportart, etwa das Golfen, exakt dafür erfunden wurde: Man kann sich unverdächtig treffen und durch geeignete Exposition des Balles ungestört miteinander reden – nicht nur über das nächste Loch. Der Übergang zur Organisation jedenfalls ist dann gegeben, wenn formelle Entscheidungen getroffen werden. Das gilt für Interaktionen wie für Netzwerke gleichermaßen.

Fünfte Vorlesung: Organisation

Sie erinnern sich an den Anruf des Bankkunden bei Herrn A, der sich über die – wie es sich im Nachhinein leider herausgestellt hat – falsche Kaufempfehlung beschwert. Sicher erinnern Sie sich auch noch daran, dass der Anrufer gar nicht auf die Idee kommt, Herrn A persönlich anzugreifen, sondern auf die Geschäftsleitung schimpft. Was er denn selber denke, will der Kunde von Herrn A wissen. „Nun", setzt Herr A an, „Sie wissen ja, dass unser Haus bereits seit Jahren für eher konservative Strategien steht. Das hat den Nachteil, dass schnelle Kursausschläge nicht mitberücksichtigt werden, sichert aber, wie Sie wissen, langfristigere Perspektiven. Sie haben Recht, man hätte es wissen können, aber das war im Haus letztlich nicht durchzusetzen." Wäre Herr A ganz neu im Geschäft, wäre er bestimmt rot geworden, aber er ist ja schon ein richtiger Profi. Deshalb fährt er fort: „Ich kann da nix machen, aber ich kann Ihnen anbieten, mich in Zukunft einfach direkt anzurufen. Ich kann Ihnen dann vielleicht etwas genauer helfen." Das kann den Kunden ein wenig besänftigen. Dieser bedankt sich brav und legt auf.

Diese Hürde ist genommen. Die nächste Hürde hört auf den Namen von Frau B. Sie erinnern sich auch hier: das persönlich abgegebene Schreiben mit dem Angebot, sich vielleicht doch noch mal zu treffen, und zwar in der Bar von letztens. Herr A weiß noch nicht, was er machen soll. Er weiß nur, dass es wohl am besten ist, sich erst mal bedeckt zu halten. Wer zu schnell reagiert, hat womöglich die taktisch schlechtere Position. Außerdem will er an dem Vormittag noch was anderes erledigen. Herr A hat sich an der Universität München, wo er studiert hat, beim Nachfolger seines alten Professors um einen Lehrauftrag mit dem Titel „Langfristige Börsenentwicklung und kurzfristige Entscheidungen" beworben. Jener Nachfolger ist ein alter Freund aus Jugendtagen, den er nie aus den Augen verloren hatte. Der hatte fürs richtige Leben nie so recht getaugt, war aber nicht ganz blöd. Es ist fast logisch, dass er Universitätsprofessor geworden ist. Dieser, wir nennen ihn Herrn D, Herrn Professor D, um es genau zu sagen, hatte zunächst abgewunken, es bestehe kein Bedarf und er könne das bei seinen Kollegen nicht durchsetzen. Nach mehrmaliger Intervention und vor allem nach einem weinseligen Abend, zu dem Herr A seinen akademischen Freund eingeladen hatte – er hat sich das Ganze einen 86er Mouton Rothschild kosten lassen –, schrieb er ihm zurück, man habe sich nun doch entschlossen, ihm für ein Semester einen Lehrauftrag einzuräumen, unbesoldet und festgelegt auf einen bestimmten Wochentermin. Herr A wollte seinen Freund anrufen und ihn bitten, das Schreiben so zu formulieren, dass daraus nicht hervorgeht, dass er sich beworben hat. Es sollte – unter Auslassung aller persönlichen Beziehungen und vor allem in distanziertestem „Sie" – dargelegt werden, der Vorstand des Instituts für höhere Börsenkunde der Universität München habe beschlossen, Herrn A um einen Lehrauftrag zu bitten. Anders werde Herr A von seinem Arbeitgeber keine Genehmigung für einen solchen Lehrauftrag erhalten, der ja nicht nur während der Arbeitszeit erfolgen müsste, sondern auch die Gefahr birgt, allzu viele Interna in öffentlichen Umlauf zu bringen. Nach dem Anruf studiert Herr A das Börsengeschehen und arbeitet ein wenig Papierkram auf.

Nach der Mittagspause wird Herr A zum Bankvorstand gebeten. Man hat natürlich auch dort inzwischen wahrgenommen, dass die Kundenempfehlung des letzten Tages nicht gerade erfolgreich war. Der Vorstand hat nicht nur Herrn A, sondern auch Repräsentanten anderer Abteilungen und Geschäftssparten dazu gebeten. Es sei nun beschlossen worden, die Entscheidungswege innerhalb des Unternehmens zu verändern. Bisher war es so, dass mehrere Mitarbeiter für je ein Problem zuständig waren, von der Geschäftsleitung ihrem Gebiet entsprechende Aufgaben gestellt bekommen haben und diese dann nach bestem Wissen und Gewissen bearbeitet haben, um die Lösung dem Vorstand vorzulegen, der dann entscheidet. In der immer komplexer werdenden Finanzwelt stelle sich aber heraus, dass die Sache so nicht mehr funktioniere. Man diskutiert lange über mögliche Lösungen. Der Vorstand meint etwa, die Abteilungen sollten doch möglichst kreativer miteinander umgehen, ruhig einmal quer zu den je eigenen Entscheidungswegen nach oben selbständig Konzepte entwickeln. Der Vorstand empfiehlt, sich vom Vorstand selbst unabhängiger zu machen.

Der Vorschlag wird lange diskutiert, und endlich teilt der Chef mit, man habe bereits losen Kontakt zu einer bekannten Consulting-Firma aufgenommen. Herr A möge sich noch heute darum kümmern. „Konzept, Kosten, Termin usw., Sie wissen schon!“ Er bekommt die Telefonnummer einer Kontaktperson, eine Frau B bei der Firma „Mehr-Rat-als-Tat-Consulting“. Er geht zurück in sein Büro und lässt sich verbinden. Am Telefon meldet sich nicht irgendeine Frau B, sondern die Frau B. Sie ist freudig überrascht, dass Herr A sich so schnell auf ihr kleines Briefchen meldet, und Herr A ist so perplex, dass er gar nichts zu sagen weiß. „Das ist aber schön“, sülzt Frau B, „ich habe es insgeheim ja ein bisschen erhofft. Und ich finde es wirklich klasse, dass Sie über Ihren Schatten springen. Sollen wir gleich heute Abend ...“. „Nein, nein, deswegen rufe ich nicht an. Ich beziehe mich vielmehr auf eine Anfrage unserer Geschäftsleitung über ein mögliches Organisationskonzept. Ich wusste nicht, dass Sie ...“ „Ja, ich habe tatsächlich meine Position verbessern können – sicher auch dank Ihres Rats. Meine Abteilung heißt ‚The-börst-case‘ und arbeitet gerade an einem Vernetzungskonzept mit flachen Hierarchien für steile Gewinnkurven.“ Wie kommuniziert man jetzt weiter? Über den Weinabend? Über die Konzepte? Gar über die Kosten? „Am besten, Sie faxen mir mal Ihr Konzept, dann können wir ja weiter sehen“, meint Herr A und fühlt sich nicht wohl in seiner Haut. Statt abends für die Bar verabreden die beiden sich für den nächsten Mittag zu einem Lunch in einer Schwabinger Osteria. Das gibt beiden die Möglichkeit, bis zum nächsten Tag zu überlegen, was das bedeutet. Verhandlung oder Verbandelung?

Organisationen, so habe ich bereits in der letzten Vorlesung angedeutet, sind soziale Gebilde, die mehr oder weniger genaue Mitgliedschaftsbedingungen aufweisen und sich über Entscheidungen reproduzieren. Außerdem handelt es sich bei Organisationen um Einheiten, denen man Handlungen und Kommunikationen zurechnen kann – und zwar Handlungen und Kommunikationen, die vor allem Entscheidungsform annehmen.[80] Weil Organisationen zurechnungsfähig sind, können sie fast wie Personen behandelt werden – im juristischen Sinne kennt die moderne Gesellschaft sogar den Unterschied zwischen „natürlichen Personen" und „Körperschaften/juristischen Personen" wie Unternehmen oder Behörden, Vereine oder Parteien. Solche Körperschaften können wie Personen behandelt werden, weil man ihnen Handlungen zurechnen kann, die Entscheidungen sind – und solche Körperschaften erhalten sogar Namen, so dass man auch semantisch sagen kann: Die LMU hat beschlossen, international anzugreifen, der FC Schalke 04 möchte sich dagegen in der Abwehr verbessern, oder die Münchner Philharmoniker wollen mit dem Boston Symphony Orchestra den Musik-Olymp erstürmen.

Im Falle von Herrn A etwa hält der anrufende Bankkunde es für plausibel, zwischen Herrn A und der Bank als einer Art zurechnungsfähiger „Person" zu unterscheiden. Selbst als Mitglied der Bank kann Herr A zwischen sich und der Entscheidung der Bank unterscheiden. Er kann mit einiger Plausibilität dem Kunden sagen, dass die Bank entschieden habe, obwohl er ihr selbst angehört. Diese Erfahrung kann jeder machen, der als Mitglied einer Organisation auf deren Entscheidungsverhalten angesprochen wird. Man kann dann Sätze sagen wie *Das ließ sich im Haus nicht durchsetzen.* Oder: *Mir waren die Hände gebunden.* Plausibel klingt auch die Versicherung, man habe ja dies oder jenes gewollt, aber es sei nicht möglich gewesen. Auch als Hochschullehrer kommt man immer wieder in solche Situationen: *Ich würde den Schein ja gerne für „Allgemeine Soziologie" ausstellen, aber das Seminar war nur für „Wissenssoziologie" ausgeschrieben, und das Institut hat beschlossen, Seminare nur für einen Schwerpunkt anrechenbar zu machen.* Dass man dem Institut als Vorstandsmitglied selbst angehört, stört dabei nicht weiter.

Solche Sätze zeigen, dass Organisationen offensichtlich Handlungsmöglichkeiten einschränken und ihren Mitgliedern formal nachvollziehbare Handlungsmuster abverlangen. Dass dies dann durchaus strategisch eingesetzt werden kann, verweist darauf, dass man mit den Strukturen der Organisation kreativ umgehen kann – Herr A stellt sich in der Geschichte als jemand dar, dem man dieses strategische *handling* der Organisation als Professionalität auslegen kann: „Ich kann da nix machen", sagte er dem Kunden – und es klingt plausibel.

Ich habe in meiner Beschreibung jetzt mehrfach betont, dass all dies plausibel *klingt*. Das scheint eine gewisse Einschränkung zu markieren. Der Unterschied zwischen dem, was man in juristischer Sprache eine „natürliche Person" nennt, vulgo: einen handelnden Menschen, und einer Organisation oder Körperschaft ist der, dass man dem Zurechnungspunkt „Mensch" so etwas wie eine Einheit unterstellt, während das bei einer Organisation nicht der Fall ist. Die Bank mag dies oder jenes entscheiden – Mitglieder der Bank können darüber aber ganz anders reden. Man muss keine soziologische Ausbildung haben, um das plausibel zu finden, sondern es scheint die gesellschaftliche Bedeutung von Organisationen exakt darin zu bestehen, dass sie einerseits als Einheiten auftreten, andererseits aber intern eine erhebliche Komplexität aufweisen – und nur zur Sicherheit erwähne ich noch mit, dass auch die Einheitsunterstellung „natürlichen Personen" gegenüber nur eine *Unterstellung* ist, eine kulturelle Konvention. Darauf werde ich ausführlich in der siebten Vorlesung zurück kommen.

Organisationen haben stets damit zu tun, dass in ihnen Unterschiedliches aufeinander bezogen wird. Organisationen organisieren vor allem Unterschiedliches. Man kann das daran erkennen, was sich nicht mehr durch Interaktionen regeln lässt. Auf Anwesenheit beruhende Handlungskoordination ist weitgehend darauf angewiesen, dass entweder alle das Selbe tun oder zumindest Unterschiedliches so aufeinander bezogen werden kann, dass entweder am selben Problem gearbeitet wird oder aber die wechselseitige Kontrolle und Wahrnehmung nicht bei der Erfüllung der eigenen Aufgabe stört. Einfache Arbeitsteilung lässt sich auch unter Anwesenden regeln. Sobald aber sehr unterschiedliche Tätigkeiten aufeinander bezogen werden müssen, muss dies *organisiert* werden. Man muss sich das so vorstellen, dass etwa eine Gruppe von Anwesenden beginnt, sich zu teilen, um unterschiedliche Tätigkeiten gleichzeitig und getrennt voneinander zu bewerkstelligen. Schon kann man nicht mehr auf die bloße Faktizität von Anwesenheit bauen, und es müssen Entscheidungen getroffen werden: *Wie werden die Aufgaben der beiden Gruppen definiert? Wer gehört zu dieser und wer zu jener Gruppe? Wie lange soll die Phase der Trennung dauern? Wann trifft man sich wieder? In welcher Form werden die Ergebnisse präsentiert? Wer ist für die Dokumentation zuständig? Was ist das Ziel der Aktion?*

Ohne Zweifel gibt es solche Fragen auch in Interaktionen, etwa wann man sich wieder trifft. Aber das hier angedeutete Bild zeigt schon, dass die Reproduktionsbedingungen und die Handlungskoordinierung hier nicht mehr allein der Möglichkeit und Notwendigkeit wechselseitiger Wahrnehmung und Anwesenheit folgen. Vielleicht kann man dies so auf eine Formel bringen: Was Organisationen vor allem organisieren, ist die Möglichkeit von *Abwesenheit*. Es geschieht gleichzeitig woanders etwas Anderes – und damit dies aufeinander bezogen werden kann, bedarf es einer organisatorischen Praxis. Diese Praxis ist vor allem eine Praxis des *Entscheidens*.

Entscheidungen sind Versuche, in einer Gegenwart die Zukunft zu binden.[81] Herrn As Bank hat entschieden, zu empfehlen, sich auf einem Markt so und nicht anders zu verhalten. Diese Empfehlung macht die Bank zurechnungsfähig – und zwar in einer zukünftigen Gegenwart, in der die Entscheidung bereits Vergangenheit ist. In diesem Falle muss eingeräumt werden, dass die Entscheidung falsch war. Man konnte dies aber vorher nicht wissen – und das ist das entscheidende Charakteristikum von Entscheidungen. Wäre man mit einem stabilen und eindeutigen Wissen darüber ausgestattet gewesen, was zu empfehlen ist, wenn man also exakt hätte wissen können, was die richtige Empfehlung ist, hätte es keiner Entscheidung bedurft. Entscheidungen haben immer mit einer *ungewissen* Zukunft zu tun. Entscheidungen zehren von *Nicht-Wissen*, also davon, dass die Dinge auch anders ausgehen können, als man es erwartet.[82]

Exakt das macht das Entscheidungshafte dessen aus, was Herr A tun musste: Er erlebt an sich selbst, dass er eine Empfehlung machen muss, die genau so gut anders hätte ausfallen können – Sie erinnern sich daran, dass Herr A exakt deshalb seinen Bekannten in NYC angerufen hat, der selbst einräumt, dass man es nicht wissen kann. Noch einmal: Entscheiden muss man nur, wenn der Gegenstand der Entscheidung eine gehörige Portion Nicht-Wissen enthält. Man muss nur entscheiden, wenn nicht klar ist, welche der möglichen Alternativen die richtige Alternative ist. Dass wir meistens schon zwischen bestimmten Alternativen wählen können, ist das Ergebnis dessen, dass Entscheidungen nicht bei einem Nullpunkt beginnen, sondern in konkreten Situationen – gerade Organisationen erzeugen selbst Entscheidungsalternativen, zwischen denen dann zu wählen ist. Gerade deshalb konzentrieren sich große Teile der soziologischen Organisationstheorie darauf, nach der Rationalität von Entscheidungen in Organisationen zu suchen – um dann darauf zu stoßen, dass es sich stets um eine „bounded rationality“[83] handelt, also um eine von der Organisation selbst erzeugte Form der Entscheidungsalternativen. Herr A hält sich in einem Rahmen auf, in dem sein Nicht-Wissen gewissermaßen *eingebettet* ist.[84] Die Ordnung der Organisation ermöglicht eine spezifische Form der Unordnung, innerhalb derer dann entschieden werden kann. Gerade deshalb erscheinen Organisationen zwar einerseits als besondere Orte der Ordnungsbildung und der Erwartbarkeit, aber zugleich auch als Orte, an denen dies Unordnung, Uneindeutigkeit und gerade deshalb *Entscheidungen* ermöglicht.[85] In einer völlig unstrukturierten Welt könnte man nichts entscheiden, weil es keinerlei Kriterien gäbe, mit denen man das Nicht-Wissen *organisieren* könnte.

All dies gilt nicht nur für die Entscheidung von Organisationen, sondern für alle Entscheidungen. Ob Berufs- oder Partnerwahl, Kaufentscheidungen oder sonstige Festlegungen – das Alltagsleben ist voll von Situationen, in denen man zu Entscheidungen gezwungen wird. Auch diese Entscheidungen leben davon, dass zum einen mehr als eine Möglichkeit denkbar ist und man zweitens die Zukunft nicht kennen kann. Lebte man in einer Gesellschaft, in der man Beruf und Ehepartner nicht selbst wählt, wäre die Zukunft womöglich ebenso ungewiss, aber man hat nicht selbst entschieden. Man muss sich dann ins Schicksal fügen (oder ihm entfliehen), ist aber eben nur Betroffener und nicht Entscheider mit einem gewissen Risikobewusstsein. Der moderne Alltag dagegen ist voll von Entscheidungserfordernissen, selbst wenn manche Entscheidung erst im Nachhinein wie eine behandelt wird. Man verliebt sich, bleibt zusammen, ohne dass man sich der inszenierten Entscheidungssituation einer Eheschließung aussetzt, und muss sich das dann am Ende doch irgendwie als Entscheidung zurechnen lassen. Ähnliches könnte für berufliche Positionen gelten. Man bringt nie die Entscheidungskapazität auf, sich eine angemessenere Position zu suchen, und muss sich das Verharren dann als eigene Entscheidung zurechnen lassen.[86]

Zurück zu Organisationen: Diese haben nun das Problem, dass sie, gerade weil sie ihre eigene Praxis organisieren müssen, Zukünfte antezipieren müssen. Mein konstruiertes Beispiel: Es muss entschieden werden, wie das zu bearbeitende Problem aufgeteilt wird, wer welches Teilproblem bearbeitet, wann man sich wieder trifft, wie das Format des Ergebnisses aussehen soll usw. All diese Entscheidungen nehmen – wie alle Entscheidungen – eine unbekannte Zukunft vorweg, von der erst im Nachhinein entschieden werden kann, ob richtig entschieden wurde, also ob das Problem richtig definiert wurde, ob die Aufteilung der Personen richtig war, ob das Ergebnisformat passt usw.; im Übrigen: nicht einmal das ist immer gegeben, denn woher soll man wissen, dass eine andere Alternative tatsächlich ein besseres Ergebnis erzielt hätte? Wäre ich glücklicher geworden, wenn ich nicht diese Person geheiratet, dieses Fach studiert, diesen Beruf gelernt, diesen Urlaub gebucht, diese Konfession gewählt oder dieses Hobby ergriffen hätte? Entscheidungen sind Handlungen/Kommunikationen. Für sie gilt, dass sie an ihre eigene Praxisgegenwart gebunden sind, aus der es kein Entrinnen gibt. Es muss entschieden werden – und wie die Vermeidung einer Handlung als Handlung zugerechnet werden kann, so ist auch die Vermeidung einer Entscheidung so etwas wie eine Entscheidung. Hätte die Bank keine Empfehlung herausgegeben, hätte sie das entweder tatsächlich entscheiden müssen, oder aber es wäre ihr von außen womöglich als Entscheidung zugerechnet worden.

Dass Organisationen mit Entscheidungen zu tun haben, wird schon daran deutlich, dass die Organisation *sich selbst organisieren* muss, d.h. sich vor allem auf ihre eigenen Abläufe konzentrieren muss. Ich habe oben formuliert, dass Organisationen vor allem *Abwesenheit* organisieren müssen, also Tätigkeiten, die explizit nicht unmittelbar aufeinander bezogen sind, sondern *mittelbar aufeinander bezogen werden müssen*. Diese Form der „Mittelbarkeit" *ist* die Organisation. Die Notwendigkeit von Organisation entsteht in diesem Sinne dort, wo unterschiedliche Tätigkeiten und Praxisfelder *praktisch* aufeinander bezogen werden müssen. Die beiden prominentesten Formen, die Organisationen dafür finden, sind zum einen *Arbeitsteilung*, zum anderen *Hierarchie*. Arbeitsteilung organisiert in erster Linie Zuständigkeiten, und Hierarchie organisiert die Verteilung von Verantwortlichkeiten. An Herrn As Tätigkeit lässt sich das deutlich ablesen. Herr A ist zuständig für einen bestimmten Geschäftsbereich und muss für diesen Bereich Vorlagen erstellen, in diesem Falle: eine Empfehlung für ein bestimmtes Kaufverhalten für die Kunden der Bank erarbeiten. Der Vorteil dieser Strategie liegt darin, dass sich Herr A unter Absehung von anderen Geschäftsbereichen allein diesem widmen kann und sich so einerseits entlastet, andererseits zum unangefochtenen Spezialisten seines Gebietes werden kann. Damit Herr A sich ganz diesem Aufgabenfeld zuwenden kann, sind für andere Geschäftsbereiche andere Zuständigkeiten wohldefiniert und mit anderen Personen besetzt.

Herr A ist unmittelbar der Geschäftsleitung verantwortlich, d.h. die hierarchische Struktur der Organisation ist so gebaut, dass Herr As Zuständigkeit ihn einerseits mit einer gewissen Selbständigkeit ausstattet, dass er aber der Geschäftsleitung gegenüber rechenschaftspflichtig ist, die dann letztlich darüber entscheidet, ob die Vorlage von Herrn A tatsächlich im Namen der Bank veröffentlicht wird. Eine „Vorlage von Herrn A" ist das Ganze übrigens nur intern, nach außen ist es die „Empfehlung der Bank".

Wie man an dem Beispiel sehen kann, scheint sich diese Praxis der Organisation bewährt zu haben, zumindest was die Abläufe angeht. Herr A weiß, was zu tun ist. Er hält sich an die vorgegebene Zeit, die Geschäftsleitung wartet schon auf die Vorlage, prüft ebenso gründlich wie oberflächlich – *gründlich* im Sinne des Formats und der Diktion, *oberflächlich* in dem Sinne, dass man inhaltlich nicht noch einmal prüfen muss, weil auch die Hierarchen nur bestimmte Zuständigkeiten haben – und gibt das Papier dann an die Kommunikationsabteilung, die kaum mehr tun muss, als das Papier mit dem richtigen Verteiler herauszugeben. Man sieht: Hier funktioniert alles wie geschmiert, besser: *wie organisiert!* Die Abläufe, selbst Ergebnis von Entscheidungen, garantieren die Praxis der Organisation und ermöglichen selbst wieder Entscheidungen – nein, sie ermöglichen sie nicht nur, sondern erfordern, erzwingen geradezu neue.

Man kann mit Organisationen oft eine merkwürdige Zeiterfahrung machen. Die Dinge wirken relativ schnell und zeitlich gedrängt. Der Zeitbedarf ist groß, schon weil Unterschiedliches miteinander koordiniert werden muss und Entscheidungen als Grundlage für weiteres Entscheiden dienen. Erst wenn der Vorgang diese und jene Stelle passiert hat, kann man weiter machen; der Einzelfall ist nur ein Fall neben anderen, muss also abgehakt werden usw. Das ist es, was die Aktion von der Erstellung der Empfehlung bis zur Verbreitung der Empfehlung an einen definierten Verteiler so professionell aussehen lässt: Es geht schnell, Koordination geschieht von selbst, eine Handlung gibt die andere, man vermeidet Überraschungen, und dass das Verfahren eingehalten wurde und funktioniert hat, scheint ein Garant dafür zu sein, dass alles irgendwie seine Richtigkeit hat. Es gibt eine „Vordringlichkeit des Befristeten",[87] eben weil es befristet ist und dadurch mit besonderer Bedeutung aufgeladen werden kann.

Gut beobachten lässt sich das daran, wie sich die Zeiterwartungen und das Zeiterleben von Klienten von Organisationen zu den Zeitstrukturen der Organisation verhalten. Man denke etwa an Patienten in Krankenhäusern, bei denen es um Wichtiges geht. Aber die Organisation muss schnell arbeiten, weil der Patient nicht der einzige ist und weil die medizinische Praxis nur weiter gehen kann, wenn entschieden wird – für oder gegen diese oder jene Therapie, für oder gegen die Überweisung zur anderen Abteilung usw. Dass es schnell gehen muss, kann für den Patienten bedeuten, dass er lange warten muss. Denn es gibt Vieles, was sonst noch vordringlicher und befristeter erledigt werden muss, und diese Schnelligkeit verbraucht Zeit – nur nicht die eigene. Deshalb wirken Krankenhäuser aus der Perspektive von Kranken und Angehörigen gerne irgendwie „unmenschlich", eben weil das Maß die Organisation selbst ist. Ein anderes Maß kennen Organisationen nicht. Und wo nicht mehr therapiert werden kann, bei sterbenden Patienten, beginnen sich Palliativstationen zu etablieren, deren Besonderheit neben einer professionalisierten Schmerzbehandlung vor allem darin liegt, die Zeitstrukturen der Krankenhausorganisation außer Kraft zu setzen. Um aber dieser Art Zeitinsel zu ermöglichen, bedarf es darum herum geradezu hektischer Organisationspraxis.

Auch der umgekehrte Fall ist denkbar: Man kommt als Klient auf ein Amt, und man braucht nichts weiter als einen Stempel, womöglich einen, den man auf dem Schreibtisch des Sachbearbeiters liegen sieht. Aber es dauert alles sehr lange, weil der Sachbearbeiter alle Schritte abarbeiten muss, die vorgesehen sind, um den Stempel benutzen zu können – selbst wenn alle Beteiligten wissen, dass am Ende der Stempel tatsächlich zum Einsatz kommt.

Die Abläufe werden durch Zuständigkeiten und Hierarchien gestiftet, stellen die Tätigkeit auf Dauer und erzeugen Arrangements von *reziproken Verhaltenserwartungen*, ergo *Rollen*. Mit ihren Rollenarrangements und -bündeln passen Organisationen ihre Mitglieder gewissermaßen der Praxis der Organisation an. In diesem Sinne sind Organisationen Schöpfer – Schöpfer von Personen, die es außerhalb von Organisationen in dieser Form nicht gibt: Vorgesetzte, Untergebene, Personen, die sich mit Teilproblemen beschäftigen, die es außerhalb des Organisationskontextes nicht gibt; Mentalitäten, denen es womöglich egal ist, was organisiert wird, wenn es denn nur organisiert werden kann; Leute, die geradezu darauf getrimmt sind, wofür sie zuständig sind.[88] Organisationen organisieren auch dadurch, dass sie die Handlungsmöglichkeiten von Personen einschränken – und ihnen gerade dadurch Handlungsmöglichkeiten eröffnen.

Indem Herr A weiß, was zu tun ist, weiß er auch genau, was *nicht* zu tun ist. Seine Handlungsermächtigung durch die Bank bedeutet zugleich eine Handlungsbeschränkung. Herr A kann sich weder quer zu den Zuständigkeiten noch quer zu den Hierarchien verhalten. Als Mitglied von Organisationen werden sogar bisweilen bestimmte Rechte eingeschränkt und Freiheiten beschnitten, die man sich außerhalb von Organisationen nicht nehmen lassen würde. So hat Herr A als Staatsbürger selbstverständlich das Recht der freien Meinungsäußerung, aber als Mitarbeiter seiner Bank muss er mit Konsequenzen rechnen, wenn er das Geschäftsgebaren der Bank kritisiert; selbstverständlich genießt Herr A das Recht auf Freizügigkeit, aber wenn sein Vorgesetzter ihm sagt, er habe in der nächsten Woche nach Frankfurt zu reisen, um dort an einer Sitzung teilzunehmen, gibt es wenig Möglichkeiten, dagegen das Recht auf Freizügigkeit geltend zu machen; und wenn man sich außerhalb von Organisationen nicht ohne weiteres Anweisungen geben lassen würde, ist dies in Organisationen der Normalfall, womöglich sogar ohne Begründung.[89] Diese Beispiele sind nun aus dem Arbeitsleben gewählt, aber auch andere Organisationsmitgliedschaften kennen solche Einschränkungen, etwa die Mitgliedschaft in Parteien oder Berufsverbänden, auch in Kirchen oder Vereinen. Es ist dann eine empirische Frage, wie stark der Zugriff der jeweiligen Organisation auf die Person ist und ob es für die betroffene Person die Alternative der Kündigung von Mitgliedschaft oder alternativer Mitgliedschaften gibt.

Entscheidend ist an all dem nicht nur, dass Organisationen in dieser Weise auf Personen zugreifen, sondern dass wir uns letztlich daran gewöhnt haben, uns im Rahmen von Organisationsmitgliedschaften zu unterwerfen. Womöglich ist einer der entscheidenden Lernerfolge von Kindergärten und Schulen, dass man lernt, sich in Organisationsroutinen einzupassen und zum Beispiel das Lernen selbst von den Erfordernissen der Schulorganisation abzukoppeln, die an bestimmte Entscheidungen über Notengebung, Versetzung, Zugangsberechtigungen und Disziplinierungen gebunden sind. Das gilt letztlich auch für universitäre Lehre, deren inhaltliche Erfordernisse nicht immer deckungsgleich sind mit den von der Organisation der Lehre her rührenden Kriterien. Die noch weiter durchbürokratisierte B.A./M.A.-Universität, die uns nun blüht, wird dies eher verstärken. Jedenfalls gehört die Einpassung in Organisationsroutinen und die Gewöhnung an die eingeschränkte Kommunikation in und mit Organisationen zu jenen Kompetenzen, die man haben muss, um sich in der modernen Gesellschaft zu bewegen – und was man offensichtlich lernen muss, ist, mit der eigentümlichen Struktur von Organisationen kreativ umzugehen.[90]

Sich in der Welt von Organisationen zurecht zu finden, bedeutet keineswegs, sich ohne Rest an Organisationen anzupassen. Es bedeutet vielmehr, sich innerhalb der Struktur von Organisationen bewegen zu können, d.h. die *formelle* Ebene der Organisation von ihrer konkreten, *informell* genannten Praxis zu unterscheiden. Die formelle Ebene von Organisationen ist das, was man an einem Organigramm erkennen kann – eindeutige Hierarchien und Zuständigkeiten, klare Dienstwege und Entscheidungsstrukturen, vorgezeichnete Lösungswege usw. Die formelle Ebene könnte man auch die *offizielle* Seite der Organisationspraxis nennen, letztlich das, was sich in der schriftlichen Aktenführung niederschlägt. Diese formelle Ebene hat die höchste – wiederum formelle – Legitimität aufzuweisen. Sie ist gewissermaßen der geronnene Sinn einer Organisation, ihre institutionalisierte Ordnung. Daneben statten sich Organisationen mit einer Ebene aus, die sich nicht der formellen Verfahrensregulierung fügt – und einem Beobachter die institutionelle Ordnung des Organigramms als Mythos und zeremonielles Bild erscheinen lässt.[91]

Zwei Beispiele wären das Kundentelefonat mit Herrn A sowie der Versuch, die Sache mit dem Lehrauftrag einzufädeln. Im ersten Beispiel wäre der formelle Weg der, dass sich der Kunde an die offiziellen Verlautbarungen der Bank hält und damit letztlich die organigrafische Lösung einhält: Seine Informationsbeschaffung folgt den Wegen, die dafür vorgesehen sind. Nun bietet ihm Herr A an, ihn in Zweifelsfällen direkt zu kontaktieren, informell sozusagen, jenseits des offiziellen Weges. Die informelle Seite ist dabei nichts der Organisation Äußerliches, sondern gehört geradezu konstitutiv zum Organisationsgeschehen dazu. Es reagiert letztlich darauf, dass sich die konkrete Praxis nicht wirklich an das organigrafische Modell hält, und zieht Ebenen dazwischen, die letztlich auch dazu dienen, Entscheidungen herbeizuführen – oder zu verhindern. Wer in einer großen Organisation etwas erreichen will, wird nicht nur den formellen, sondern auch den informellen Weg wählen – etwas, das ich bereits in der letzten Vorlesung mit dem *Netzwerkbegriff* beschrieben habe. Netzwerke innerhalb oder zwischen Organisationen sorgen oftmals für die informelle Ebene, die Akteure in die Lage versetzt, mit der Organisation umzugehen.

Das zweite Beispiel, nämlich der Versuch, Herrn A einen Lehrauftrag zu verschaffen, macht noch auf eine weitere Funktion informeller Kommunikation in und mit Organisationen aufmerksam. Auf der offiziellen Ebene hat das Institut für höhere Börsenkunde Herrn A gebeten, ob dieser nicht einen Lehrauftrag wahrnehmen könnte. Faktisch ist die Sache aber anders gelaufen. Herr A hat sich selbst um den Lehrauftrag bemüht, dabei wiederum Netzwerkressourcen in Anspruch genommen und sich selbst ins Gespräch gebracht. Er war klug genug, nicht selbst einen Antrag an das Institut zu stellen, den abzulehnen für das Institut sehr leicht gewesen wäre – auch für Herrn Professor D, der sich nach dem oben beschriebenen Modell hätte herausreden können: *Ich konnte in der entscheidenden Sitzung leider keine Mehrheit zusammen bekommen. Alles Dilettanten, die Damen und Herren Kollegen.* So aber hat Herr A eher auf Interaktion gesetzt, auf Reziprozität und darauf, dass sich Professor D fast verpflichtet vorkam, den Lehrauftrag durchzusetzen. Dieser wird seinerseits informell dafür gesorgt haben, dass er die nötige Zustimmung der Institutskollegen bekam. Vielleicht hat man sich darauf geeinigt, dass man Herrn A akzeptiert, wenn nächstes Semester vielleicht ein anderer Spezl eines anderen Kollegen den Zuschlag erhält. Nichts davon ist irgendwie aktenfähig, nicht einmal erzählbar, auch nicht einklagbar – aber allen Beteiligten womöglich bekannt. Innerhalb der Organisation wird also die Organisation organisiert, d.h. man benutzt die formellen Strukturen – Zuständigkeiten, Hierarchien, Verlaufsregeln, Vorschriften usw. –, um Ziele zu erreichen, über die man nur informell reden kann. Und dabei erzeugen die informellen Strukturen ebenso reziproke Verhaltenserwartungen, wie es auch die formellen Strukturen tun. Die informellen Strukturen sind also keineswegs weniger wichtig oder gar nur marginal für die Organisation. Sie sind vielmehr eine Praxisbedingung von Organisationen und bewegen sich ebenfalls im Bestimmungsbereich der Frage, wie Entscheidungen gefällt, beeinflusst, verändert, verhindert oder begründet werden können.

Auch daran haben sich Organisationsmitglieder gewöhnt: Obwohl man weiß, dass „dahinter" andere Gründe wirken oder andere Intentionen sich durchgesetzt haben, hält man sich an die Regelhaftigkeit der formalen Organisation, die sich selbst organisiert und eine Welt vorgaukelt, die es letztlich nur aus der

Perspektive der (formalen) Organisation selbst gibt. Vielleicht ist darin der Grund zu suchen, warum Organisationen letztlich immer unzufrieden mit sich selbst sind, oder besser: warum in den Selbstbeschreibungen von Organisationen und ihren Mitgliedern immer ein gerüttelt Maß Unzufriedenheit vorkommt. Kaum wird man je eine Organisation finden, in der die Mitglieder davon ausgehen, dass die Dinge tatsächlich richtig funktionieren. Sicher liegt das daran, dass sich das, was (formale) Organisationen tun, letztlich nicht formal organisieren lässt. Deshalb kommt es stets zu Reformbedarf, der nicht in erster Linie an den Inhalten, an den Gegenständen, am Zweck oder an den Aufgaben selbst ansetzt, sondern an der Organisation der Organisation.

Das hört sich womöglich kryptisch an, lässt sich aber wiederum an unserer Episode verdeutlichen. Wenn wir uns fragen, wie Organisationen auf Störungen, auf Unvorhergesehenes, auf Probleme, auf Krisen reagieren, so lässt sich antworten: *durch Organisation der Organisation*, und das heißt durch Entscheidungen, die die Entscheidungsformen der Organisation selbst zum Gegenstand haben.[92] In unserem Fall ist folgende Störung eingetreten: Die offensichtlich falsche Empfehlung der Bank kann nicht ignoriert werden. Zunächst wäre es nahe liegend, das Problem auf der Ebene der Entscheidung selbst zu suchen. Hat Herr A womöglich Informationen falsch interpretiert? Ist er womöglich der falsche Mann am falschen Platz? Ist er dem Problem nicht gewachsen? Solche Fragen werden täglich gestellt – und auch beantwortet. Vielleicht lassen sich damit aber nicht wirklich Erfolge erzielen. Womöglich wurde in der Zwischenzeit deutlich, dass das bloße Auswechseln von Personen eine allzu einfache Lösung ist – und vielleicht eine sehr teure und dazu noch nicht besonders motivierende Lösung. Vielleicht weiß man auch auf der Sachebene, dass Entscheidungen viel kontingenter sind, als es zunächst aussieht.

Was liegt also näher, als die Organisation selbst in den Blick zu nehmen? In diesem Fall kommt man auf die Idee, die interne Differenzierung in Geschäftsbereiche und damit Zuständigkeiten in den Blick zu nehmen, Hierarchien zu hinterfragen und Kommunikationswege kritisch zu beleuchten. Es entsteht Beratungsbedarf, der nicht auf der Ebene der sachlichen Arbeit angesiedelt ist, sondern auf der Ebene der Organisation der Organisation. Man holt sich Beratung ins Haus, deren einzige Kompetenz darin besteht, alternative Organisationsmodelle für die Organisation vorzuschlagen und mit Gründen zu versehen, die innerhalb der Organisation mit Plausibilität rechnen können – also entscheidungsfähig sind.

Wer sich den Markt der Organisationsentwicklung und -beratung ansieht, wird feststellen, dass hier exakt an jenen Stellen der Organisation gedreht wird, an denen es um die Organisation von Entscheidungswegen geht. All das ist sehr teuer – so teuer, dass man manchmal das Gefühl hat, die Protagonisten würden selbst nicht recht an die Sache glauben und über Preise einen gewissen Placebo-Effekt an sich selbst erzeugen wollen. Jedenfalls ist die Organisationswelt voll von Reorganisationsversuchen. Wie anders soll eine Organisation aber auch auf sich selbst reagieren, als durch Organisation? Denn all das ist ja kein Selbstzweck, sondern es soll im Falle der Bank das Risiko gemildert werden, falsche Empfehlungen heraus zu geben; im Falle von Reorganisationen universitärer Fakultäten erhofft man sich die Verbesserung der Lehre und der Forschung; Reorganisationen von Kirchenorganisationen sollen sich besser auf die Gläubigen einstellen können; und die Senkung der Kosten, die Erhöhung der Effizienz oder die Einsparung von Personalstellen ist ebenfalls ein beliebtes Ziel von Organisationsreformen. Organisationsberatungen wie das Unternehmen „Mehr-Rat-als-Tat", in dem Frau B arbeitet, setzen exakt an der Stelle an, an der Organisationen sowohl ihre Stärke als auch ihre Schwäche haben.

Die *Stärke* von Organisationen ist es, sich von Umweltveränderungen vergleichsweise unabhängig zu machen und so Abläufe, unterschiedliche Tätigkeiten und Routinen auf Dauer zu stellen und wiederholbar zu machen. In der Organisationsforschung ist in diesem Zusammenhang von *Unsicherheitsabsorption* die Rede.[93] Das ist freilich auch ihre *Schwäche*. Organisationen erzeugen damit selbst erzeugte Sicherheiten. In unserem Fall: Das Verfahren zur Herstellung von Empfehlungen für die Kunden der Bank erzeugt eine ganz eigene Sicherheit darüber, wie die Dinge zu laufen haben. Doch nicht nur die Praxis selbst spendet diese Sicherheit, sondern auch die durch die Organisation bereits festgelegten Vorentschiedenheiten. Herrn As Bank hat nicht nur Verfahren festgelegt, sondern bereits durch die Definition von bestimmten Zuständigkeiten ein Bild der Welt in die Organisation eingebaut, aus dem diese nicht aussteigen kann. Wir wissen nicht, wofür Herr A genau zuständig ist. Nehmen wir aber einmal an, er sei für Kunden bestimmter Branchen zuständig und andere Mitarbeiterinnen und Mitarbeiter der Bank auf der gleichen Hierarchieebene für andere Branchen, so ist bereits vorentschieden, dass es Branchen sind, die den entscheidenden Unterschied machen. Man hätte auch Unternehmensgrößen als Differenzierungsmerkmal nehmen können oder Regionen. Oder man hätte die Zuständigkeit nicht nach Kunden, sondern nach Produkten der Bank differenzieren können.

Wir wollen uns hier nicht mit inhaltlichen Details belasten. Es geht vielmehr darum, zu sehen, dass die interne Struktur der Organisation bereits Entscheidungsalternativen und Entscheidungsprogramme vorstrukturiert hat.[94] Herr A entscheidet nicht von einem Null-Zustand her, sondern auf dem Boden der organisatorischen Struktur, die ihm nur bestimmte Handlungsmöglichkeiten und damit auch bestimmte Handlungsalternativen lässt. Deutlicher wird dies womöglich noch bei einfacheren Tätigkeiten etwa eines Sachbearbeiters, dessen Entscheidungskompetenz durch seine Zuständigkeit womöglich so weit eingeschränkt ist, nicht mehr tun zu müssen, als Parameter auf einem Formular auszuwerten und nach einem bestimmten Muster Bescheide auszufertigen. Hier hat die Organisation bereits prinzipiell entschieden – und muss dies nur für konkrete Fälle umsetzen. In einer daraus entstehenden Sicherheit kommt die Welt tatsächlich nur gefiltert vor – gefiltert durch die Zuständigkeit für bestimmte Kunden oder Branchen, gefiltert durch das auszuwertende Formular. Abweichungen dringen nur schwer durch diesen Filter – und exakt das ist es, was die Effizienz von Organisationen ausmacht, nämlich Filter einzubauen und sich mit einer Sicherheit auszustatten, die daher rührt, dass alles, was geschieht, nur Fälle bestimmter Muster sind. Alles andere bleibt unsichtbar. Man kann sich die Karikaturen lebhaft vorstellen, wie ein Organisationsmensch die Welt sieht. Dass uns dabei vielleicht nur verschrobene Beamte oder auf Verfahrensfragen geeichte Vereinsmeier als Karikaturen einfallen, liegt nur daran, dass manche *déformation professionelle* von Vorgesetzten, Chefs oder Experten einfach nur cooler wirkt – merkwürdige Filter brauchen auch diese, um sich eine Sicherheit vorzugaukeln, die allein die Organisation der Organisation stiftet.

Und hier setzt Organisationsentwicklung und -beratung an, wenn es zu Störungen kommt: Sie erzeugen Unsicherheit, um neue Sicherheiten festzulegen. Der Traum aller Organisationsentwickler und all derer, die Störungen in Organisationen bearbeiten müssen, ist es wohl, in der Organisation auf die Organisation verzichten zu können. Ein Ausdruck aus einem ganz anderen Bereich macht das deutlich, der Ausdruck der „unbürokratischen Hilfe" nämlich. Unbürokratische Hilfe muss dann gewährt werden, wenn einerseits Hilfeansprüche, etwa nach Katastrophen und unvorhersehbaren Unfällen, nicht schlicht ignoriert und abgewiesen werden können, wenn andererseits aber der konkrete Fall nicht vorgesehen ist. Die Bürokratie muss dann „unbürokratisch" werden, d.h. ihre Filter zeitweise vergessen oder umjustieren, um sie danach um so stabiler wieder zu aktivieren. So ähnlich stellt sich wohl die Geschäftsleitung von Herrn As Bank die Reorganisation vor: Man muss zunächst einmal die internen Filter vergessen oder wenigstens befragen – wer was entscheidet, wer mit wem redet, wer wofür zuständig ist, wer wem rechenschaftspflichtig sein soll. Und dann bedarf es neuer Filter, von denen zu hoffen ist, dass sie die blinden Flecke und Beschränkungen des vorherigen Zustandes aufheben – wohl wissend, dass sich das in Organisationen nur um den Preis neuer blinder Flecke und Beschränkungen erkaufen lässt. Exakt deshalb erzeugen Organisationen einen permanenten Beratungsbedarf, der letztlich nicht still zu stellen ist. In unserem besonderen Fall wird es noch spannend werden, wie es Frau B und Herrn A gelingen wird, ihre unterschiedlichen Rollen als Repräsentanten zweier Unternehmen und als aneinander persönlich Interessierte auseinander zu halten. Wir werden sehen.

Besonders in Organisationen fällt der modernen Gesellschaft wohl auf, wie wenig sich alles, was geschieht, tatsächlich organisieren lässt.[95] Es fällt deshalb auf, weil die Organisation sich selbst für organisiert hält – und die Dynamik ihrer Selbstorganisation deshalb immer wieder neue Perspektiven, Zustände und Gegenwarten erzeugt. Dies erzeugt einen erheblichen Selbstbeobachtungsbedarf, den man in Form von Beratung, aber auch durch Netzwerke in und zwischen Organisationen neben dem alltäglichen Geschäft herlaufen lassen muss. Es scheint kaum mehr eine Wahl zu geben, auf solche Formen der Selbstbeobachtung zu verzichten – und zwar eine Form der Selbstbeobachtung, die tatsächlich nicht das operative Geschäft einer Organisation zum Thema hat – also nicht die Geschäftsmodelle, die ein Unternehmen verfolgt, nicht die Wissenschaft, die in Universitäten betrieben wird, nicht die ärztliche Kompetenz in Krankenhäusern und nicht die Stärkung des Glaubens in Kirchen. Thema solcher Selbstbeobachtung ist die Organisation *als Organisation* selbst, die sich so sehr mit sich selbst beschäftigt, dass die von Organisationen geprägte moderne Gesellschaft inzwischen als *Audit-Society* bezeichnet werden kann.[96] Die permanente Selbstbeobachtung, Selbstmoderation, die Selbstreflexion in Netzwerken jenseits organigrafisch eindeutiger Hierarchien und Zuständigkeiten weist eben auf die Stärken und auf die Schwächen der Organisation hin: darauf nämlich, dass sich Organisationen festlegen.

Dass Stärken und Schwächen von Organisationen so nah beieinander liegen, hat sich in der Reflexion und Forschung über Organisationen niedergeschlagen. Seit es die Organisationssoziologie gibt, gibt es in diesem Sinne zweierlei: *sowohl* das Erstaunen und die Hochachtung vor der Leistungsfähigkeit und (sozial-)technologischen Kompetenz und Effizienz von Organisationen, *als auch* eine radikale Organisationskritik. Beides kommt wie in einem Brennglas bereits in Max Webers Bürokratietheorie zum Ausdruck. Max Weber hat in Organisationen die rationalste und effizienteste Form der Herrschaft ausgemacht – *rational* deshalb, weil die Regeln und Abläufe vergleichsweise transparent zu machen sind, auf gesatztem Recht beruhen und damit begründungspflichtig sind, *effizient* deshalb, weil keine andere Herrschaftsform in der Lage ist, den sachlichen Aspekt arbeitsteiliger Formen in den Vordergrund zu stellen und so das „Fachmenschentum“ zu befördern, das die ungeheure technologische und ökonomische Entwicklung der okzidentalen, westlichen Gesellschaft erst ermöglicht hat.[97] Zugleich beklagt Max Weber, wie moderne Organisationsformen an ihrem eigenen Erfolg zugrunde gehen können: Sie sind so sehr auf ihre Effizienz und Sachorientierung konzentriert, dass sich in und durch Organisation eine kulturelle Verarmung breit macht, die – so sein berühmtes Diktum – ein „Fachmenschentum ohne Geist"[98] gebiert. Der Vorwurf lautet, dass formale Organisation und ihre Aufrechterhaltung sich von jenem *Sinn* abkoppeln kann, der den organisatorischen Aufgaben zunächst zugrunde lag. So ist es irgendwann egal, *was* organisiert wird. Um es mit einiger Drastik zu formulieren: Ob die Reichsbahn den Massentransport in die Sommerfrische organisiert oder den Transport in die Vernichtungslager, folgt letztlich der selben Logistik, auf die man in den vierziger Jahren bekanntlich noch in den Kriegsjahren zurückgreifen konnte. Das geht nur, weil die Organisation mit sich selbst beschäftigt ist und Tätigkeiten „ohne Geist" organisiert – das Tragische ist nur, dass auch für den Transport in die Sommerfrische „Geist" letztlich eher ein Störfaktor wäre, wenn man das jenseits der moralischen Dimension des Vergleichs so sagen darf.

Um nicht falsch verstanden zu werden: Ich optiere für keine der beiden Seiten, weder für das Hohelied der rationalen Organisation noch für die radikale Bürokratie- und Organisationskritik, wie sie beide die Organisationsforschung bis heute begleiten.[99] Ich möchte daran nur zeigen, welche Paradoxie in der Organisation liegt: konkrete Tätigkeiten dadurch zu organisieren, dass man von ihnen absieht und sich letztlich auf ihre „Organisation" konzentrieren kann. Das Eigentümliche besteht darin, dass erst in dieser Konstellation tatsächlich auch jene Freiräume geschaffen werden, die man für die Lösung sachlicher Probleme braucht. Im Falle von Herrn A lässt sich relativ leicht sehen, dass die Reorganisation der Bank sicher Vieles verändern wird, nicht aber die Notwendigkeit, dass Herr A sich kompetent mit seiner Materie zu beschäftigen hat – und das nur kann, weil alles andere, also andere Zuständigkeiten, hierarchische Zuordnungen von Verantwortlichkeiten, Ziele und Zwecke usw. bereits *organisiert* sind.

Die moderne Gesellschaft kann nicht auf Organisationen verzichten – und die Entstehung der modernen Gesellschaft ist aufs engste mit der Entstehung von komplexen Organisationsarrangements verbunden.[100] Moderne Demokratien zum Beispiel beruhen sicher auf politischen Ideen und auf Erfahrungen mit anderen Herrschaftsformen – aber praktisch durchsetzen konnten sie sich erst durch die Entwicklung einer staatlichen Organisationsform; die Entstehung von Wissenschaften ist sicher mit der Idee der Moderne entstanden, sich die Welt mit Gründen und rationalen Erklärungen zu erschließen, aber ohne die Erfindung von Universitäten wäre dies in dieser Form nicht möglich gewesen; eine komplexere Welt erfordert ohne Zweifel aufwändigere Bildungsanstrengungen, die freilich erst durch die flächendeckende Versorgung mit Schulen möglich wurde;

und das moderne Wirtschaftsleben lässt sich beschreiben als ein System von Zahlungen und Nicht-Zahlungen, in dem Individuen als Akteure auftreten, die durch Kauf oder Investition aus Geld entweder Waren oder Kapital machen, aber eine moderne Wirtschaft ohne wirtschaftliche Organisationen (Unternehmen, Banken, Börsen) ist nicht denkbar. In diesen Organisationen wird Wirtschaftliches, Politisches, Pädagogisches usw. verdichtet, entscheidungsfähig und in dem je partiellen Rahmen organisierbar.[101] In der nächsten Vorlesung werde ich zeigen, dass die Gesellschaft in der Tat von solchen Organisationsformen abhängig ist – dass aber die Gesellschaft selbst nicht organisierbar ist.

Es scheint plausibel zu sein, den besonderen Beitrag von Organisationen für die moderne Gesellschaft zu betonen. Aber nicht nur die Gesellschaft verweist auf die Organisation, sondern auch Organisationen auf die Gesellschaft. Denn damit Organisationen der Wirtschaft, des Staates, der Erziehung und Bildung, der Religion und des Rechts überhaupt operieren können, bedarf es einer Gesellschaft, in der eine ausdifferenzierte Geldwirtschaft die Beschäftigung von Organisationsmitgliedern erlaubt, in der Vertragssicherheit rechtlich abgesichert wird, in der gesellschaftliche Rangordnungen und Hierarchien (etwa Stände oder Minderheiten) nicht zu stark auf die Organisationshierarchie durchschlagen usw.[102] Insofern ist auch die Organisation ein *gesellschaftliches* Phänomen, das von Kontexten abhängig ist, die sie selbst nicht kontrollieren, herstellen und organisieren kann.

Auch die Bank von Herrn A befindet sich in einer Gesellschaft, sie findet sich in Märkten vor und muss auf sich verändernde Preise und Kurse, Stimmungen und Dynamiken reagieren, auf die sie letztlich keinen Einfluss hat. All das kann die Organisation nicht organisieren – organisieren kann sie nur sich selbst, also interne Abläufe, die Zuständigkeiten von Herrn A, merkwürdige paradoxe Interventionen von oben, nicht immer auf die da oben zu hören usw. Die Organisation organisiert sich selbst, nicht aber den Markt, nicht die Gesellschaft. Sie organisiert nichts, was außerhalb ihrer selbst liegt, in der Gesellschaft sozusagen – im Falle der Bank: nicht einmal ihre Kunden. Diese kommen, oder sie kommen nicht. Denn wie man Organisationen nicht auf Interaktion stützen kann, lässt sich Gesellschaft nicht auf Organisation stützen – das war der große Traum und der noch größere Fehler des marxistischen Denkens, man könne die Gesellschaft „organisieren", also die Abläufe der Gesellschaft zentral steuern wie eine große Fabrik.

Vielleicht machen wir uns deshalb über Organisationen so unrealistische Vorstellungen einer rationalen und weitgehend steuerbaren Ordnung, weil gerade an Organisationen ihre innere Komplexität und ihr Zugzwang zu Selbstorganisationsprozessen auffällt. Und vielleicht ist Führung gerade deshalb ein Organisationsthema, weil in Organisationen sowohl die Möglichkeit als auch die Unmöglichkeit von Führung deutlich wird.[103] *Möglich* erscheint Führung aufgrund der legitimen Zuweisung hierarchischer Entscheidungspositionen, der Definition von Zuständigkeiten und der strategischen Implementation von Spitzen; *unmöglich* erscheint Führung dagegen deshalb, weil sich Organisationen eben nicht direktiv steuern lassen. Management ist keine Eins-zu-Eins-Steuerung, sondern der Versuch, in eine Organisation einzugreifen, die sich selbst organisiert.[104] Das macht die Paradoxie allen Führens aus – eine Paradoxie, die durchaus praktisch wird, wie die merkwürdige Empfehlung des Vorstands von Herrn As Bank zeigt: man solle sich vom Vorstand unabhängiger machen.

Wie an Herrn As Bank sichtbar wird, kann eine Organisation nicht einmal sich selbst wirklich organisieren, wenn sie auch keine andere Möglichkeit hat, als genau das zu tun. Wem diese Formulierung zu kryptisch ist, bedenke einfach, dass die Reorganisation, die nun mit Hilfe von Frau B auf dem Programm steht, auch nur eine Praxis der Organisation selbst ist – mit all ihren eingebauten Filtern und Restriktionen, die Organisationen eigen ist. Sicher sind Organisationen so etwas wie „Rationalitätsinseln", weil dort Koordination, Wiederholbarkeit und Transparenz wenigstens angestrebt werden kann. Die Organisationsforschung greift dafür aber die Metapher der *bounded rationality*, also der begrenzten Rationalität auf.[105] Das soll besagen: Organisationen verharren letztlich in ihrer selbst erzeugten Sicherheit. Wenn sie es nicht täten, würden sie aufhören, sich und das, was sie tun, zu organisieren.

Sechste Vorlesung: Gesellschaft

Nachdem Herr A das Telefonat mit Frau B verdaut hat, kann er sich endlich der Routine seiner Arbeit hingeben. Er studiert Börsenkurse und Investitionsberichte, Fundamentaldaten und ihre Einschätzungen in den Fachblättern der Branche sowie im Internet. Der Feierabend naht. Herr A hat eine Einladung zu einer Vernissage angenommen. Ein Bekannter von ihm, der derzeit als Maler reüssiert, hat eine Gemeinschaftsausstellung in einer Galerie mit einigen anderen jungen Künstlern. Herr A kennt sich in der Kunst-Szene nicht aus, hat sich eigentlich noch nie so recht dafür interessiert, aber vielleicht ist das ja ganz nett. Also zunächst schnell nach Hause, man will schließlich unter Künstlern nicht gleich so aussehen, als sei man Banker. Das werden die ohnehin schnell rauskriegen. Herr A duscht sich die Bank vom Körper, macht sich sogar ein bisschen Gel ins Haar, zieht sein todschickes schwarzes Sakko über sein für seine Verhältnisse geradezu verwegen leichtes neues Hemd und wirft sich einen Schal mit Paisley-Muster über.

Herr A nimmt ein Taxi zu der Galerie im Glockenbachviertel, ist vielleicht ein bisschen zu pünktlich, aber immerhin nicht der erste. An den Wänden hängen merkwürdige Exponate, Alltagsgegenstände, nur ein bisschen verfremdet. Ein Künstler hat eine rote Rose auf eine 50er-Jahre-Tapete gemalt, ein anderes Werk besteht nur aus einem Stück Wachs, in dem sich Stoffreste verstecken. Die Bilder seines Freundes kennt er schon, starke irdene Farben mit großen Flächen und ebenso großen Rätseln – jedenfalls für ihn. Er gehört zu jenen Banausen, die von sich denken, dass sie das auch hingekriegt hätten – und das bei Preisen, die bei über 5.000 € für die kleinsten Exponate beginnen und im oberen fünfstelligen Bereich enden. Gott sei Dank ist er wenig Banause genug, um zu wissen, dass dieser Gedanke die Geschlossenheit seiner Hirnkalotte niemals verlassen darf.

Über das Staunen hat unser Freund gar nicht mitbekommen, dass sich die Galerie inzwischen gefüllt hat. Er steht unter lauter Kundigen, die über die Kunstwerke parlieren. „Das hat der letztes Jahr noch mit weniger Farbe vorgetragen", sagt der eine, „hab ich schon vor fünf Jahren in jeder zweiten New Yorker Galerie gesehen", der nächste. Die dritte meint: „Starker Eindruck, aber wenig Ausdruck", und die vierte schließlich: „Ich finde, das Material verschwindet hinterm Material." „So so", denkt Herr A und macht sich auf, seinen Bekannten zu suchen und holt sich erst mal ein Glas Schampus. Als er sieht, dass hier Taittinger Brut Prestige Rosé ausgeschenkt wird, ist er zumindest beeindruckt. Die Exponate scheinen etwas abzuwerfen. Da trifft er seinen Bekannten, der ihn gleich begrüßt. „Hallo, Paul" (endlich wissen wir wenigstens den Vornamen von Herrn

A !!!), „schön dass Du da bist. Pass auf, wenn die Sache hier vorbei ist, treffen wir uns noch hinten im Büro mit ein paar Freunden. Du bist herzlich eingeladen!“

Nach etwa 1½ Stunden sind nur noch ein paar Leute da. Pauls (wir bleiben jetzt beim Vornamen, wir kennen uns ja nun auch schon eine Weile) Bekannter schließt die Galerie ab, und man begibt sich in das bereits hergerichtete Hinterzimmer. Man ist inzwischen auf Rotwein umgestiegen. Gar nicht so schlecht das Zeug. Paul ist beeindruckt. Doch nicht so lebensfern, die Damen und Herren Künstler.

Wie das so ist, flottiert die Interaktion recht frei. Irgendwann ist Pauls Beruf Thema. Einige Anwesende setzen zu Klagen darüber an, dass Geld heute das einzige sei, was noch zählt. „Bis in die Kunst ist das doch sichtbar. Kommerzielle Kunst, alles kulturindustrieller Quatsch, aber bringt Kohle. Was wir dagegen machen, damit lässt sich doch nix gewinnen. Es ist schrecklich!“ Pauls vorsichtiger Hinweis auf die Preise der Kunstwerke, auf den aufwändigen Lebensstil einiger Besucher, auf die gediegene Garderobe sowie auf den sündhaft teuren Champagner bleibt ungehört. Es wird vielmehr der Faden weitergesponnen. Selbst Wissenschaft und Forschung lebe doch heute aus Drittmitteln aus der Industrie, Rechtsgutachten könne man sich ebenso kaufen, und dass Politiker bestechlich sind ... Bisweilen fällt der Name eines altgedienten Altkanzlers. Eine Galeristin macht darauf aufmerksam, dass die Medien auch entsprechend gesteuert sind und man etwa über den Irak nur das mitbekommt, was der „eingebettete Journalist“ mitbekommen dürfe. „Aber so was wird ja totgeschwiegen!“

Nach einiger Zeit entsteht dann doch noch ein ernsthaftes Gespräch. Man stößt darauf, dass viele Probleme, die sich derzeit zeigen, mit einem Phänomen zu tun haben, das offensichtlich ähnlich wie früher der viel gescholtene Kapitalismus für alles Böse in der Welt steht: die Globalisierung. Aus erster Hand wollen die versammelten Künstler von Paul wissen, was es denn mit dieser merkwürdigen Sache auf sich habe. Paul sagt Sätze wie diese: „Wer heute auf Finanz-, Waren- und Absatzmärkten nicht über den nationalen Tellerrand hinausblickt, wird auf Dauer keine Chance haben, zu überleben.“ Ein anderer Satz lautete: „Es ist doch selbstverständlich, dass sich Investoren nach Standorten umsehen, die ihnen Vorteile bieten. Wie sollte es denn anders sein?“ Paul weiß natürlich, was nun kommt. Er wird darauf hingewiesen, dass das eine böse neoliberale Strategie sei, die auf dem Rücken der einfachen Leute usw. Einhellig sind sich die meisten Anwesenden einig, man müsse drohenden Fluchten von Kapital und Arbeitsplätzen einen Riegel vorschieben. Es sei Aufgabe einer angemessenen Wirtschaftspolitik, Unternehmen auf ihre Verantwortung hinzuweisen, und wenn diese das nicht verstehen, dann muss Kapital eben zwangsweise gebunden werden, mit Strafsteuern und was das Arsenal an wirtschaftspolitischen Daumenschrauben und Streckbänken noch so alles her gibt. Wenn Solidarität nicht da sei, müsse man eben ihr Gegenteil verteuern. Überhaupt: Die Steuern gehören erhöht, damit mehr gegen Missstände in der Welt gemacht werden kann. Von Luxussteuern ist die Rede, von stark progressiven Steuertabellen usw. Als

Paul vorsichtig anmerkt, dass damit wohl auch teure Kunstwerke nicht gerade verkäuflicher werden, wird ihm Unsachlichkeit vorgeworfen.

Nach einigem Alkohol werden die Zungen noch lockerer, und irgendwann kommt jemand auf die Idee, Paul die ganze Misere in die Schuhe zu schieben. Er arbeitet schließlich daran mit, dass sich das Geld in wenigen Händen vermehrt, ohne dass dies in Produktivereignisse umschlägt. Die Börsianer verdienen an dem Geld, das von Betriebsinvestitionen ferngehalten wird und damit keine Arbeit und nix schafft. Paul wird es langsam unwohl in seiner Haut. Er sieht sich immer stärkeren Angriffen ausgesetzt. Heinrich, einer der eher erfolgreichen Künstler, international gut im Geschäft, hat ihn nun schon mehrfach mit Attributen traktiert, die aus Gründen des Takts hier nicht wiederholt werden sollen.

Von seinem Bekannten weiß Paul, dass Heinrich seinen Wohnsitz nicht in Deutschland hat. Das sei steuerlich einfach günstiger. Als Paul darauf süffisant hinweist, landet ein Glas Rotwein mehr absichtlich als ungeschickt auf seinem Sakko. Es wird Paul nun zu bunt. Er ruft aus: „Ich lasse mir das nicht mehr bieten. Ich werde Sie wegen Beleidigung verklagen. Sie hören noch von mir!" Herr A, Entschuldigung, Paul verlässt das Gelage. Die frische Luft tut gut. Er bestellt sich per Handy ein Taxi, das erstaunlich schnell da ist, und lässt sich nach Hause fahren. Gerade dort angekommen, klingelt das Handy. Dran ist sein Bekannter, der sich für das Verhalten seines Gastes entschuldigt und es damit erklärt, dass der offensichtlich psychisch nicht ganz auf der Höhe ist. „Der Arme ist eben krank, was soll man da machen?" Paul wäre da schon etwas eingefallen, aber eigentlich ist es ja auch genug für heute.

Paul ist am nächsten Morgen schwer aus dem Bett gekommen. Dabei hält der heutige Tag wieder eine Klippe für Paul bereit: das Mittagessen mit Frau B. Zunächst aber muss Paul sich erstmal auf Vordermann bringen. Er neigt dazu, nach zu wenig Schlaf schlecht drauf zu sein und mit sich und der Welt zu hadern. Er neigt dann auch manchmal zur Larmoyanz. Glücklicherweise fängt der Bürotag recht ruhig an. Alles geht seinen gewohnten Gang, die Aufgaben gehen ihm so routiniert von der Hand, dass er sich ganz seinem Weltschmerz hingeben kann. Die Börsenwerte zeigen sich in bewährtem und erwartetem Rahmen. Bei so viel Routine freilich lässt sich Larmoyanz nur schwer niederhalten. Paul lässt die letzten Tage Revue passieren. Erst die peinliche Schlappe mit der falschen Prognose, dann der Ärger mit dem Vermieter, schließlich der gestrige Abend unter Künstlern, irgendwie passt das alles nicht zusammen. Paul hat das Gefühl, dass sein Leben irgendwie keine Ordnung hat, dass kaum etwas wirklich zusammenhängt. Und schließlich hat noch seine Mutter angerufen und ihn daran erinnert, dass in wenigen Wochen Weihnachten ist. „Wir sind da doch immer so gern zusammen. Sicher kommst Du schon am 23., dann machen wir uns ein paar gemütliche Tage, so wie früher. Und wir können mal wieder über alles reden." Das hatte ihm gerade noch gefehlt.

Wenn seine Mutter ankündigt, „über alles" reden zu wollen, pflegt sie diese Drohung auch wahr zu machen. Wie lässt sich das nur vermeiden?

Glücklicher Weise wird Paul durch einige wichtige Anrufe abgelenkt, die ihm seine ganze professionelle Kompetenz abfordern. Zufrieden darüber, wie er all das gemeistert hat, ist seine Larmoyanz ohnehin verflogen, und er ist gerade in der Stimmung für eine Herausforderung. Eine gute Stunde später sitzen Paul und Frau B bei dem Schwabinger Italiener und gönnen sich ein *ossobuco alla milanese* und trinken dazu einen wunderbaren Barbera, Castello di Razzano. Dass sie auch noch dazu kommen, über das Organisationskonzept zu sprechen, verdankt sich dem Schrecken Pauls, der sich dabei erwischt hatte, mit Frau B zu flirten, was das Zeug hält. Ein Kompliment jagt das andere, und auch sich selbst lässt Paul nicht schlecht aussehen – die hübsche Geschichte mit der Vorlesung erzählt er ebenso wie die blöde Geschichte mit den Künstlern. Dass er sich in den Geschichten nicht gerade unvorteilhaft darstellt, muss nicht erwähnt werden. Und Frau B springt darauf wirklich an, nimmt die Komplimente auf, gibt sie zurück, macht versteckte Bemerkungen über die harmonische Kommunikation usw., was man halt so sagt. Das Organisationsthema hat dann die Gefühle etwas beruhigt. Die beiden können sich noch nicht auf ein angemessenes Konzept einigen, ebenso wenig auf einen Preis, aber das bietet nur Gelegenheit, sich erneut zu treffen. Als die beiden sich verabschieden, wissen sie nicht recht, wie, und Paul traut sich tatsächlich, Frau B einen – ganz und gar geschwisterlichen – Wangenkuss anzudeuten. Beschwingt geht er zurück in die Bank. Der Rest des Tages wird von einer gewissen Euphorie getragen.

Anhand dieser Geschichte den Begriff der *Gesellschaft* erläutern zu wollen, mag erstaunen. Das Erstaunen jedoch hätte sich selbst nach seinen Erwartungen zu befragen. Was erwartet man von einer Geschichte, die *Gesellschaft* erläutern soll? Man denkt wahrscheinlich zunächst an eher abstrakte, in diesem Sinne „große" soziale Einheiten, an weite Perspektiven, vielleicht mit historischer Tiefenschärfe, an eher universale, generalisierbare Sachverhalte appellierend, vielleicht auch an politische Themen oder an Fragen sozialer Grundorientierungen, vielleicht sogar an Normatives. Von all dem ist hier in erster Linie nicht die Rede. Es käme also nun darauf an, sich den Begriff der *Gesellschaft* anders zu erschließen. In einer ersten Annäherung wird man sagen können, dass sich das, was der Begriff *Gesellschaft* bezeichnet, nicht einfach sichtbar machen lässt.

Im Unterschied zu Interaktion, Netzwerk und Organisation ist Gesellschaft tatsächlich weniger unmittelbar sichtbar. Interaktionen leben geradezu von ihrer Wahrnehmbarkeit, schon weil sie sich durch das Medium der Wahrnehmung reproduzieren. Die Wahrnehmbarkeit von Organisationen ist dadurch gegeben, dass sie adressierbar sind und relativ genau Innen und Außen unterscheiden können. Gesellschaft oder gar Gesellschaften sind nicht in dieser Weise sichtbar zu machen, eben weil sie die Kriterien von Interaktion und Organisation geradezu negieren: Gesellschaft basiert nicht auf Anwesenheit, sondern auf *Abwesenheit*; und Gesellschaft ist nicht adressierbar und kann keine genaue Außengrenze angeben. Doch dies sind nun doch eher abstrakte Sätze, so dass wir uns nun besser an Herrn As Erlebnisse halten sollten.

Was widerfährt Herrn A, nun besser: Paul? Er ist zu einer Vernissage eingeladen und bereitet sich darauf vor. Er versteht nicht viel von Kunst, aber er scheint zu wissen, dass er den Kontext wechselt. Das wird schon an einer so einfachen Tatsache deutlich wie der Überlegung, was er denn anziehen soll. Er hat eine Ahnung, dass die Vernissage womöglich ein anderes Milieu anzieht als etwa die Mitarbeiter seiner Bank oder auch seine sonstigen Bekannten. Paul rechnet damit, dass die Vernissage ein anderer Kontext ist – und schon das ist etwas, was auf eine *Gesellschaft* verweist.

Dass Paul andere Kontexte vorfindet und auch erwarten kann, dass andere Kontexte möglich sind, ist weder das Ergebnis von Interaktion, noch ist dies „organisiert" geschehen. In einer Gesellschaft zu leben, bedeutet also, *mit Abwesendem zu rechnen*. Es mag banal klingen, aber dass Paul auf eine Infrastruktur zurückgreifen kann, die es ihm ermöglicht, durch einen einfachen Anruf ein Taxi bestellen zu können, ist nur auf dem Boden einer Gesellschaft, nämlich des Nebeneinanders unterschiedlicher Kontexte denkbar.

Unsere erste Annäherung an den Begriff der Gesellschaft verweist also auf Abwesenheit und auf Unterschiedliches. Ich habe bereits in der vorletzten Vorlesung darauf hingewiesen, dass eine Gesellschaft, die sich ganz und gar auf Anwesenheit stützen würde, etwa eine Stammesgesellschaft, nur sehr geringe Kapazitäten hätte, mit Unterschiedlichem umzugehen. Die Art von Gesellschaft, in der wir heute leben, wäre in dieser Form jedenfalls nicht möglich.[106] Welcher Art ist nun das Unterschiedliche? Auf zweierlei habe ich bereits hingewiesen. Zum einen scheint es um unterschiedliche Milieus zu gehen, um unterschiedliche Stile. Paul weiß, dass die für seine Begriffe womöglich verwegene Kleidung in diesen Rahmen passt – verwegen erscheint sie ihm aber vor allem deshalb, weil sie letztlich nicht in die anderen Rahmen passt, in denen sich Paul sonst aufhält. Die Unterschiedlichkeit der Milieus weist darauf hin, dass in einer Gesellschaft *gleichzeitig Unterschiedliches* geschieht, also weder vermittelt durch Anwesenheit wie in Interaktionen, noch vermittelt durch netzwerkhafte Beziehungen, auch nicht vermittelt durch Entscheidungen, Zuständigkeiten und Verantwortlichkeiten wie in einer Organisation, sondern zunächst einmal nur dadurch, dass dies Unterschiedliche in einer Gesellschaft vorkommt und man die Erfahrung macht, dass man den Kontext wechselt oder wechseln kann.

Zum anderen habe ich das Beispiel mit der Taxifahrt genannt. Diese Taxifahrt verweist auf eine Infrastruktur, die Paul in Anspruch nimmt, ohne sie wirklich kennen zu müssen. Diese Erfahrung machen wir permanent. Wir haben es gewissermaßen mit *Benutzeroberflächen* aller möglichen Infrastrukturen und Tätigkeitsfelder zu tun, die wir letztlich nicht begreifen müssen. Kein Bahn- oder Flugpassagier weiß um die Tätigkeiten hinter den Kulissen, die so einfache Dinge wie eine Bahnfahrt oder einen Flug ermöglichen; man muss auch die technischen Zusammenhänge nicht kennen, die es ermöglichen, dass ein Zug fährt oder dass mehrere Dutzend Tonnen fliegen können; kein Kunde eines Fischgeschäfts muss sich Gedanken darüber machen, wie in Bayern am Tag zuvor gefangener Nordseefisch über die Ladentheke gehen kann oder gar Fische aus den Tropen noch frisch sein können, ohne zuvor tiefgefroren gewesen zu sein; kein Kunde einer Apotheke muss sich darum scheren, wie das für ihn womöglich lebenswichtige Antibiotikum rechtzeitig in der Apotheke verfügbar ist. Und noch entscheidender: Niemand muss die Leute kennen, die all das tun und bewerkstelligen, wie ja auch diesen völlig egal ist, wer da eine Bahn oder einen Flieger besteigt, einen Hering kauft oder ein Antibiotikum braucht. Die Koordination all dieser Tätigkeiten, die Tätigkeiten von potentiell *Fremden* sind, wird nicht „organisiert" im Sinne einer zentralen Entscheidungsinstanz, sondern darin spiegelt sich eine *gesellschaftliche* Ordnung, der wir noch später auf die Spur kommen werden. Besonders deutlich wird sie übrigens dann, wenn etwas *nicht* funktioniert, also wenn etwa das Antibiotikum fehlt oder der Fisch schlecht war. Dann stoßen wir darauf, dass hinter der Benutzeroberfläche noch etwas ist – eine Gesellschaft, die all das bereit stellen muss, was wir erwarten, ohne dass da *jemand* ist, der irgendwie koordiniert, was denn da bereit gestellt werden muss.

Ich nehme noch einmal das Stichwort der Fremdheit auf. Achtet man einmal auf einen normalen Alltagstag, wird man feststellen, dass man es den ganzen Tag über zumindest quantitativ gesehen hauptsächlich mit Fremden zu tun bekommt – in der U-Bahn, auf der Straße, im Aufzug, in Geschäften, auf Ämtern und an Arbeitsplätzen mit Kundenverkehr usw. Nicht nur dies ist das Entscheidende, sondern die Tatsache, dass wir uns daran gewöhnt haben, dass wir es gewissermaßen den ganzen Tag über mit Personenschablonen zu tun haben, die nicht als konkrete Personen erscheinen, sondern entweder nur als Körper, an denen man vorbei kommen muss, oder als Träger von Rollen, auf die man verwiesen ist, ohne aus der Anonymität des konkreten Rollenaspekts heraus treten zu müssen. Man mag das für selbstverständlich halten, schon weil Fremdheit für uns eine Ressource ist. Wir schätzen es, dass wir die Lokführerin und den Flugkapitän, den Fischverkäufer und die Apothekerin nicht kennen müssen. Wir nehmen letztlich das Privileg in Anspruch, in Ruhe gelassen werden zu können – vielleicht ist das eine der wirklich größten Errungenschaften des modernen, v.a. des städtischen Alltags, auf unmittelbare soziale Kontrolle weitgehend verzichten und auf Fremdheit setzen zu können.[107] Man sollte sich aber soziologisch fragen, wie voraussetzungsreich es ist, Fremdheit nicht für bedrohlich zu halten, sondern das Gegenteil, etwa starke soziale Kontrolle durch Polizei oder Nachbarn. Man denke etwa an Weltregionen, wo diese Voraussetzungen nicht gegeben sind, also etwa dort, wo staatliche Kontrolle in Form von Polizei und öffentlicher Ordnung zusammengebrochen ist oder wo man sich nicht darauf verlassen kann, dass Vereinbarungen zur Not rechtlich abgesichert werden können. In solchen Krisenregionen – wir kennen das zumeist aus Kriegsgebieten wie in Afghanistan oder dem Irak oder auch aus Regionen, in denen jegliche staatliche oder wirtschaftliche Ordnung außer Gefecht gesetzt worden ist wie in manchen Regionen Afrikas[108] – ist Fremdheit keine Ressource, sondern eine Bedrohung. Hier ist starke soziale Kontrolle eher eine Ressource. Dies scheint mir leicht nachvollziehbar zu sein, sollte aber dazu dienen, den Blick dafür zu schärfen, dass das Problem *gesellschaftlicher* Ordnung offenbar damit zu tun hat, wie man mit *anderen* Kontexten umgeht. In unserem modernen Alltag sind wir gewöhnt, dass andere Kontexte sich vor allem dadurch gegenseitig ermöglichen, dass sie füreinander entweder fremd bleiben können oder man zwischen ihnen wechseln kann. Die angedeuteten Beispiele aus Krisenregionen machen dann darauf aufmerksam, welche gesellschaftlichen Leistungen gegeben sein müssen, dass man fremde Kontexte nicht auf Herz und Nieren prüfen muss. Wer Gelegenheit dazu hat, sollte einmal ein Handbuch mit Verhaltensmaßregeln einer Hilfsorganisation studieren, die in Krisengebieten zum Einsatz kommt.

Kommen wir zu Paul zurück: Die Banalität, in ein fremdes Automobil zu steigen und sich in einen anderen Stadtteil fahren zu lassen, verliert ihre Selbstverständlichkeit, wenn man bedenkt, welcher lebensweltliche Vertrauensvorschuss nötig ist, um dies nicht bedrohlich zu finden – und in was für einer Gesellschaft das stattfindet. Paul findet die Fremdheit des Taxifahrers keineswegs bedrohlich, sondern vertraut darauf, wie Verhaltenserwartungen sich hier tatsächlich reziprok aufeinander beziehen lassen – die Taxifahrt ist nämlich nur möglich, weil es für den Taxifahrer auch keine Bedrohung darstellt, Paul zu fahren, obwohl er ihn nicht kennt. Das gilt ebenfalls für den Taxifahrer am Ende des für Paul doch unerfreulichen Abends. Da ist es schon dunkel – und wer schon einmal in eine bedrohliche Situation gekommen ist, wird all dies womöglich nicht mehr so unbedrohlich finden. Aber dass dies eher die Ausnahme ist, verweist auf gesellschaftliche Leistungen.

Ich habe nun auf *Milieus* und auf *Fremdheitserfahrungen* hingewiesen. Bei beiden geht es darum, dass das Verhalten anderer Kontexte irgendwie erwartbar ist, obwohl man die Kontexte nicht wirklich kennt. Paul trifft aber noch auf eine andere Art Kontext, von der noch nicht die Rede war. Ich meine die *Kunst.* Paul hat von Kunst keine Ahnung. Er kommt in die Galerie und sieht sich die Kunstwerke an, staunt nicht schlecht darüber, wie diese aussehen, merkt noch, dass er einen Fehler machen würde, wenn er wie alle Banausen bezüglich moderner Kunst betonen würde, das könne er auch – und lauscht den anderen Betrachtern, denen ganz andere Sätze einfallen als ihm. Paul sieht etwas Unbekanntes, kann aber dechiffrieren, dass da etwas Anderes stattfindet. Er ist als Bewohner einer modernen Gesellschaft daran gewöhnt, dass sich Kontexte voneinander unterscheiden – gewöhnt zu sein, bedeutet nicht, dass er alle Kontexte kennt, nicht einmal, dass er das gut heißt. Dies gewöhnt zu sein, bedeutet, dass man damit rechnen muss, in Kontexte zu geraten, die man nicht sofort dechiffrieren kann. Er hört die Kommentare über die Kunst und erlebt an sich selbst, dass er mit dem, was da geschieht, unvertraut ist. Irgendwie ist er vertraut damit, Unvertrautes zu erleben. Die Kommentare – in meiner Geschichte zugegebenermaßen etwas überstilisiert – folgen einem bestimmten Muster, das selbst wiederum Erwartungen bedient. Es reden da offensichtlich Kontextexperten miteinander. Man benutzt eine Sprache, die dem Kontext angepasst ist und die zugleich zeigt, dass man sich in dieser Sphäre „zu Hause" fühlt.

Auch hier könnte man wieder den Begriff des *Habitus* ins Spiel bringen. Hätte Paul den komischen Satz gesagt, dass *das Material hinterm Material verschwindet,* hätte das vielleicht merkwürdiger geklungen als aus dem Mund der Besucherin, die wohl mit ihrem gesamten Verhalten demonstriert, dass sie Ähnliches schon öfter gesagt haben wird. Paul betritt also eine fremde Welt – wie die moderne Gesellschaft voller fremder Welten ist, was ich mit dem Begriff des *Kontextes* belegt habe. Was macht er aber? Worüber wundert sich Paul? Er wundert sich weder über das Material noch über den Ausdruck, er hat zu wenig Sachkenntnis, um die Kunstwerke mit anderen, ähnlichen Kunstwerken zu vergleichen, und mit denen in einer New Yorker Galerie schon gar nicht, von der die Rede ist. Was Paul zunächst sieht, sind Preise. Er wundert sich über die Preise der Kunstwerke, und er wundert sich über den Marktwert des Schaumweins. Er beobachtet die Kunstwerke und das ganze Ambiente nicht nach künstlerischen, sondern nach wirtschaftlichen Kriterien und stellt fest, dass die Sache so schlecht nicht laufen kann. Auch dieses Beispiel ist vielleicht sehr einfach gewählt, aber es lässt sich daran sehr schön ein Grundzug der modernen Gesellschaft nachzeichnen: *Alles, was dort geschieht, lässt sich aus unterschiedlichen Perspektiven betrachten.*

Paul ist es eher gewöhnt, sich die Welt aus einer wirtschaftlichen Perspektive und Logik zu erschließen – er hat schließlich den ganzen Tag mit Geld zu tun, genau gesagt nicht nur mit Geld, sondern mit Kapital, d.h. mit Geld, das dazu eingesetzt werden soll, dass daraus mehr Geld wird. Und ohne Zweifel lässt sich ein Kunstwerk – etwa ein Stück Wachs, in dem sich Stoffreste verstecken – als Teil einer Wertschöpfungskette betrachten, also einer ökonomischen Analyse unterziehen, denn immerhin wollen die Werke verkauft werden, und immerhin leben Künstler exakt davon.

Auch dies verweist auf einen Grundzug der modernen Gesellschaft, nämlich darauf, dass sich Perspektiven und Logiken einerseits unterscheiden lassen und damit offensichtlich getrennt voneinander operieren, andererseits aber aufeinander bezogen sind. *Getrennt* operieren die beiden Logiken hier insofern, als man nur schwer plausibel machen kann, den künstlerischen Wert eines Kunstwerks allein am Preis festmachen zu wollen. Zwar sind beide durchaus aneinander gekoppelt, aber eben doch lose, lose insofern, als die eine Logik nicht in der anderen aufgeht. Man kann den künstlerischen Wert eines Kunstwerks nicht damit begründen, dass es besonders teuer ist. Man kann aber den Preis darauf zurückführen, dass es sich um ein besonders wertvolles Kunstwerk handelt. Nun folgen beide Beurteilungen den jeweiligen Logiken ihrer Bereiche. Als künstlerisch wertvoll gilt, was sich innerhalb der Kunst als besonders durchsetzungsfähig oder innovativ erweist – und die Kunst erzeugt durch eigene Reflexionsformen auch Kriterien dafür, wie ein Kunstwerk zu beurteilen ist. Und wenn von der „Kunst" die Rede ist, ist damit keine Instanz gemeint, keine Organisation, die darüber eine Entscheidung fällt, sondern ein Verweisungszusammenhang, der sich selbst steuert und in dem es keineswegs zu einem Konsens kommen muss. Aber mit den Kunstwerken entsteht auch eine Logik, die Sätze gebiert wie den, dass *das Material hinterm Material verschwindet.*

Der ökonomische Wert dagegen folgt einer anderen Logik – es ist dieselbe Logik, die auch die Preise von Schweinehälften, Doppelhaushälften oder Halbleitern hervorbringt. Es ist die Logik des Marktes, auf dem sich das durchsetzt, was sich durchsetzt. Man muss es so lapidar sagen – denn wir wissen, dass sich auf Märkten nicht immer das „beste" Produkt durchsetzt, sondern dasjenige, das am besten platziert oder beworben wird, das sich am besten als Marke etabliert, das womöglich einen Monopolisten im Hintergrund hat oder wenigstens einen so potenten Eigner oder Produzenten, dass dieser die Konkurrenz in Schach halten kann. Dass manches auf Märkten eher mit Stimmungen, mit Vertrauen oder Ängsten zu tun hat als mit den in der Ökonomie so genannten „Realdaten", ist geläufig (abgesehen davon, dass der Begriff der „Realdaten" eine *contradictio in adiecto* ist, zeigen diese doch die Realität nicht real, sondern in Datenform an).

All das gilt auch für den Kunstmarkt. Es kommt darauf an, wer schon etwas von einem bestimmten Künstler gekauft hat, ob es Sammler gibt, ob es Vertrauen in die Zukunft des Künstlers gibt, ob womöglich die überregionalen Feuilletons berichten, ob das Ganze international sichtbar wird, ob sich berühmte Galerien oder gar Museen für die Sache interessieren – die sich ihrerseits wieder eher interessieren, wenn sich die Rendite lohnt usw. Aus dieser unübersichtlichen Gemengelage heraus entstehen die Preise der Kunstwerke und damit ihr Marktwert. Und noch spannender ist, welche Auswirkungen Preise darauf haben, wie das Kunstwerk als Kunst erscheint. Korrespondieren Marktwert und künstlerischer Wert? Korrespondieren sie nicht? Das gesellschaftstheoretisch Spannende an dieser Frage ist, wie in der Gesellschaft das Zusammenspiel der unterschiedlichen Logiken vonstatten geht.

Als die Besucher der Vernissage nach dem offiziellen Teil der Veranstaltung noch zusammen im Büro sitzen, wird exakt über solche Zusammenhänge gesprochen. Es wird beklagt, dass der ökonomische Aspekt offensichtlich über den künstlerischen regiert, d.h. dass die Produktion von Kunstwerken sich den Erwartungen des ökonomischen Kunstmarktes unterwirft. Dies wird nicht einfach nur festgestellt, sondern zugleich beklagt, skandalisiert. Man kann es fast zu einer Faustregel machen, dass vor allem das zum Skandal taugt, was die unterschiedlichen Logiken unangemessen miteinander vermischt. Keiner der Künstler hat etwas dagegen, dass man mit Kunst gute Preise erzielen kann, aber wenn sich das Preisdiktat auf die Kunst selbst auswirkt, ist das Anlass zur Klage. In der Diskussion kommen ähnliche Anklagen vor: etwa der Hinweis darauf, dass Drittmittel aus der Industrie die Forschung kolonialisieren können. Auch hier lohnt sich ein genauer Blick. Dass die Industrie womöglich eher Forschung unterstützt, die ihrer eigenen Produktentwicklung oder eigenen Führungskonzepten entgegen kommt, mag stimmen, wobei es keineswegs so ist, dass jegliche Forschung, die von Unternehmen oder dazugehörigen Stiftungen finanziert wird, in dieser Weise interessengesteuert ist. Nehmen wir aber einmal an, ein Wissenschaftler bekäme einen Forschungsauftrag mit einer durchaus deutlichen Erwartung, wie die Ergebnisse aussehen sollen, ist es völlig undenkbar, dass in dem Gutachten dann steht, dass die Ergebnisse so lauten, weil Firma XY dafür 20.000 € mehr geboten hat als die Firma, die das Ergebnis gerne ein wenig anders gehabt hätte. Selbst wer ein wissenschaftliches Gutachten gerne „schönen" möchte – von offener Fälschung möchte ich gar nicht sprechen –, muss dafür wissenschaftliche Gründe geltend machen, da der Hinweis auf das bessere Gebot die wissenschaftlichen

Sätze wertlos machen würde. Auch ein Kunstwerk wäre künstlerisch wertlos, wenn der Künstler durchblicken lassen würde, dass die Sache so aussieht, weil der Auftraggeber es so haben wollte. Man könnte jetzt viel über das Mäzenatentum sagen und darüber, wie sensibel solche Fragen dann im Einzelfall zu klären sind – entscheidend ist auf jeden Fall, dass die Getrenntheit und Unterschiedlichkeit, die Differenz der Kontexte ein Problem ist, das bearbeitet werden will.

Übrigens lässt sich das vor allem an Beispielen deutlich machen, bei denen eine der beiden Seiten mit Geld operiert. Das Besondere des Geldes ist seine Anpassungsfähigkeit, denn Zahlungen sind recht voraussetzungslose und geschichtslose Operationen. Voraussetzungslos sind sie insofern, als man keine besonderen Fähigkeiten oder Voraussetzungen haben muss, um Empfänger von Zahlungen zu sein; geschichtslos ist Geld insofern, als der Wert des Geldes sofort seine Herkunft verliert.[109] Ob Geld aus der Kasse einer Prostituierten stammt oder aus einem kirchlichen Klingelbeutel, ob es mit zweifelhaften Geschäften erworben wurde oder Ertrag aus einem „ethisch korrekten Fond" ist, in dem nur etwa ökologisch, politisch und sozial unbedenkliche Wertpapiere zusammengefasst sind – man sieht es ihm nicht mehr an, wenn es zu weiterer Zahlung dienen soll. Selbstverständlich gibt es Instanzen wie das Finanzamt, das sich sehr wohl für die Herkunft von Geldern interessiert, aber dass das Finanzamt in dieser Weise forschen muss, ist ein Hinweis darauf, dass man Geld seine Herkunft zunächst nicht ansieht. Geld kann zwar nur zahlen, bleibt also stets ein ökonomisches Tauschmittel, aber es kann sich an die verschiedensten Kontexte anpassen. Das macht es gerade Geld möglich, sich konvertierbar zu machen und sich an unterschiedlichste Kontexte anzupassen. Deshalb fallen einem bei der Vermischung von unterschiedlichen Logiken vor allem solche ein, auf deren einer Seite Geld fungiert. Liebe, politische Entscheidungen, sportliche Vorteile oder Recht für Geld – das sind die Stoffe, aus denen man am leichtesten Skandale zimmern kann.[110] Und das ist auch das Material, das in dem Hinterzimmer der Galerie die Emotionen hoch kochen lässt. Dabei ist in unserer Gesellschaft das Geld nicht prinzipiell böse, denn Nahrungsmittel, Freizeitvergnügungen, Wohnungen, Automobile und Vieles mehr kaufen wir selbstverständlich für Geld, das ja auch den Vorteil hat, dass es aufgrund seiner Geschichtslosigkeit einen anderen Aspekt moderner Gesellschaftlichkeit ermöglicht: *Fremdheit* nämlich. Man kann dem Geld nicht ansehen, woher es kommt, und sein Wert entstammt einem abstrakten Zusammenspiel von Zahlungen, das weder der Zahler noch der Empfänger zu verantworten hat. Wer stattdessen Realtausch praktiziert, bleibt sich nicht fremd.

Die Geschmeidigkeit des Geldes ist es, die es so plausibel gemacht hat, die moderne Gesellschaft gerne eine *kapitalistische Gesellschaft* zu nennen – eine Diagnose, die bis vor einer Generation zu den prominentesten sozialwissenschaftlichen Diagnosen der modernen Gesellschaft gehört hat.[111] Gemeint ist damit, dass alle Beziehungen in der Gesellschaft gewissermaßen Geldform angenommen haben und alle Tätigkeiten unter die Ägide der Kapitalvermehrung gestellt werden. Die Gespräche im Hinterzimmer der Galerie atmen ein wenig den Geist dieser Diagnose – Kunst, Politik, Wissenschaft, letztlich alles wird der Marktlogik untergeordnet – und dies erheblich skandalisiert. Diese Diagnose ist nicht falsch. Sie bringt auf den Begriff, worum es in unserer Geschichte ging, nämlich um die Möglichkeit der Ökonomisierung nicht-ökonomischer Bereiche der Gesellschaft – sie unterschätzt aber die Eigenlogik der anderen gesellschaftlichen Bereiche. In unserem Beispiel wird sehr deutlich, dass eine Ökonomisierung der Kunst nur deshalb möglich ist und als Skandal erscheinen kann, weil sich so etwas wie eine Eigenlogik der Kunst denken lässt, nämlich nach der künstlerisch angemessenen Form zu suchen. Das Selbe gilt auch für die Ökonomisierung der Politik oder der Wissenschaft. All das setzt eine gewisse Autonomie von Politik, Wissenschaft, aber auch von Ökonomie voraus. *Kapitalismus* ist, so gesehen, nur eine begrenzte Diagnose, geschuldet der Tatsache, dass Geld vielleicht das geschmeidigste Medium ist.

Zu Disparitäten zwischen unterschiedlichen Logiken kommt es in der modernen Gesellschaft aber auch ohne unmittelbare Beteiligung des Geldes. Ein Beispiel wäre etwa dies: In einem politischen Gesetzgebungsverfahren werden wissenschaftliche Gutachten etwa über die Wirkung eines neuen Steuergesetzes eingeholt. Denkbar sind folgende Szenarien: Die Gutachten sind entweder einheitlich in ihrer Einschätzung, oder sie unterscheiden sich. In beiden Fällen aber wird es nicht gelingen, die wissenschaftliche Empfehlung schlicht auf die politische Entscheidung zu übertragen. Diese muss nach einer politischen Logik erfolgen, d.h. zum einen die Entscheidungswege politischer Organisationsformen einhalten – und wenn die Entscheidung der wissenschaftlichen Vorgabe widerspricht, wird sie trotzdem gelten. Zum anderen aber lässt sich allein aus der wissenschaftlichen Begründung noch nicht politisch entscheiden, denn fürs Politische spielen auch Kriterien eine Rolle, die etwa die Frage betreffen, ob man eine bestimmte Lösung dem politischen Publikum zumuten kann, ob man eine Mehrheit zusammen bekommt, ob man seine Wiederwahl gefährdet, ob man den Koalitionspartner mit ins Boot holen kann oder ob dies Parteitagsbeschlüssen widerspricht. Eine Eins-zu-Eins-Übertragung des wissenschaftlichen Ergebnisses in eine politische Entscheidung ist undenkbar.

Halten wir einen Moment inne, um zu sehen, wie sich der sperrige Begriff der Gesellschaft bis jetzt erschlossen hat. Es sollte deutlich geworden sein, dass sich moderne Gesellschaftlichkeit tatsächlich dadurch auszeichnet, dass einerseits unterschiedliche Logiken nebeneinander existieren, die zugleich unterschiedliche Kontexte, unterschiedliche Gegenwarten erzeugen. Andererseits aber sind diese unterschiedlichen Kontexte praktisch aufeinander bezogen und müssen miteinander „auskommen". Das „Gesellschaftliche" daran ist jedenfalls, dass sich hier eine Ordnung offenbart, die eine Koordination der unterschiedlichen Kontexte unterstellt, ohne dass eine Instanz oder ein Zentrum angebbar wäre, von dem her diese Koordination besorgt würde. *Gesellschaftliche* Ordnung ist anders als Interaktions- oder Organisationsordnung eine, die Anschlussfähigkeiten wahrscheinlicher macht und dadurch Ordnung schafft, dass nicht alles aneinander anschließen kann und muss. Beispiele wären etwa die Möglichkeit risikofreier *Fremdheit*, die Unsichtbarkeit dessen, was hinter *Benutzeroberflächen* geschieht, das Nebeneinander unterschiedlicher *Milieus* und *Stile*, vor allem aber die Parallelität unterschiedlicher *Logiken*, die unterschiedliche Praxisformen hervorbringen. Gerade die moderne Gesellschaft ist durch das Nebeneinander solcher Logiken charakterisierbar.

In der soziologischen Gesellschaftstheorie hat sich diese Idee der *Differenzierung unterschiedlicher Logiken* durchgesetzt. Ob man dies mit den Begriffen Arbeitsteilung (Emile Durkheim),[112] Differenzierung kultureller Wertsphären (Max Weber),[113] Differenzierung sozialer Kreise (Georg Simmel),[114] Differenzierung in Funktionssysteme (Talcott Parsons, Niklas Luhmann)[115] oder Differenzierung von Feldern (Pierre Bourdieu)[116] belegt, macht im Einzelnen sehr wohl einen theoretischen Unterschied und hat unterschiedliche Theorie- und Forschungsstränge hervorgebracht. Auf diese Unterschiede muss hier aber nicht eingegangen werden – sie sind Anlass einer breiten und durchaus kontroversen Debatte innerhalb der Soziologie, die aber für die Zwecke dieser Einführung keine Rolle spielt. Ich optiere begrifflich für „funktionale Differenzierung".[117] Weitgehender Konsens herrscht jedenfalls darüber, dass gesellschaftliche Modernität sich dadurch auszeichnet, dass sich innerhalb der Gesellschaft unterschiedliche Logiken verselbständigen, dass diese Logiken aufeinander bezogen sind und dass man sich daran gewöhnt hat, wie sich diese Logiken *praktisch* ereignen.

Wofür ich hier werben möchte, ist Folgendes: *Gesellschaft* ist zwar nach der kanonischen Definition die größte soziale Einheit, gewissermaßen die Gesamtheit aller möglichen sozialen Kontakte. Doch empirisch lässt sich gesellschaftliche Ordnung bis in konkrete Situationen hinein beobachten. Dass Paul in eine Vernissage kommt und die dort ausgestellten Exponate als Kunstwerke identifiziert, setzt eine Gesellschaft voraus, in der die Idee des Kunstwerks oder der Kunst generalisiert ist. Zur Kunst werden Gegenstände nicht durch spezielle eigene

Eigenschaften, sondern dadurch, dass man sie per Handlung und Kommunikation als Kunst behandelt. Paul wundert sich – ganz Banause – darüber, wie die Kunstwerke aussehen. Aber er wundert sich nicht über die Möglichkeit von Kunst, also darüber, dass man Dinge für Kunst hält und dass in der Gesellschaft Kunst vorkommt. Das mag wiederum banal klingen. Man muss sich aber vorstellen, was Paul denn sehen würde, wenn es keine Kunst gäbe (abgesehen davon, dass dann auch keine Vernissage hätte stattfinden können).

Wenn also Interaktionen auf Anwesenheit aufbauen, Netzwerke auf Erreichbarkeit und Organisationen auf das Nacheinander von Entscheidungen, stützt sich Gesellschaft auf die Bereitstellung von Mustern, von spezifischen Anschlussfähigkeiten für Handlung und Kommunikation. In unserer Geschichte kommen neben der Kunst denn auch noch andere solcher Anschlussmöglichkeiten vor. So ereifern sich die Diskutanten etwa darüber, dass die Folgen wirtschaftlicher Prozesse angemessen bearbeitet werden müssen. Das Beispiel in der Geschichte ist geradezu stereotyp: Kapital- und Produktionsflucht als Standortgefahr. Paul, ganz Banker, verweist wie selbstverständlich darauf, dass unternehmerisches, wirtschaftliches Denken wie von selbst nach besseren, d.h. kostensensibleren Investitions-, Produktions- und Absatzmärkten suchen müsse und der mögliche Handlungsraum weit über die nationalen Grenzen hinaus gehe. Das Selbstverständliche ist daran die ökonomische Logik des Gesagten: Es geht um den Einsatz von Geld mit dem Ziel der Verbesserung der eigenen Zahlungsfähigkeit. Das ist nur in einer Gesellschaft möglich, die ihr Tauschmittel so weit generalisiert hat, dass das Tauschmittel selbst und nicht das damit Getauschte zum Maßstab des wirtschaftlichen Handelns wird. Diese Entkoppelung des Wirtschaftszwecks von den Gütern, die da produziert und gehandelt werden, ist die Folge exakt dieses Differenzierungsprozesses. Man kann – gemäß dem alten alchimistischen Traum – buchstäblich mit Dreck Geld machen. Und obwohl Dreck Dreck bleibt, wird er als wirtschaftliches Gut *praktisch* wertvoll – wie auch ein Kunstwerk sich *praktisch* als Kunstwerk bewähren muss.

Der Protest gegen die Folgen folgt dagegen einer anderen Logik. Sie schließt an, indem sie fordert, und zwar nicht irgendein abstraktes Ziel, sondern kollektiv bindende Entscheidungen, hier: die Erhöhung von Steuern oder die Einführung von Sonder- und Strafsteuern. Wer so redet, begibt sich augenblicklich in das Spannungsfeld einer *politischen* Logik, die an Kollektivitäten, Solidaritäten und Betroffene appelliert und stets wenigstens im Horizont möglicher kollektiv bindender Entscheidungen steht – wie unrealistisch sie auch sein mögen. Auch solche Forderungen und Erwartungen sind nur möglich, weil die Gesellschaft in Form ihrer Politik Kapazitäten bereitstellt, die dies ermöglichen.

Ferner droht Paul mit seinem Anwalt – er rekurriert darauf, dass die moderne Gesellschaft bei Normverletzungen sowohl einen Mechanismus des rechtlichen Ausgleichs vorsieht als auch Instanzen kennt, die dies ermöglichen. Und schließlich erklärt Pauls Bekannter das ungebührliche Verhalten von Heinrich damit, dass dieser wohl krank sei. Nicht nur sichtbare Verletzungen oder Störungen, sondern auch Unerklärliches lässt sich nur deshalb als „Krankheit" beobachten, weil es diese generelle Erwartbarkeit in der Gesellschaft gibt. Und das „Wir", das Pauls Mutter in Erwartung des Weihnachtsfestes formuliert, verweist auf eine ganz spezifische Familienerwartung, deren Besonderheit darin besteht, auf ganze Personen zugreifen zu wollen und alternativlose Mitgliedschaften zu behaupten – selbst wenn die Familienpraxis immer mehr von Alternativen Gebrauch macht, wenn man recht sieht, von mehreren Alternativlosigkeiten nacheinander. Und wie Paul von sich selbst beim Flirten überrascht wird, verweist auf eine generalisierte Erwartungsstruktur, wie intime Kommunikation sich anbahnt. Eine Gesellschaft, die solche Formen nicht kennt, hätte auch nicht solche Überraschungen parat gehabt.

Was in dieser Episode nicht vorkommt, wäre etwa Erzieherisches/Pädagogisches – ich habe in der dritten Vorlesung darauf hingewiesen, als sich Paul in der Soziologie-Vorlesung im AudiMax der Münchner LMU aufgehalten hat. Dass da jemand Fragen stellt, deren Antworten er wahrscheinlich kennt, setzt eine generalisierte Erwartbarkeit solcher pädagogischer Kontexte voraus. Die Frage zielt eben nicht darauf ab, was da semantisch formuliert wird, sondern auf das Lernen von Personen. Man kann bei Kindern manchmal ein Erstaunen darüber beobachten, dass die Lehrerin wissen will, was die Summe von zwei und drei ist, da diese doch selbst wissen müsste, dass es irgend etwas zwischen vier und sechs sein muss.

All das Gesagte mag wieder dem Verdacht anheim fallen, Selbstverständliches, geradezu Banales auf den Begriff zu bringen. Denn wie sollte eine Gesellschaft denn ohne ökonomischen Knappheitsausgleich auskommen, ohne politische Willensbildung, ohne rechtliche Regulierung, ohne Erziehung/Bildung, ohne Familiales, ohne Wissenschaft und Forschung oder ohne Medizinisches, ebenso ohne Kunst und Religion, vielleicht müsste man noch Sport und die Massenmedien anführen. Aber gerade darum geht es ja – eine (zumindest moderne) Gesellschaft ist ohne diese Funktionen letztlich nicht denkbar. Von diesen Logiken ist keine wirklich wegzudenken, und gerade das macht die *Struktur* der modernen Gesellschaft aus. Unter einer Struktur wären interne Grenzen der Gesellschaft zu verstehen, also die Form, nach der Anschlüsse geregelt werden.

Ich habe in der zweiten Vorlesung gezeigt, dass sich Handlungen vor allem dadurch ermöglichen und vor allem dadurch einen Sinn erschließen, dass sie ihre Anschlussfähigkeit erhöhen, dass sie also Anschlüsse ermöglichen und durch Anschlüsse eine soziale Dynamik entsteht. Exakt dafür sorgen die unterschiedlichen Logiken der Gesellschaft, die unterschiedlichen Kontextbedingungen für das Handeln. So ist etwa eine ökonomische Geldzahlung stets Teil vieler Zahlungsvorgänge und erzeugt dadurch die Bedingungen eines Marktes. Politische Entscheidungen erfolgen und werden stets erwartet im Horizont früherer und später möglicher politischer Entscheidungen. Wer auf Recht Bezug nimmt, schließt einerseits an ein mögliches Muster an, andererseits aber auch an eine konkrete aktuelle Rechtslage. Künstlerisch ist fast alles möglich, aber auch die radikalste Abweichung lebt von der Konvention, denn wie sollte man sonst abweichen? Und man kann religiös alles Mögliche glauben, findet sich aber in einer religiösen Gemengelage vor, die bestimmte Anschlüsse wahrscheinlicher macht als andere. Und die Neuerfindung von Familienformen setzt voraus, dass bereits alte erfunden worden waren.

Die Struktur der Gesellschaft hilft also dabei, bestimmte Anschlüsse zu vereinfachen. Unterschiedliche soziologische Theorien haben dafür unterschiedliche Namen gefunden, meinen aber Ähnliches. Ob man im Sprachgebrauch Max Webers von einer ökonomischen oder politischen *Wertsphäre* spricht, im Sinne von Pierre Bourdieu von gesellschaftlichen *Feldern* mit ihren internen Regeln und *illusiones* oder im Verständnis Niklas Luhmanns von *symbolisch generalisierten Kommunikationsmedien*, stets ist damit gemeint, dass die Gesellschaft Strukturen bereit stellt, die Anschlüsse erleichtern helfen. Dass man mit Geld zahlt, muss nicht jedes Mal eigens ausgehandelt werden; wie politische Erwartungen funktionieren, ist ebenso generalisiert, wie der Hinweis auf politische Macht ihre unmittelbar handgreifliche Anwendung nur in Ausnahmefällen erforderlich macht.

Und nur weil diese Muster, diese vereinfachten Anschlussregeln und -möglichkeiten zur Verfügung stehen, ist die Szene in der Galerie, wie sie in unserer Geschichte erzählt wird, möglich. Ich hoffe, dass deutlich geworden ist, dass sich anhand dieser Geschichte tatsächlich erläutern lässt, in was für einer *Gesellschaft* all das stattfindet. Und es sollte deutlich geworden sein, dass Gesellschaft tatsächlich kein großes Abstraktum ist, sondern immer und überall stattfindet und wirksam ist. Das weit verbreitete Vorurteil, der Begriff der Gesellschaft sei letztlich ein empirieferner Begriff, stimmt nicht, denn schon die einfache, sehr interaktions- und organisationsnah gebaute Episode in der Galerie lässt sich soziologisch nur dann angemessen verstehen, wenn man die gesellschaftliche Umwelt in Rechnung stellt, in der all dies geschieht. Das ist übrigens für die empirische

Beurteilung konkreter Situationen von außerordentlicher Bedeutsamkeit. Um ein Beispiel aus meinem eigenen Forschungsbereich anzuführen: Dass etwa Psychiater, Juristen und Seelsorger bei sterbenden Patienten die Frage des freien Patientenwillens unterschiedlich beurteilen, liegt schlicht daran, dass sie je unterschiedliche gesellschaftliche Logiken in Anspruch nehmen, ja nehmen müssen. Wo für den Juristen ein geäußerter Wille geradezu sakrosankt ist, gehört es zur Normalform eines Psychiaters, den geäußerten vom wirklichen Willen zu unterscheiden, während der Seelsorger vielleicht nach biografischen Diskontinuitäten und Brüchen suchen wird. Das soziologisch Interessante an diesem Forschungsfeld und an solchen konkreten Situationen ist, dass hier keine Instanz und kein Kriterium denkbar ist, von dem her die unterschiedlichen Perspektiven harmonisierbar wären.[118] Wie moderne Gesellschaftlichkeit damit rechnen muss, dass Kontexte voneinander abgekoppelt sind, dass sie nicht harmonisierbar sind und Lösungen immer wieder in der Konfrontation unterschiedlicher Logiken je in neuen Gegenwarten denkbar sind, erscheint die Gesellschaft aus individueller Perspektive als Raum unterschiedlicher, bisweilen unvermittelter Kontexte und Gegenwarten. Ich habe diese Form gesellschaftlicher Modernität eine „Gesellschaft der Gegenwarten" genannt.[119] Dies soll ausdrücken, wie sehr Praxisgegenwarten in der Gesellschaft voneinander entkoppelt sind und unterschiedliche Logiken, Rationalitäten und auch Erwartungen hervorbringen, wie sehr aber auch Handelnde von diesen Logiken, Rationalitäten und Erwartungen in jenen Gegenwarten hervorgebracht werden.

Paul scheint zu Larmoyanz zu neigen. Wiederholt hat er die Stimmung des Abends in seinen morgigen Alltag übertragen – das ist ihm bereits nach dem verunglückten Abend mit Frau B widerfahren. Er leidet an diesem Vormittag unter der Inkonsistenz seines Lebens – es passe alles nicht zusammen. Dass Paul das auffällt, ist das Ergebnis einer Beobachtung. Er hat aufgrund der unaufgeregten Routine am Morgen Zeit zur Selbstbeobachtung und stellt fest, dass allein seine psychische und physische Identität offenbar nicht dazu ausreicht, Einheit in einen Alltag zu bringen, der unterschiedliche Anforderungen bereit hält, die nicht leicht zu koordinieren sind. Es ist eine *gesellschaftliche* Erfahrung, die Paul macht, nämlich Kontexte zu wechseln, unterschiedlichen Anforderungen unterworfen zu sein und diese Differenziertheit der Gesellschaft in seinem eigenen, individuellen Leben zusammen führen zu müssen – ich komme in der nächsten Vorlesung darauf zurück. Vielleicht lohnt sich zunächst der Hinweis darauf, dass Pauls Koordinationsprobleme schlagartig verschwinden, sobald er etwas zu tun hat, sobald er von Praxisanforderungen „hingerissen" wird – weder die Sitzung noch das vergnügliche Mittagessen mit Frau B (wir kennen ihren Vornamen immer noch nicht!) lassen ihm Raum für eine Gesamtschau, und schon passen die Dinge zusammen, vermittelt durch eine Praxisgegenwart, die die Aufmerksamkeit so sehr fokussiert, dass Koordinationsprobleme zunächst nicht auftauchen. Die *Belastung durch unterschiedliche Anforderungen* in Pauls Leben wird in ihrer Dramatik gemindert, sobald es etwas zu tun gibt.

Vielleicht wird das an der Metamorphose deutlich, die Paul und Frau B in der Osteria erfahren. Auf den ersten Blick sieht man eine Frau und einen Mann, die offensichtlich Interesse aneinander haben, die aber auch noch beruflich miteinander zu tun bekommen. Interessant ist aber vor allem, wie es die Situation, die Gegenwart selbst ist, in der all das *praktisch* erzeugt werden muss. Des weiteren ist festzustellen, dass nicht nur die berufliche Tätigkeit hier zwei Personen zusammenführt, die von anderen Kontexten zehren – beide treten als Mitglieder von Unternehmen auf, die etwas miteinander zu besprechen haben. Sie zehren auch von generalisierten Kontexten der Kontaktanbahnung. Das Flirten ist sicher eine sehr persönliche Angelegenheit – und dass man darin die Anbahnung von intimer Kommunikation sieht, verstärkt das Persönliche. Vielleicht fällt es dem ungeübten Beobachter schwer, dies nicht als ganz und gar persönliche Angelegenheit anzusehen, für die die Soziologie womöglich gar nicht zuständig ist. Aber es gibt hier offensichtlich eine generalisierte Erwartung, dass die Anbahnung von Paarbeziehungen sich auf „Persönliches", Unverwechselbares stützt.[120] Nicht umsonst stellt sich Paul in dieser Interaktion in bestem Licht dar, vielleicht ein bisschen selbstironisch, jedenfalls ganz und gar auf seine Wirkung bezogen – und offensichtlich von der Gegenwart der Situation selbst dazu verführt. Er muss gar keine schwierigen Intentionen erzeugen, sondern findet sich in einer Flirtsituation vor. Vielleicht erschrickt er darüber, über seinen Mut, über die Reziprozität von Komplimenten usw. Ich habe in der Geschichte formuliert: *Was man halt so sagt.* Das klingt despektierlich – aber es trifft es insofern, als all die intimen Einzigartigkeiten massenhaft vorkommen. Und je neu einzigartig – das ist „Gesellschaft". Übrigens wird diese Mischung aus Einzigartigkeit und Massenphänomen noch dadurch unterstützt, dass es für die Bereitstellung solcher Anbahnungssituationen ganze Industrien gibt – Gastronomie mit romantischen Arrangements, Ausflugsziele, Liebesfilme, Geschenke usw. Und selbst wenn Intellektuelle all das nur ironisch gebrochen konsumieren, ist das eben die intellektuelle Art und Weise, mit der generalisierten Erwartung umzugehen, dass es um persönliche, intime Kontaktanbahnung geht.[121]

Bis hier habe ich den Begriff der Gesellschaft in Abgrenzung zu Interaktion/ Netzwerk und Organisation als einen Begriff darzustellen versucht, der vor allem an der Frage des Ordnungsaufbaus ansetzt: Interaktion als Ordnungsaufbau durch unmittelbare Anwesenheit und Wahrnehmbarkeit, Netzwerk im Sinne von Erreichbarkeit als Selektionsprinzip, Organisation als Generator von Entscheidungen und Mitgliedschaftsformen. Gesellschaft dagegen basiert auf Abwesenheit und koordiniert Handlungen vor allem dadurch, dass Kontexte voneinander unterschieden werden, also gewissermaßen Koordination durch Verzicht auf Koordination von allem mit allem. Dadurch entstehen unterschiedliche Stränge von Anschlussfähigkeit – und aus der Perspektive von Handelnden ist die Gesellschaft dann ein Horizont, in dem man damit rechnen muss, dass woanders etwas Anderes geschieht. Dies ist ein eher technischer Gesellschaftsbegriff – und an der Geschichte mit Paul sollte deutlich werden, wie das, was er tut und was ihm widerfährt, Resultat aller unterschiedlichen Formen des Ordnungsaufbaus ist. Dass das bis in die unmaßgebliche Situation eines Hinterzimmerkonflikts nachzuverfolgen ist, soll die empirische Relevanz dieser begrifflichen soziologischen Perspektiven verdeutlichen.

Mein Gesellschaftsbegriff ist bis jetzt eigentümlich unhistorisch, obwohl der fortwährende Hinweis auf die „moderne" Gesellschaft eine historische Perspektive wenigstens angedeutet hat. Schon daraus wird deutlich, dass der Begriff der Gesellschaft selbst ein historischer Begriff ist. Ich habe bereits in der ersten Vorlesung darauf hingewiesen, dass die Soziologie als Kind des 19. Jahrhunderts in jener Zeit entstanden ist, als sich Weltordnungen *als gesellschaftliche Ordnungen* dargestellt haben. Man verband damit vor allem die Idee der bewussten Gestaltungsmöglichkeit, der Partizipation von Gruppen, die bislang nur Herrschaftsobjekte waren und nicht zuletzt die Möglichkeit, dass „gesellschaftliche" Lösungen in öffentlichen Debatten diskutiert werden und dieser öffentliche Diskurs das Forum darstellt, in dem sich Betroffene äußern können.

Diese Idee der Gesellschaft speiste sich einerseits aus ökonomischen Erwägungen. Modernisierungsprozesse in ganz Europa haben vor allem ermöglicht, dass Freiheitsrechte vor allem als Besitzrechte und als Rechte der Teilhabe an ökonomischen Möglichkeiten entstanden sind. Sieht man etwa auf den deutschen/preußischen Fall, dann gehört zu den größten Errungenschaften der Stein/Hardenbergschen Reformen in den ersten beiden Dekaden des 19. Jahrhunderts das im *Allgemeinen Landrecht* festgeschriebene Recht, dass jedermann als Gewerbetreibender aktiv werden darf und damit Freizügigkeit besitzt, die in manchen leibeigenen Strukturen in Preußen bis ins frühe 19. Jahrhundert noch nicht galt.[122] Noch wichtiger als dieser Startschuss für die ökonomische Entfesselung war andererseits die Idee, dass sich Gesellschaftsgestaltung *öffentlich*, d.h. *sichtbar* ereignen sollte. Es wurde plausibel, was wir heute *kollektiv bindende Entscheidungen* nennen – wenn Sie sich erinnern, war das diejenige Funktion, die ich oben mit der Logik des Politischen verbunden habe. Der Gesellschaftsbegriff erschien von Beginn an nicht unwesentlich als ein *politischer* Begriff – Gesellschaft erschloss sich als *Arena,* in der es möglich wurde, Forderungen und Gegenforderungen zu formulieren und damit Kollektive ansprechbar zu machen. Das galt für Klassenkollektive wie etwa das Bürgertum oder später die Arbeiterbewegung ebenso wie für *Nationen,* die im 19. Jahrhundert nach dem Wiener Kongress 1815 in Europa jene Staatenbildung hervorgebracht haben, die bis heute als der Musterfall gilt – wenn sich auch Bedingungen von Staatlichkeit erheblich geändert haben.[123] Diese Parallelität von Emanzipation, Staatenbildung, ökonomischem Aufbruch, Expansion des Bildungswesens und nicht zuletzt von Massenmedien hat dem Gesellschaftsbegriff einen politischen Bias verliehen, den er bis heute nicht verloren hat.[124] Was man dann aber nicht mehr sehen kann, ist, dass auch die politische Perspektive nur eine Rationalität, nur eine Logik, nur ein Kontext ist, der von anderen konterkariert wird. Vielleicht muss die Soziologie tatsächlich ihr 19. Jahrhundert-Erbe abschütteln: Sowohl die Konzentration auf das kritisch räsonnierende Handlungssubjekt mit eigenem, subjektiv gemeintem Sinn als auch der auf selbstbewusste Gestaltung drängende politisierte Gesellschaftsbegriff entstammen einer historischen Erfahrung, in der exakt dies erkämpft wurde: *dass tatsächlich gehandelt wird und dass Gesellschaft gestaltet werden kann.* Vielleicht muss die Soziologie sich selbst historisieren, um lernen zu können, dass diese Perspektiven womöglich blind dafür machen, wie soziale Ordnung entsteht – sowohl im Hinblick aufs Handeln als auch darauf, dass das Politische nur ein Kontext unter anderen ist. Ich habe in der ersten Vorlesung bereits darauf aufmerksam gemacht.

Die Entstehungsgeschichte führt als Erbe der Soziologie letztlich zwei begriffliche Einschränkungen mit. Das ist zum einen die Konzentration des Gesellschaftsbegriffs auf die Sozialdimension, d.h. auf die Frage der Partizipation, der Zugehörigkeit und damit der politischen Formierung der Gesellschaft, und auf die Zeitdimension, d.h. auf das Vertrauen, dass (politische) Gesellschaftsgestaltung eine bessere Zukunft hervorbringt.[125] Dieses Erbe hat viel damit zu tun, wie vormoderne Gesellschaften aufgebaut waren, nämlich als stratifikatorisch, also in Schichten differenzierte Gesellschaften. Besonderen Strukturwert für weitere Kommunikation hatte hier die Frage, *wer* gehandelt und kommuniziert hat. Wahrheitswert, rechtliche Bedeutung, politische und auch ökonomische Potenz hingen fast ausschließlich davon ab, ob der Handelnde oder der Adressat von höherem oder niedrigerem Rang war.[126] Der Rang, das Schema *oben/unten* war letztlich das, was alles in der Gesellschaft vorreguliert hatte. Auch Weltbilder waren deshalb wie Pyramiden aufgebaut – alles Niedere musste aus dem Höheren folgen. Gerade deshalb fiel es etwa (natur-)wissenschaftlichen Erkenntnissen so schwer, sich gegen religiöse Wahrheiten durchzusetzen. Was heute nebeneinander existiert, musste in vormoderner Zeit um einen Rang kämpfen – und zur Not musste jemand, der behauptet, dass sich die Erde um die Sonne dreht, wider besseres Wissen widerrufen, wenn er nicht dafür sterben wollte. Sachaspekte wurden Rangaspekten subordiniert – durchaus in alltagspraktisch drastischer Form, wenn man etwa an die Selbstverständlichkeit des Züchtigungsrechts von Gutsbesitzern ihren Untergebenen gegenüber denkt, das etwa bis zur Einführung des *Allgemeinen Landrechts* in Preußen galt.

Genau dagegen hat das soziologische Denken opponiert: Gegen die Legitimation des Handelns aus Rang- und Herrschaftszusammenhängen wurde das subjektive Motiv gesetzt, Subjektivität als Doppelsymbol für die Einzigartigkeit und die Gleichartigkeit aller Individuen. Und gegen die obrigkeitliche Konservierung von Ordnung wurde ein politisierter Gesellschaftsbegriff gesetzt. Dieses Erbe hat die Soziologie lange behindert, die gesellschaftliche Differenzierung in der Sachdimension, also an Logiken und Kontexten, wirklich ernst zu nehmen. Der hier präsentierte Gesellschaftsbegriff versucht dies zu berücksichtigen.

Am speziellen Milieu der Soziologie lässt sich all dies tatsächlich beobachten. Die größte Plausibilität scheint das soziologische Denken tatsächlich dort zu haben, wo es als Anwalt der Beherrschten und der weniger Privilegierten auftritt. Was ich in der achten Vorlesung als *Kulturalisierung* beschreiben werde, stößt in ein ähnliches Horn. Insofern ist die Soziologie tatsächlich so etwas wie ein *Soziale-Aufsteiger*-Fach, und seine öffentlichkeitswirksame Hochzeit fällt tatsächlich in eine Epoche der modernen, westlichen Industriegesellschaft, in der in den sechziger und siebziger Jahren des 20. Jahrhunderts sowohl der soziale Aufstieg als auch die Emanzipation von sozialen und kulturellen Schranken zu beobachten war. Man sollte diese Milieugebundenheit der Soziologie nicht unterschätzen, wenn man sich die begriffliche Nomenklatur des Faches ansieht – und man sollte nicht vergessen, wie sehr es tatsächlich um etwas ging. Einer meiner soziologischen Lieblingsbegriffe ist deshalb der Begriff der *illusio* von Pierre Bourdieu.

Bourdieu beschreibt eine Gesellschaft, die vor allem durch Kämpfe um Ressourcen, Teilhabe und Positionen geprägt ist. Was er aber zugleich sieht, ist, dass es in der konkreten Praxis zugleich nicht nur darum geht, sondern *um die Sache selbst*. Bourdieu sieht, dass es den Menschen *um etwas geht* – selbst wenn der Soziologe beobachtet, dass hinter dem Rücken der Akteure andere Kräfte walten. Bourdieu sieht mit, dass es im wissenschaftlichen Feld den Akteuren tatsächlich um die Gewinnung von Erkenntnissen geht, im religiösen Feld um den authentischen Glauben, im politischen Feld um gemeinwohlorientierte Entscheidungen, im künstlerischen Feld um ästhetische Qualitäten usw. Diese *illusiones*[127] sind es, die die Akteure dazu befähigen, in ihren Feldern diejenigen Ressourcen zu verwenden, die das Feld zur Verfügung stellt.

Ich erwähne dies hier deshalb, weil man mit dem Begriff der *illusio* sehr schön die soziologische Begriffsbildung selbst beobachten kann: Die *illusio* scheint darin zu bestehen, dass man tatsächlich Begriffe findet, die soziale Praxis abbilden – ein genauerer Blick sieht freilich, dass diese Begriffe zugleich eine historische Erfahrung abbilden, in der es um Emanzipation geht, um die selbstbewusste Positionierung des Akteurs gegen die Verhältnisse. Deshalb promoviert der Handlungsbegriff den individuellen Entscheider mit subjektiv erzeugtem Motiv; deshalb misstraut die Soziologie dem reflexionsfreien Handeln; deshalb ist der Gesellschaftsbegriff ein Geselligkeitsbegriff, ein Begriff, der auf die politische Arena und die Solidaritätsverpflichtung der Mitglieder untereinander zielt.

Um nicht missverstanden zu werden: Diese *illusio* der soziologischen Begrifflichkeit aufzudecken, heißt nicht, die soziologischen Begriffe zu kritisieren oder sie für falsch zu halten. Vielmehr sollen sie kontextualisiert werden – denn die Öffentlichkeitswirksamkeit der Soziologie hatte exakt mit diesen Kontexten zu tun, deren Auseinandersetzung um kulturelle und gesellschaftliche Pluralisierung, um individuelle Lebensstile und um die Kritik an autoritären Verhältnissen in Familien, Geschlechterbeziehungen und Schulen von großer gesellschaftlicher Bedeutung war. Das heute sehen zu lernen, eröffnet erst die Möglichkeit, die analytischen Blockaden eines fast ausschließlich politisch formierten Gesellschaftsbegriffs zu überwinden und andere Perspektiven zu entwickeln. Wie das mit Erbschaften so ist – man lebt davon, muss sie aber auch irgendwie los werden.

Ein zweites mitgeführtes Erbe ist die Identifizierung von Gesellschaft und Nationalgesellschaft. Wie selbstverständlich hat man die Grenzen von Gesellschaften an nationalen Grenzen festgemacht, also an *politischen* Grenzziehungen, die keinesfalls mit ökonomischen, religiösen, wissenschaftlichen oder auch ästhetischen Grenzen parallel verliefen.[128] Erst recht galt das nicht für Lebensrealitäten, die nicht erst in der zweiten Hälfte des 20. Jahrhunderts von Migrationen bestimmt waren. Nun lässt sich auch dies historisch erklären. Modernisierungsprozesse waren zutiefst mit der Entstehung moderner Nationalstaaten verbunden, die im 19. Jahrhundert parallel mit liberalen Ökonomien, Urbanisierung und Industrialisierung verbunden war. Ordnungen *sahen tatsächlich so aus, als ob* sie nationale Ordnungen gewesen wären, was sie schon damals nicht waren. Die Politisierung des Gesellschaftsbegriffs freilich hat die Soziologie erstaunlich lange davon abgehalten, die globale Realität einer *Weltgesellschaft*[129] anzuerkennen, was ja schon in den räumlichen Antinomien ökonomischer und politisch-nationaler

Handlungsräume deutlich zu sehen ist, von der kulturellen Globalisierung ganz zu schweigen, auf die ich in der achten Vorlesung zu sprechen komme.

Für die Zwecke dieser Einführung mag das Gesagte genügen. Jedenfalls sollte deutlich geworden sein, dass ein operativer Gesellschaftsbegriff nationale Grenzen nur als einen Kontext unter anderen ansehen kann. Welche Auswirkungen diese weltgesellschaftliche Realität dann im Einzelnen hat, ist eine empirische Frage. Die Rede von sogenannten *transnationalen Realitäten* meint jedenfalls nichts anderes als Handlungsräume, die über nationale Grenzen hinweggehen.[130] Gerne denkt man dabei an Migrantengruppen, deren Lebenswirklichkeit Staatsgrenzen bisweilen über Kontinente hinweg überscheiten. Eine solche *transnationale Realität* wäre aber auch Pauls Netzwerk, das es ihm erlaubt, seinen Kumpel in New York befragen zu können. Dass derzeit Vieles in dieser Debatte eher politisch aufgeladen ist – bis zur Forderung einer *kosmopolitischen Soziologie* – ist gut gemeint, aber verharrt bei aller Innovationsrhetorik im klassischen soziologischen Denken, das eben nur eine politisierte Gesellschaft in der Sozialdimension kennt.[131] Um das sehen zu können, bedarf die Soziologie jedenfalls eines Gesellschaftsbegriffs, der sich für Ordnungsaufbau interessiert und nicht nur für den Appellcharakter in den Arenen der Kämpfe um Handlungsmacht und Partizipation. Dazu soll jener Gesellschaftsbegriff dienen, der uns gemeinsam mit Paul in das Hinterzimmer einer Galerie und in eine Schwabinger Osteria geführt hat.

Siebte Vorlesung: Individuum, Individualität, Individualisierung

Paul kommt nach den sehr gelungenen „Verhandlungen“ mit Frau B wieder in die Bank zurück. Es sollte noch ein langer Tag werden, denn am Abend findet in einem recht gediegenen Lokal die alljährliche Weihnachtsfeier der Bank statt. Die Geschäftsleitung bittet alle Mitarbeiter ab einer bestimmten Hierarchieebene zu einem mehrgängigen Menü und zwanglosen Beisammensein. Dafür muss Paul noch nach der Arbeit nach Hause fahren und sich entsprechend stylen. Also setzt er sich trotz aller Euphorie nach dem Treffen mit Frau B auf den Hosenboden und arbeitet ab, was zu tun ist. Da klingelt das Telefon. Es ist wieder seine Mutter. Er hasst es, wenn sie sich in der Bank meldet. Natürlich fängt sie wieder mit Weihnachten an. Sie fragt wiederum nicht, ob und wann er kommt, sondern sie macht bereits Pläne. „Wir werden am Heiligen Abend zuerst ...“ Es folgt eine längere, detaillierte Ausschmückung all dessen, was sich geradezu selbstverständlich an Weihnachten ereignen wird. Dabei fallen Sätze wie: „Das mögen wir doch so gern!“ oder „Wir haben das ja immer so gemacht!“ und Ähnliches. Paul wird es langsam unwohl. Er hat sich ja überhaupt noch nicht geäußert. Auf die Spitze treibt es seine Mutter mit dem Satz: „Und so lange Du noch alleine bist, Du weißt schon, was ich meine, sind wir doch Deine Familie. Wir stehen zusammen.“ Jetzt platzt Paul der Kragen. „Ich habe einfach keine Lust, immer das Selbe zu machen. Du lässt mir gar keinen Raum, irgendwas selber zu entscheiden. Warum muss das immer nach dem gleichen Muster ablaufen? Seit 30 Jahren die gleichen Weihnachtstage, wahrscheinlich reden wir auch schon seit 30 Jahren immer das Gleiche.“ „Ja, und das ist doch auch schön so, oder? Weihnachten ist doch immer der Höhepunkt für die Familie“, säuselt Muttern und wird jäh von ihrem Sohn unterbrochen. „Ich habe dieses Jahr keine Lust mehr dazu. Ich möchte einfach selber entscheiden können, was ich mit meiner freien Zeit anfange. Ihr könnt ja gerne immer alles nach dem gleichen Muster machen, aber ich brauch endlich mal Luft – und ich weiß noch nicht, mit wem ich die Weihnachtstage verbringen möchte.“

Das wollte Paul eigentlich gar nicht sagen. Eigentlich hat er ja gar nichts dagegen, an Weihnachten bei seinen Eltern zu sein. War ja doch immer ganz gemütlich. Aber immer diese Einengung. Er hat seine Mutter kaum einmal „Ich“ sagen hören, immer nur „Wir“, und Paul wusste, dass er in dieses „Wir“ mit Haut und Haaren eingeschlossen ist. Es tat ihm schon leid, dass er so schroff war, bis seine Mutter, in Tränen ausgebrochen, ausrief:

„Aber wir gehören doch zusammen. Junge, Blut ist dicker als Wasser. Wirklich verlassen kannst Du Dich nur auf uns, das wirst Du schon noch sehen." Nun war alles zu spät.

Paul beendet das Gespräch mit dem Hinweis auf viel Arbeit und macht sich wieder an dieselbe – nun alles andere als euphorisch und konzentriert. Zwei Dinge gehen ihm durch den Kopf: Zum einen erhofft er sich insgeheim ein paar schöne Tage mit Frau B, er weiß inzwischen, dass sie Paula heißt, was für ein Zufall. Außerdem erinnert er sich an seine morgendliche Krise. Nichts passe zusammen in seinem Leben. Er erinnert sich an eine Serie über die sogenannte „Individualisierung" vor ein paar Monaten in einer Wochenzeitung. Da wurde in drei Wochen breit darüber berichtet, wie schwierig die Lebenslagen von Menschen wie ihm seien. Alles müsse man selber machen, keine wichtige Entscheidung werde einem mehr abgenommen, man müsse immer flexibler werden, um Familie, Arbeit, Freizeit und den Rest unter einen Hut zu bringen, und Bindungen an andere, sowohl in Liebesdingen wie in Freundschaften, werden immer schwieriger. Konjunkturkrisen und Arbeitslosigkeit würden einem selbst zugerechnet. „Individualisierung" wurde das genannt – „Soziologen" sollen den Begriff erfunden haben. Na ja, klingt ganz plausibel, denkt Paul, und kann sich nun viel besser verstehen. Seine Mutter lebt eben noch ganz in der Gemeinschaft von Familie, Nachbarschaft und Freundeskreis, alles stabil über Jahrzehnte. Und er, Paul, kann in seinem Leben eigentlich nur Diskontinuität, Unregelmäßigkeit entdecken. „Individualisierung", eigentlich ne schöne Beschreibung. Er sollte öfter mal nicht nur den Börsenteil lesen, sondern auch ins Feuilleton gucken. Er beginnt tatsächlich zu verstehen, wie individuell sein Leben ist, wie sehr er sich mit einem eigenen Leben arrangieren muss, einen eigenen Stil entwickelt und eigentlich nur vor sich selbst gerade stehen muss. Das ist ne echte Herausforderung für Paul. Wenn seine Lebenslage einen eigenen Namen hat, dann muss das schon was sein.

Inzwischen ist er schon auf dem Weg zurück nach Hause. Er ruft gleich bei Frau B an, bei Paula, und schmalzt ein bisschen auf den Anrufbeantworter. „Schöne Zeit", müsse man „bald wiederholen" und so weiter. Na, das kann noch spannend werden. Paul macht sich frisch, zieht sich gediegen, aber nicht zu feierlich an, gerade dezent genug, um es für selbstverständlich halten zu können, und gerade gediegen genug, um zu zeigen, dass das heute etwas Besonderes ist. Paul lässt sich mit dem Taxi in das Restaurant fahren. Er ist weder zu pünktlich noch zu unpünktlich, um aufzufallen, und setzt sich an einen der noch freien Plätze. Die Gespräche gehen ihren gewohnten Gang. Man redet über die Bank, über die, die gerade noch nicht da sind oder nicht in Hörweite, sowie über den üblichen Schnack – ein bisschen Politik, ein bisschen Freizeit, ein bisschen Fußball, die neuesten Neuigkeiten, das Styling der Abwesenden wird kommentiert, das Übliche eben. Der Abend verspricht ganz nett zu werden.

Der Geschäftsführer der Bank hält eine kurze Ansprache, die er so wohl schon öfter zum Besten gegeben hat, dann wird das Essen serviert. Es passt alles. Die Speisenfolge zum Anlass, die Weine zu den Speisen und die Geschwindigkeit zur Stimmung. Die Zungen werden nun lockerer. Man präsentiert sich nun mit eher persönlichen Themen, redet über Karrierewünsche und Privates, über Urlaubsvorstellungen, wie man sein Leben leben will usw. Paul kommt wieder schlecht drauf. Ihm fällt ganz merkwürdig auf, dass alle irgendwie das Selbe wollen. Einen guten Job, trotzdem eine gute Beziehung, auch Kinder, „irgendwann" wenigstens, das Leben soll ebenso Spaß wie Tiefgang bereithalten, man sollte besser wissen, was man will, auch hier das Übliche. Paul fällt auf, dass all die Leute hier, die so wunderbar in das Raster passen, das er gerade gelernt hat – „individualisiert" zu sein – das Selbe wollen. Und das gilt nicht nur für die Formeln, mit denen man sich beschreibt, sondern sogar für das Styling. Letztlich haben alle die gleichen individuellen *outfits*, und alle spielen mit ähnlichen Reizen, der eine besser, der andere schlechter. Aber genau genommen, folgt die Performance doch recht erwartbaren Bahnen. Und auch die Konsumwünsche sind ähnlich. Audi TTs, BMW Z3s und Mercedes SLKs wollen sie alle fahren, später dann vielleicht einen Volvo- oder Mercedes-Kombi. Paul ist erstaunt. Wie kommt es, dass all diese „individualisierten" Leute fast die gleichen Wünsche haben? Wie kommt es, dass sie das nicht sehen, sondern diese Wünsche mit ganz persönlichem Charme rüberbringen? Paul ist verunsichert. Sicher spielt auch der gute Cognac – natürlich ein *Henessy Privilege* – eine Rolle, von dem er doch schon einige nach dem Essen geordert hat.

Aber blitzartig fährt es ihm in den Kopf: „Wie meine Mutter. Die müsste sich eigentlich hier wohl fühlen. Alle wollen das Selbe." Das ist Paul dann doch zu skurril. Es war hinreichend spät, um die Veranstaltung verlassen zu können. Er bedankt sich, sucht seinen neuen BOSS-Mantel an der Garderobe – „Mein Gott, die Mäntel sehen alle gleich aus!" – und verschwindet nach Hause. Er ist gar nicht mehr sicher, ob das wirklich seine Wohnung ist. Aber war ja auch egal. Bestimmt sehen alle Wohnungen gleich aus. Er hoffte, nichts zu träumen – es würde bestimmt ein Standardtraum werden.

Dass Menschen *Individuen* sind, sollte selbstverständlich sein und wenig überraschen. Was aber meint *Individualität*? Individualität scheint ein steigerbarer Sachverhalt zu sein, denn sonst könnte man nicht von *Individualisierung* sprechen, also von einem Vorgang, der die Individualität von Individuen steigert. Nehmen wir uns zunächst Pauls Telefongespräch mit seiner Mutter vor. Seine Mutter kennt in ihren Sätzen offensichtlich nur ein „Wir", aber kein „Ich". Sie tritt als Mitglied einer Familie auf und scheint mit dem, was sie sagt, die Welt in Mitglieder und Nicht-Mitglieder ihrer Familie einzuteilen. Das mag in der Geschichte zu Veranschaulichungszwecken womöglich überstilisiert sein, aber durchaus nicht unrealistisch. Die Argumente von Pauls Mutter zielen nicht auf Pauls individuelles Motiv, sondern darauf, dass seine Mitgliedschaft zur Familie seine Anwesenheit zu Weihnachten gewissermaßen naturwüchsig erwartbar macht. Es braucht dafür keine Entscheidungen. Paul dagegen wehrt sich. Im Gespräch mit seiner Mutter wird er geradezu pubertär widerspenstig, was wir hier nicht psychologisch deuten wollen, sondern mit reziproken Verhaltenserwartungen erklären. Paul greift auf Sozialisationserfahrungen zurück – und wird von seinem eigenen Verhalten überrascht, indem er auf *bewährte* Rollen zurückgreift: sich gegen die Ansprüche seiner Mutter als Individuum darstellen zu können, nicht nur als Mitglied einer Familie. Worauf es mir ankommt, ist dies: Es geht nicht um einen banalen Streit, ob Paul an Weihnachten sein Elternhaus besucht oder nicht – denn vor sich selbst gibt er zu, dass er gerne hinfahren würde (wenn da nicht die vage, allzu vage Aussicht auf Weihnachten mit Paula wäre...). Es kommt also gar nicht primär auf die Konsequenz des Handelns an, sondern darauf, dass er sich die Konsequenz des Handelns als Ergebnis einer *individuellen Entscheidung* zurechnen lassen möchte.

Individualisierung wäre also jener historische Prozess, der im Laufe der gesellschaftlichen Modernisierung dazu geführt hat, dass Individuen ihre Entscheidungen zunehmend als individuelle Entscheidungen erleben und dass die Gesellschaft erwartet, dass das Leben in gewissermaßen *individueller Verantwortung* geführt wird. *Individualisierung* wäre also eine *Zurechnungsform* – das Meiste, was in einem Leben geschieht, wird dem Individuum selbst zugerechnet. Diese Individualisierungsdiagnose gehört – zumindest im deutschsprachigen Bereich – zu den wohl erfolgreichsten und wirksamsten Diagnosen der Soziologie.[132] Das gilt wohl auch deshalb, weil es dieser Diagnose wie keiner anderen gelingt, eine Chiffre anzubieten, die sich in eigene Erfahrungen übersetzen lässt.

Der Generationenkonflikt, den ich zwischen Paul und seiner Mutter stilisiert habe, mag zunächst banal erscheinen. Aber er verweist darauf, dass sich in den Lebensformen der letzten beiden Generationen tatsächlich eine Veränderung abzeichnet, die sich vor allem an der privaten, der familialen Lebensführung beobachten lässt. Sicher hat es Generationenkonflikte schon länger gegeben, was sich aber hier zeigt, ist ein verändertes Verhältnis etwa der Eindeutigkeit und Alternativlosigkeit der Familienmitgliedschaft und daraus resultierender praktischer Konsequenzen.

Ich habe absichtlich keine der eher dramatisch erlebten Veränderungen als Beispiel genommen: etwa jene Emanzipationsprozesse von Frauen, an denen sich die Veränderungen von Familienformen am deutlichsten ablesen lassen, auch keine sonstige Emanzipationsgeschichte mit literarischen Qualitäten.[133] Das Besondere an diesem Individualisierungsprozess ist, dass er sich auch in eher kleinen Veränderungen zeigt. Pauls Mutter bringt zum Ausdruck: So lange ein junger Mensch wie Paul noch nicht verheiratet ist und keine eigene Familie hat, ist er nicht nur abstrakt Mitglied seiner Herkunftsfamilie – diese Mitgliedschaft hat vielmehr auch praktische Konsequenzen. Es ist dann selbstverständlich, dass bestimmte Formen eingehalten werden, und zwar ohne dass dafür eine Entscheidung vonnöten ist. *Weihnachten* ist ja – jenseits seiner religiösen Bedeutung – geradezu das Symbol für die bürgerliche Selbstinszenierung von Familien. An Weihnachten kulminiert die klassische bürgerliche Familienidee, dass hier die eindeutige Mitgliedschaft sich in Anwesenheit niederschlägt. Man lese nur das berühmte Weihnachtskapitel aus Thomas Manns *Buddenbrooks* (1901).

Das kennen wir auch heute noch – aber der soziologisch entscheidende Punkt ist der, dass diese Anwesenheit heute Entscheidungen verlangt. Wir vernachlässigen jetzt einmal die Probleme so genannter Patchwork-Familien, bei denen multiple Elternschaft, durch Scheidungen oder Trennungen uneindeutige Generationenbeziehungen etc. das Problem der Mitgliedschaft und Anwesenheit angesichts der Konzentration auf wenige Tage im Dezember tatsächlich zur logistischen Herausforderung machen. Dass Uneindeutigkeiten Entscheidungen erfordern, haben wir bereits in der Organisationsvorlesung behandelt: Entschieden werden muss nur, wenn Uneindeutigkeiten und Nicht-Wissen vorliegen, wenn die Dinge also auch anders sein könnten. All das ist bei Paul ja gar nicht der Fall. Er ist ein langweiliger Single, der aus einer langweiligen kleinbürgerlichen Familie kommt, und aus der Perspektive seiner Mutter gibt es damit auch gar keine Probleme – und genau das erzeugt die Probleme. Paul ist nicht daran gewöhnt, dass die Dinge sich einfach ohne Entscheidung so fügen, wie sie zu sein haben. Er hat letztlich in der Konsequenz nichts dagegen, an Weihnachten das Selbe zu tun wie seit Jahrzehnten – aber er will das wenigstens selbst entschieden haben.

Individualisierungsprozesse haben unmittelbar damit zu tun, dass immer mehr entschieden werden muss, d.h. dass sich auch für das, was den Menschen widerfährt – womöglich auch für das, was ihnen *ohnehin* widerfährt – Gründe genannt werden müssen. Das ist es, was individualisierte Lebenslagen ausmacht. Und das Besondere an solchen Lebenslagen besteht darin, dass es eben nicht nur um die viel schöner beschreibbaren dramatischen Veränderungen geht, sondern vor allem um kleine, alltagsrelevante Verschiebungen. Alles, auch die Wahl eines bestimmten Lebensstils, sogar die Wahl eines eher traditionellen, eher wenig individualisierten Lebensstils kann in dieser Gesellschaft nach Gründen befragt werden. Das wird an dem Abend deutlich, an dem Paul mit seinen Arbeitskollegen über Zukunftspläne spricht. Etwas überstilisiert haben alle dieselben Wünsche – darauf werde ich noch zurück kommen. Aber sehr deutlich dürfte geworden sein, dass die Fragen und Unsicherheiten, die Wünsche und Ziele, erst recht ihre Erreichung offensichtlich zunehmend auf *individuelle Entscheidungen* zurück geführt werden müssen. Das ist es, was mit dem Begriff der *Individualisierung* gemeint ist.

Dass Individuen sich zunehmend *als Individuen beschreiben* hat offensichtlich mit Anlässen zu tun, mit sozialen Anlässen, in denen Menschen tatsächlich als Individuen gefragt sind. Der Blick ist also auf die *gesellschaftliche Genese von Individuen* zu richten. Als Individuen erleben sich Menschen vor allem dann, wenn sie als Individuen *angesprochen* werden – wir kommen hier wieder auf das wichtige Konzept der *Rolle* zurück. Es ist eine reziproke Verhaltenserwartung, sich individualisiert zu verhalten und selbst zu beschreiben.[134] Letztlich lautet das Muster paradoxer Weise: *Folge keinem Muster*. Wo ein solches Muster eingefordert wird, erleben sich Handelnde als individualisiert. Um wieder auf den Disput Pauls mit seiner Mutter zu kommen: Er scheint darunter zu leiden, dass er nicht als Individuum angesprochen wird, sondern nur als Mitglied.

An den Gesprächen, die Paul auf der Weihnachtsfeier mit seinen Kolleginnen und Kollegen führt, lässt sich ein wenig von solchen Anlässen wieder finden. In unserer Geschichte zeigt sich das nun nicht in tiefsinnigen Reflexionen. Die Anwesenden bringen nicht ihre Tagebücher oder Autobiografien zum Besten, sondern relativ banale Alltäglichkeiten, die man aber angemessen *lesen* muss. In dem unverdächtigen Wunsch, Karriere und Intimbeziehung, Freizeit und Tiefgang, Stile und Formen, letztere sogar ausgedrückt in Konsumwünschen, Familienzukünfte und Lebenszufriedenheit zusammen zu denken, wird in der Tat etwas ausgedrückt, was man letztlich kennt. Wahrscheinlich wird so etwas auf jeder Weihnachtsfeier besprochen, und je nach Milieu, Zusammensetzung der Gruppe und Anlass werden die Wünsche unterschiedlich ausfallen. Dass sich solche Fragen aber letztlich als *Koordinationsfragen* stellen, verweist darauf, dass hier Individuen gefragt sind, denen solche Fragen nicht abgenommen werden können. Spannend ist daran, dass es erst die Erzähl- und Reflexionsanlässe sind, die das so *individualisierend* zu Tage treten lassen. Auf Englisch lässt es sich schöner sagen: *Reality is more pedestrian!* Wie sich erzählte Vergangenheiten oftmals erst in der Erzählung als Folge individueller Entscheidungen und Handlungen mit subjektiv gemeintem Sinn erweisen, könnte das auch für antezipierte Zukünfte individueller Leben gelten. Danach befragt, weiß man, dass sich das Leben kaum anders *beschreiben* lässt. Auch die *Beschreibung* ist eine Praxis, in die man verstrickt ist, erfordert es, *getan* zu werden. In einer solchen Praxis werden wir erst zu denen, als die wir in solchen Praxen vorkommen. Die erzählte Selbstvergewisserung bildet also keineswegs gelebtes Leben ab, sondern bringt es praktisch hervor, *als Beschreibung* – ob es sich auch so leben lässt oder ob es auch so gelebt wird, ist hier nicht beantwortbar: Das ist eine empirische Frage. Es wäre jedenfalls außerordentlich unrealistisch, wenn die Praxis der Beschreibung die Praxis des Beschriebenen abbilden würde. Es sind dies zwei unterschiedliche

Praxisformen! Wer sich also soziologisch mit der Frage der *Individualisierung* befasst, muss immer mit daran denken, in welchen Kontexten, bei welchen Anlässen und vor wem sich die gelebte soziale Realität *individuell zurechnen lässt* bzw. wo das nicht der Fall ist oder wo einem womöglich gar keine andere Möglichkeit bleibt, als dies zu tun. Ich wiederhole: dies ist eine *empirische* Frage.

Dass die moderne Gesellschaft einen starken Trend zur *Individualisierung* hervorbringt, bedeutet also nicht, dass tatsächlich alle soziale Praxis sich jenem Modell fügt, alles sei letztlich Ergebnis individueller Entscheidungen, die ganz dem Individuum zuzurechnen seien. Was den Trend der Individualisierung freilich bestimmt, ist die Tatsache, dass die moderne Gesellschaft zahlreiche Anlässe schafft, in denen die Form individueller Entscheidung erwartet wird – prospektiv oder retrospektiv und keineswegs nur in jenen bildungsnahen Formen der bürgerlichen Gesellschaft, die dafür vor allem die Medien des Religiösen und des Literarischen eingesetzt hat – ich werde darauf zurück kommen.

Einige Beispiele mögen dies verdeutlichen: Alle Funktionslogiken der modernen Gesellschaft bringen letztlich Entscheidungsanlässe hervor. Die moderne kapitalistische *Marktökonomie* kennt letztlich nur individuelle, voneinander entkoppelte Entscheider – das gilt auf allen Märkten, auch auf Arbeitsmärkten. Das heißt nicht, dass alle Marktteilnehmer die gleichen Chancen und Ausgangslagen hätten, aber der individualisierende Effekt besteht darin, dass Marktteilnehmer auch die Folgen von Marktversagen oder Konjunkturkrisen je individuell spüren. Das moderne *Rechtssystem* kennt letztlich nur individuelle Zurechnungsfähigkeiten, um entweder Schuld im Strafrecht oder Ansprüche im Zivilrecht festlegen zu können. Und wo diese Festlegung nicht möglich ist, wird dem Individuum etwa durch Bescheinigung von *Unzurechnungsfähigkeit* exakt jene Unterstellung entzogen, als ein (vernünftiges) Individuum gehandelt zu haben. Das *Gesundheitswesen* schafft individualisierende Anlässe durch Anamneseerhebung und neue Verantwortlichkeiten für den eigenen Körper. Gerade die Moralisierung des Zusammenhangs von Lebensführung und Krankheit/Gesundheit führt dazu, dass Gesundheit individuell hergestellt werden muss – durch Selbstkontrolle und Selbstbeobachtung. Das *Bildungssystem* muss kaum erwähnt werden – es individualisiert durch Antezipation einer Bildungskarriere. Das *politische System* erzeugt zwar zunächst kollektive Zurechnungsadressen – das Staatsvolk oder die Menschheit, die Wählerschaft oder alle möglichen Betroffenen –, es erzeugt aber auch als Rechts- und Wohlfahrtsstaat individuelle Anspruchsberechtigte und Leistungsbezieher. *Partnerwahl* und *Elternschaft* individualisieren dadurch, dass Entscheidungen erwartet werden, in denen der andere als konkrete, unverwechselbare Person vorkommt. Und das *Beschäftigungssystem* erzeugt individuelle Karrieren.

Man kann an diesen Beispielen ablesen, dass die moderne Gesellschaft letztlich alles, was geschieht, nur individuell oder individualistisch *beschreibbar* ermöglicht. Dass die Programme der erwähnten Funktionslogiken in der angedeuteten Weise individuell zurechnen bzw. individuelle Zurechnungen geradezu erzwingen, bedeutet freilich nicht, dass sich die gesellschaftliche Praxis tatsächlich stets dieser individualisierten, man könnte sagen: transparenten Form der Reflexion und Zurechnung fügt. Es bedeutet aber, dass dort, wo dies *beschrieben* werden muss, individuelle Zurechnung unvermeidlich wird.[135]

Die Individualisierungsdiagnose ist letztlich keine schwierige Diagnose. Sie reagiert darauf, dass die moderne Gesellschaft keine eindeutigen Vorregulierungen mehr kennt, wie individuelle Leben geführt werden. Ulrich Beck hat das in dem schönen Satz verdichtet, dass alles, was institutionell in der modernen Gesellschaft getrennt sei – Familie und Erwerbsarbeit, Ausbildung und Beschäftigung, Verwaltung und Verkehrswesen, Konsum, Medizin, Pädagogik – in Individuen fokussiert werde. Individuallagen lägen *quer* zur Struktur der Gesellschaft, und deshalb müssten Individuen gewissermaßen die Differenziertheit der Gesellschaft integrieren, und zwar in ihrer eigenen Lebenspraxis. Und deshalb handle es sich bei *individualisierten Lebenslagen* eben nicht um beziehungslose Lebenslagen, sondern um *institutionenabhängige Lebenslagen.*[136]

Diese Institutionenabhängigkeit kommt in den Gesprächen bei der Weihnachtsfeier gut zum Ausdruck: Probleme der Lebensführung werden gar nicht in der Attitüde bürgerlicher Innerlichkeit vorgetragen, sondern im Spannungsfeld von Institutionen – Arbeitsplatz, Familie, Freizeit, Konsum usw. Eine funktional differenzierte Gesellschaft vermag es also nicht, konkrete Lebensmodelle vorzustrukturieren, d.h. die Passung des Individuums an die Gesellschaft erfolgt nicht mehr in dem Sinne, dass sich aus einer bestimmten sozialen Lage der Rest des Lebens von selbst ergibt. Was die Kolleginnen und Kollegen von Paul tun müssen, ist, im Bestimmungsbereich von gesellschaftlichen Anforderungen das eigene Leben gewissermaßen koordinierend in den Griff zu bekommen – und das wird im Vergleich zu früheren historischen Formen als *Individualisierung* erlebt.

Dass Individualität und ihre individualisierten Steigerungsformen sich tatsächlich gesellschaftlichen *Anlässen* verdanken, lässt sich gut im historischen Vergleich verdeutlichen. So zeigt etwa der Historiker Arthur E. Imhof in einer beeindruckenden Studie über die Nachfolgeregelung eines Hofes in Nordhessen vom Mittelalter bis in die Neuzeit, dass dieser Hof über Jahrhunderte von Johannes Hooss geleitet wurde – natürlich nicht von *einem* Johannes Hooss, der ein alttestamentarisches Alter hätte erreichen müssen. Entscheidend war, dass immer wieder eine Person zur Verfügung stand, die Johannes Hooss hieß und in der Nachfolge den Hof übernahm. Dieser Johannes war zwar ein Individuum, aber individuelle Entscheidungen wurden ihm nicht abverlangt, und letztlich war er aufgrund der Ununterscheidbarkeit der Namen auch gar kein Individuum, sondern eben eine Person an dem Platz, an dem sie stand.[137] Die Frage, wann er sich denn entschieden habe, Bauer zu werden und die Leitung des Hofes zu übernehmen, wäre auf Unverständnis gestoßen. Diese Geschichte zeigt, wie wenig in früheren Gesellschaften Individualität und soziale Erwartungen auseinander fielen. *Herkunft und Zukunft fielen zusammen.* Diese Konstellation entsprach einer Gesellschaftsform, die sich vor allem durch Rangordnungen und Stabilität auszeichnete. Fragen danach, wer man sei, was man wolle und was man für die Zukunft zu entscheiden habe, waren immer schon beantwortet – durch den sozialen Ort, an dem man sich befand.

Zwar lassen sich auch heute statistisch Wahrscheinlichkeiten berechnen, nach denen etwa ein bestimmtes Geschlecht oder eine bestimmte soziale Herkunft bestimmte Lebenswege wahrscheinlicher machen als andere. Wer als Kind wohlhabender, akademisch gebildeter Eltern geboren wird, hat sicher eher die Chance auf eine akademische Ausbildung und einen gut bezahlten Arbeitsplatz als etwa ein Abkömmling eines Migranten, der seine Brötchen (oder Fladenbrote) als ungelernter Arbeiter verdient.[138] Dennoch verfügt die moderne Gesellschaft unserer Region nicht mehr über jene eindeutigen Fahrpläne, nach denen Lebensverläufe festgelegt sind. Die moderne Gesellschaft ist deshalb auf ein Personal angewiesen, das in der Tat in der Lage ist, Entscheidungen über das eigene Leben zu fällen – das reicht von Berufs- und Partnerwahl, Wahl des Wohnortes bis zur Wahl von ästhetischen und kulturellen Stilen. Und selbst wenn das meiste davon nicht wirklich das Ergebnis einer expliziten Wahl ist, so lassen sich Lebensgestalten fast nur in Form von *Individualitäten* beschreiben. Das bedeutet, dass sogar nicht selbst Entschiedenes individuell zugerechnet werden muss – und wenn nicht im Sinne einer Entscheidung, dann muss es wenigstens in eine Form gebracht werden, die mit der Person kompatibel ist.

Diesen Prozess soziologisch zu beschreiben ist nicht ganz einfach, auch wenn die Sache selbst zunächst sehr einfach klingt, schon weil sie sehr plausibel ist. Dass sich Formen der Selbstbeschreibung und der Lebensführung und -planung immer weniger auf Vorentschiedenheiten, auf selbstverständliche Verläufe verlassen können und dass immer mehr Entscheidungen erforderlich sind, ist evident. Weder Berufsverläufe noch Partnerschaften, weder ästhetische Stile noch sonstige Vorlieben, nicht einmal religiöse Bekenntnisse ergeben sich einfach von selbst, sondern können nach Gründen befragt werden. Aber werden sie auch stets befragt? Was sagt die Popularität der Individualisierungsdiagnose womöglich über die Soziologie selbst aus? Hat die Popularität dieser Diagnose womöglich etwas mit den eigenen Grundbegriffen zu tun? Um solche Fragen beantworten zu können, muss ich etwas weiter ausholen, um am Ende den tatsächlich evidenten Befund noch einmal genauer erläutern zu können.

Mit der Diagnose der Individualisierung von Lebenslagen schließt die Soziologie an eine historische Erfahrung an, die gerade unser intellektuelles Verständnis des Individuums bestimmt hat. Der Erfolg der Diagnose einer *Individualisierung* ist letztlich die aktuelle Variante einer bürgerlichen Selbsterfahrung. Das reflektierende Selbstbewusstsein ist seit der deutschen Reflexionsphilosophie des späten 18. Jahrhunderts die einzige legitime Instanz der bürgerlichen Gesellschaft, was sich historisch vor allem an zwei Themen verdeutlichen lässt: *zum einen* an der religiös motivierten Individualisierung durch *Selbstbekenntnisse, zum anderen* an der Bedeutung von *Bildung*.

Die Individualisierungsidee ist auf das Engste verbunden mit der Reformation.[139] Die reformatorische Kritik religiöser Praktiken bestand vor allem darin, dass dafür keine komplizierten bekenntnisförmigen, d.h. am Individuum ansetzenden Reflexionsleistungen nötig waren. Religiöse Praxis war zuvor tatsächlich eine voll durchritualisierte Praxis, bei der das *Ich* als Instanz nur eine geringe Rolle spielte – es bedurfte letztlich keiner Bekenntnisse im Sinne von Ich-bezogenen Entscheidungen im Horizont anderer Möglichkeiten. Religionsausübung war zuvor letztlich nur für eine ausgewählte Gruppe von religiösen Virtuosen mit Bekenntnissen verbunden – ein Bekenntnis abzulegen, bedeutet, das im Horizont auch anderer Möglichkeiten zu tun, sonst hat das Bekenntnis keinen Sinn. Für die größte Zahl religiöser Menschen war Religionsausübung dagegen eher eine an Praktiken und Ritualen orientierte soziale Form. Sie ermöglichte es, wie Max Weber es für den Volkskatholizismus so schön in seiner Religionssoziologie ausdrückt, ethisch „von der Hand in den Mund"[140] zu leben.

Die protestantische Kritik ab dem 16. Jahrhundert bestand unter anderem darin, dass all diese praktischen und ritualisierten Formen weitgehend reflexionsfrei vonstatten gingen – was dann den Anteil des freien Wortes und der damit möglichen Abweichung und Überraschung in der protestantischen Liturgie ermöglichte. Die von Martin Luther formulierte *Freiheit eines Christenmenschen* (1520) hat den Willen und die Entscheidungsmacht des Einzelnen in den Mittelpunkt gestellt, dessen Bekenntnis vor allem dadurch einen Sinn erhielt, dass er auch *nicht* bekennen könnte – was faktisch freilich nicht vorgesehen war. Der evangelische Prediger war deshalb eine der zentralen Figuren der bürgerlichen

Gesellschaft, die Gläubigen durch das reflektierende Wort und nicht durch das reflexionsfreie Ritual zu binden.[141] Wer ein Glaubensbekenntnis nicht nur in einer ihm fremden lateinischen Sprache nachsprechen muss und aus *hoc est corpus* auch *Hokuspokus* hören kann, sondern *versteht*, was er sagt, kann individuell dafür haftbar gemacht werden, was er da zu glauben bekennt. Die protestantische Reflexionskultur mit der Konzentration auf das geschriebene und ausgelegte Wort, auf Entmythologisierung der eigenen Praktiken, auf das unmittelbare Verhältnis des Einzelnen zu Gott, mit ihrer Lese- und Tagebuchkultur und nicht zuletzt mit ihrem Versuch, Unterordnung aus freien Stücken und freiem Willen herzustellen, hat für jene Chiffren gesorgt, die zu einer *individualisierten Kultur* beigetragen haben.

Exakt in dieser Tradition steht auch das Selbstbewusstsein der Soziologie: das Handeln eben nicht als einen selbst sich ereignenden Mechanismus anzusehen, sondern als das Ergebnis von Reflexion. Die Soziologie ist in diesem Sinne eine außerordentlich *protestantische Disziplin* – sie verlangt vom Handelnden *Bekenntnisse*, Gründe, nachvollziehbare Motive für seine Taten. Und wenn solche Motive nicht positiv vorliegen, dann muss man sie wenigstens methodisch unterstellen – in der quantitativen Sozialforschung des Typs *Rational-Choice-Theorie* durch die Konstruktion des Modells eines rationalen Akteurs, in der qualitativen Sozialforschung durch die Generierung authentischer Äußerungen durch Befragungstechniken. Hier bestätigt sich ein weiteres Mal mein Verdacht, wie nah die soziologische Nomenklatur an dieser Erfahrung der Individualisierung, des Bekenntnisses und der guten Gründe gebaut ist.

Die zweite historische Erfahrung ist *Bildung*. Bildung als das eigentliche Leistungs- und Leitmedium des Bürgertums zielt vor allem auf *Reflexion*. Bildung, wie sie im 18. und frühen 19. Jahrhundert konzipiert wurde, hat selbstverständlich auch das Erlernen von Fertigkeiten und die Erweiterung von Kenntnissen in einer immer komplizierter werdenden Gesellschaft zum Ziel. Aber Bildung meint noch mehr: Es ist das Individuum, das da gebildet wird, das in der Reflexion seiner selbst erst zu jener Instanz wird, die *Ich* zu sich sagen kann. Bildung ist womöglich der entscheidende Individualitätsgenerator der bürgerlichen Gesellschaft, weil sie zur Reflexion geradezu zwingt.[142] Die gesamte bürgerliche Begründungs- und Reflexionskultur, die Aufwertung des Lesens und Schreibens sowie die Entstehung einer vor allem literarisch präsentierten Innerlichkeit setzt eben dies voraus: *Gebildete*, die sich vor allem als Individuen ansprechen lassen.[143] Bis in die philosophische Begrifflichkeit hinein wird Reflexion, wird Innerlichkeit und Selbstbeobachtung zum Ausweis von wahrer Menschlichkeit – worin sich auch das Selbstbewusstsein eines an Individualität und eigener Leistung orientierten Bürgertums zeigte, das sich von der leistungslosen Position des Adels ebenso abgrenzte wie gegen die ungebildeten unteren Schichten.[144] Für beide, Adel und untere Schichten, war Bildung das eigentliche Mittel der Verbürgerlichung und Modernisierung. Bildung jedenfalls brachte erst jene Innerlichkeit hervor, vor der sich das bürgerliche Individuum in der Selbstreflexion selbst entdeckte. Und es brachte diese Form der Innerlichkeit nicht nur als abstrakte Form hervor, sondern als konkretes Anschauungsobjekt, das sich vor allem massenmedialer Mittel bedient, hier: des Buches als dem Medium, in dem man fremde Innerlichkeit vorführen konnte.[145] Wie Paul davon profitiert, dass ihm durch die feuilletonistische Beschreibung von „Individualisierung“ seine Selbstbeschreibung leichter fällt, half das Buch, half die literarische Beschreibung von Innerlichkeit, half die gesellschaftsweite Verbreitung einer bürgerlichen Reflexionskultur mit Denk- und Erfahrungschiffren aus, mit denen sich Handelnde beschreiben konnten. Der subjektiv gemeinte Sinn war letztlich ein Medieneffekt – es bedarf eines Verbreitungsmediums für Beschreibungsformen und -folien, die dann bestimmte Beschreibungen erst möglich machen.[146]

Das berühmteste Beispiel für den deutschen Sprachraum ist sicher Goethes „Werther“ von 1774, der nicht nur der biographischen Form nach ein Schlüsselwerk darstellt, sondern auch als Medienereignis für Chiffren gesorgt hat, mit denen man sich selbst erfahren und viel besser verstehen konnte als ohne eine solche Vorlage. Man muss sich die Bedeutung der Buch- und Lesekultur der Bürger so ähnlich vorstellen wie heute die Bedeutung vielleicht des Fernsehens oder des Films, die für jene Chiffren sorgen, mit denen man sich individuell beschreiben kann. Solche Medien vorsorgen uns nicht nur mit Inhalten, mit Themen und semantischen Formen, sondern auch mit habituellen Formen, mit ästhetischen Chiffren, mit vorgeführten Haltungen und Bildern, in denen wir uns wieder finden.[147]

Was sind die Medien, die Chiffren und die Muster individueller Lebensverläufe? Paul wundert sich, dass alle das Selbe wollen. Ich habe die Geschichte in dieser Weise stilisiert, um zu zeigen, wie sehr die Zurechnung auf das Individuelle eine *gesellschaftliche Zumutung* ist und eben nichts, was dem Menschen irgendwie von Natur aus oder von Haus aus eigen ist. Individualität in dem beschriebenen Sinne ist – wie jede andere Form – davon abhängig, dass sie sich zum einen gesellschaftlich bewähren kann, dass sie aber zum anderen mit Chiffren ausgestattet wird, mit semantischen Formen und Bildern. Ich habe es für die bürgerliche Gesellschaft bereits angedeutet: Literatur, der Bildungsroman, die Erzählung, die Präsentation von Innerlichkeit durch das Buch. Nicht zuletzt das selbst geschriebene Tagebuch, aber auch religiöse Praktiken und Bildungserfahrungen waren derjenige Steinbruch, der das Material dafür geliefert hat, mit welchen Figuren man in der Lage war, sich als unverwechselbare Person darzustellen.

In der heutigen Zeit haben sich die Verbreitungsmedien für Stilfragen vervielfacht. Es ist nicht mehr das eine bürgerliche legitime Muster, sondern eine Vielzahl von Mustern, die freilich immer noch als Muster identifizierbar sind. Liest man den Bericht über die Wünsche und die Sorgen von Pauls Kolleginnen und Kollegen, kann man sich die Klientel richtig vorstellen. Es sind die berufliche Position, die Branche, das mutmaßliche Lebensalter. Eines der eher nachbürgerlichen Medien, von denen hier die Rede ist, sind Konsumstile. Ich bin auch hier in der Geschichte recht konventionell geblieben: Automobile – zuerst eher zwei-, dann viersitzige Varianten, später dann Kombis, alles von den üblichen verdächtigen Marken (standortsensibel die meisten von deutschen Herstellern!). Das ist alles nicht so richtig überraschend, aber es soll ja auch genau darum gehen: Es ist nicht überraschend, dass sich die Gestalt von Individuen über Konsumstile zeigt, auch über Marken, die eher auf Massenware und millionenfache Auflagen verweisen. Werbung arbeitet exakt mit diesem Muster: *Unterstützen Sie Ihre Individualität durch unser Produkt X, das wir millionenfach verkaufen!* Das ist paradox, aber gerade darin zeigt sich der soziale Sinn. Es geht darum, dass einem der Erwerb eines Automobils eines bestimmten Herstellers – und genannt habe ich nur Hersteller, denen man wirklich keinerlei Extravaganz im Sinne von Seltenheit und Unerreichbarkeit nachsagen kann – als Entscheidung zugerechnet wird, ob man will oder nicht. Und erst das macht es dann umgekehrt plausibel, dass man sich exakt das wünscht, was auch erwartbar gewesen wäre.

Soziologen sind erstaunlich wenig am sozialen Sinn des Konsums interessiert. Konsum kommt in der Soziologie allenfalls als Distinktionsmerkmal zur Beschreibung sozialer Ungleichheit vor oder als kritikwürdige Veranstaltung zur Verdeckung wahrer Bedürfnisse – auch das alles sehr bürgerlich. Interessant am Konsum ist freilich, dass mit Produkten und Dienstleistungen heute viel mehr als Produkte und Dienstleistungen gekauft werden, sondern Bedeutungsschichten, die weit darüber hinaus gehen.[148] Vielleicht hat der Konsum von Waren und Dienstleistungen ebenso wie der Konsum von Medien heute eine ähnliche Funktion wie das, was in der bürgerlichen Gesellschaft eher literarische Formen waren. Ihre Funktion besteht darin, Material für das Erzählen von Geschichten zu liefern – wie ja auch die Werbung gerne Geschichten erzählt und nicht mehr nur Produkte anpreist, Geschichten, in die sich potentielle Käufer einklinken könnten. Das Selbe gilt wohl für die Massenmedien und für die Pop-Kultur, die vor allem Chiffren dafür anbietet was „geht" und was „nicht geht". Als Individuum kann man sich letztlich nur darstellen, wenn es sozial wenigstens ansatzweise generalisierbares Material dafür gibt, wie man sich unterscheiden kann. Denn Individualität gibt es wohl nur dort, wo man *anders* sein kann – und das auch mitzuteilen in der Lage ist.

Nicht zu unterschätzen sind dafür die Fernsehvorlagen aus Serien, Soaps und Spielfilmen, in denen das gesamte Repertoire individueller Entscheidungen und ihrer Begründungschiffren und habituellen Haltungen immer und immer wieder vorgeführt wird. Die Formate mögen banal erscheinen, versorgen aber schon durch ihre episodenhafte Erzählform die Zuschauerin und den Zuschauer mit der eigentümlichen Dialektik von Handeln und Widerfahrnis. Es geschieht, was geschieht, und verstrickt in dieses Geschehen kann man anderen dabei zusehen, wie sie entscheiden müssen und Sätze zu sagen haben, die auf Entscheidungen hinweisen. Denn anders ließen sich solche Geschichten gar nicht erzählen. Insofern ist gerade diese kulturindustrielle, man würde vom Standpunkt des hochnäsigen Betrachters wohl sagen: triviale Form der Vorführung von Individualität vielleicht das entscheidende nachbürgerliche Material, mit dem authentische Personen vorgeführt werden, denen eine Sprache angeboten wird, in der sie sich als Individuen wieder finden. Und so lässt sich die Paradoxie auflösen, dass Individualität ein überindividuelles Muster ist. Denn es ist gewissermaßen wie mit der Unterscheidung von *Sprechen* und *Sprache*. Um praktisch, individuell, unverwechselbar *sprechen* zu können, bedarf es der der Praxis vorgelagerten, überindividuell-kollektiven, explizit nicht verwechselbaren *Sprache* als System von Bedeutungen und Symbolen. Ähnlich verhält es sich mit generalisierbaren Mustern, die dazu dienen, Nicht-Generalisierbarkeit auf den Begriff zu bringen.

Es sollte deutlich geworden sein, dass die Individualität von Individuen selbstverständlich irgendwie natürlich vorliegt, dass aber der *soziale* Sinn von Individualität *sozial* erzeugt wird, d.h. durch Zurechnungen und Anschlüsse. Unmerklich haben sich zwei verschiedene Spielarten oder Bedeutungsvarianten des Individualisierungsbegriffs in meine Darstellung eingeschlichen. Die eine meint eine eher *strukturelle Individualisierung*, die andere *Individualisierung*, besser: *Individualität als Beschreibungsform*. Unter *struktureller Individualisierung* wäre demnach jener gesellschaftliche Trend zu verstehen, dass Lebensverläufe immer weniger eindeutig durch gesellschaftliche Strukturen festgelegt sind. Der Extremfall des Johannes Hooss, bei dem Position und Name geradezu zusammenfallen und die individuelle Person dahinter fast vollständig verschwindet, wird nun ersetzt durch eine soziale Lage, in der Menschen prinzipiell für alles, was in ihrem Leben geschieht, selbst Entscheidungen treffen müssen oder sich das, was geschehen ist, im Nachhinein als Entscheidung zurechnen lassen muss. Diese strukturelle Individualisierung lässt sich seit dem 19. Jahrhundert beobachten, parallel mit der

Urbanisierung von Lebensformen, der Industrialisierung der Produktionsweise und der Herausbildung von Kleinfamilien als dem Normalmodell privater Lebensführung. Auf eine Faustformel gebracht: Die Lebenslagen von Menschen werden immer weniger durch bloße Mitgliedschaft zu bestimmten Gruppen – Familien, Dörfern, Berufsgruppen/Zünften, Ethnien etc. – festgelegt, sondern prinzipiell freier. Das schließt nicht aus, dass solche Herkünfte nach wie vor bestimmte Lebenswege wahrscheinlicher machen. Aber prinzipiell ist soziale Mobilität als Möglichkeit gegeben. Das je eigene Leben muss *als eigenes Leben* praktisch hergestellt werden. Von den gesellschaftlichen Anlässen der *praktischen* Fokussierung auf das eigene Leben war bereits die Rede.

Neben, mit und auch aufgrund dieser strukturellen Individualisierung hat sich die Idee, die kulturelle Erwartung nach *individuellen Selbstbeschreibungsfolien* entwickelt. Vor allem ausgehend von eher bürgerlichen Schichten wurde Individualität als Innerlichkeit stilisiert, als Maßgabe von Unverwechselbarkeit und als Kultivierung je individueller Entscheidungen. Aus der Person wird durch die Kultivierung entsprechender Reflexionsanlässe eine in sich konsistente *Persönlichkeit*, wie es bei Max Weber heißt.[149] Als solche Anlässe habe ich bekenntnisförmige (in diesem Sinne: eher „protestantische") Religiosität und Bildung als historische Bedingungen genannt. Diese sind die Anlässe des bürgerlichen Individuums gewesen, sich außerhalb des Getriebes der Welt als unverwechselbare Individuen zu beschreiben, auch mit einer gewissen Verachtung für jenes Getriebe, wie es vor allem im sogenannten Bildungsbürgertum anzutreffen war, aber auch in Max Webers kulturprotestantischem aristokratischen Ethos der Persönlichkeit und der unbedingten Selbstwahl zum Ausdruck kommt.

Es wäre nun aber ein großer Fehler, die individualisierenden Instanzen der Gesellschaft gewissermaßen *außerhalb der Gesellschaft* zu suchen, also nur beim Individuum selbst. Das mag zur Tradition unserer bürgerlichen Form der Selbstbeschreibung gehören – dass wir uns in unserem Charakterkern als unverwechselbare Individuen begreifen und letztlich weit von uns weisen würden, dass unsere Individualität gesellschaftlichen Ursprungs ist. Das Besondere eines soziologischen Blicks auf Individualisierungsprozesse und Formen individueller Selbstbeschreibungen, aber auch auf Entscheidungen über das eigene Leben besteht darin, dass dies stets *in einer Gesellschaft* erfolgt. Es müssen entgegenkommende Bedingungen für solches Entscheiden vorhanden sein, Anlässe eben, in denen sich reziproke Verhaltenserwartungen nach individuellen Selbstäußerungen bewähren können.

Weber war sehr pessimistisch, was die Integrationsfähigkeit der komplexen, modernen Gesellschaft angeht. Er glaubte nicht daran, dass sich die unterschiedlichen Mächte Wirtschaft, Politik, Kunst oder Religion versöhnen lassen. Eine Lösung für dieses Problem hat Weber letztlich nur darin gesehen, dass sich Individuen zu *Persönlichkeiten* entwickeln, die in einer widersprüchlichen Welt in kulturprotestantischer Manier die Einheit ihrer selbst zelebrieren: Ein Mensch, der zur *Persönlichkeit* wird, hat sich selbst gewählt; er ist gewissermaßen der Urheber seines eigenen Lebens, das er gegen die Welt behaupten muss – dies ist wohl die radikalste Form der *bürgerlichen* Selbsterfahrung, die Max Weber hier als Lösung für ein *gesellschaftliches* Problem formuliert: sich *selbst* im Horizont gesellschaftlicher Erwartungen zu behaupten. Und selbst wenn diese Diagnose später ihre bürgerlichen, kulturprotestantischen Wurzeln wenigstens der Form nach abgestreift hat, findet sie sich in der gesamten Debatte um gelungene Lebensformen wieder – von Weber über Georg Simmel, Theodor W. Adorno und Jürgen Habermas, von Talcott Parsons bis Niklas Luhmann und erst recht heute in nachbürgerlichen Versionen der Individualisierungsthese. Für die Zwecke dieser einführenden Vorlesung belasse ich es bei der Aufzählung von Autorennamen.

Wiewohl die Individualisierungsthese letztlich sehr einfach zu verstehen ist, enthält sie soziologisch mehr, als man auf den ersten Blick sehen kann. Jedenfalls sollte man sich stets verdeutlichen, wovon die Rede ist: von jener strukturellen Individualisierung, die in der Tat ein unumkehrbares Phänomen einer Gesellschaft zu sein scheint, deren Hauptmerkmal in der Entkoppelung ihrer Prozesse zu suchen ist; oder von individualisierten Selbstbeschreibungsmustern. In der sechsten Vorlesung habe ich Gesellschaft als ein *Abwesenheitsphänomen* bezeichnet – Individuen dagegen sind für sich stets anwesend und bündeln gesellschaftlich Unterschiedliches in sich und finden sich *zwischen* den unterschiedlichen gesellschaftlichen Anforderungen vor. Ich erinnere noch einmal an die Gespräche bei Pauls Weihnachtsfeier, die exakt davon zeugen. Die Personen finden sich strukturell im Spannungsfeld unterschiedlicher Erwartungen vor, und sie lösen dieses Erwartungsbündel dadurch, dass sie auf sich selbst als Individuen verwiesen werden, die weniger die Erwartungsformen in ihrer Unterschiedlichkeit beschreiben, sondern sich in deren Bestimmungsfeld vorfinden wollen. So wird das Individuum zum Fokus von Beschreibung – und von Beschreibbarkeit.

Individualisierung sei eine Zurechnungsform, so habe ich meine Argumentation eröffnet. Sie ist eine Zurechnungsform, die so etwas wie ein ökologisches Milieu braucht, in dem sie gedeihen kann – und dies verweist darauf, dass Individualität keineswegs etwas der Gesellschaft oder dem Sozialen Entgegengesetztes ist. Individualität ist nicht *Voraussetzung*, sondern *Folge* der Sozialität des Menschen. Wie ich in den vorherigen Vorlesungen das Bewusstsein nicht als Voraussetzung, sondern als Folge sozialen Handelns beschrieben habe und die

Person nicht vor der Rolle platzierte, sondern als praktisches Ensemble ihrer Rollen, so erweist sich auch die Form der Individualität eines Individuums nicht als Voraussetzung sozialer Praxis, sondern als ihre Folge. Ob ein Individuum wie ein Johannes Hooss ganz in seiner über seine eigene Lebenszeit hinaus gehenden Position aufgeht, ob ein Individuum sich in der bürgerlichen Innerlichkeit seiner feinsinnigen Selbstreflexion entdeckt oder ob es wie Paul und seinen Kolleginnen und Kollegen um das *handling* von unterschiedlichen sozialen Erwartungen geht und um die individuelle Organisation – stets tritt die Form der Individualität einer Person als ein Effekt sozialer Praxis auf. Das gilt übrigens auch für Pauls Mutter, die nicht ganz wie Johannes Hooss, aber doch stärker als Paul als ein Individuum erscheint, dessen Individualität in erster Linie durch Mitgliedschaft, hier: zu einer Familie, bestimmt wird.

Also nicht nur stärker sozial eingebettete Formen von Individualität, sondern auch *individualisierte* Formen von Individualität, also die bürgerliche und nachbürgerliche Stilisierung als unverwechselbares Individuum mit starken Selbstbeschreibungsanlässen und -anforderungen finden nicht außerhalb oder neben der Gesellschaft statt. Im Gegenteil, auch Individualität in diesem Sinne ist *eine soziale Erwartung, eine Konvention, ein Muster* – ein Muster übrigens, das keineswegs universal gilt, sondern so etwas wie eine Avantgardefunktion hat. Wohlgemerkt: eine Avantgardefunktion *als Muster*. Gepflegte Individualität ist gewissermaßen das Muster, das sich am ehesten für jene Zielgruppe als *sexy* beschreiben lässt, die so etwas wie eine Reflexionskultur erwartet – heute vielleicht nicht mehr in der selben Weise wie in der bürgerlichen Gesellschaft, aber immer noch so, dass sich Leben am spannendsten und am plausibelsten als *individuelle Entscheidungsketten und Reflexionsformen* erzählen und beschreiben lassen. Deshalb sind sie für die Soziologie so attraktiv – für ein Fach, das sich historisch jener Erfahrung verdankt, dass die bürgerliche Idee der Reflexion zu einer gesellschaftsweiten Erwartung und Norm sich entwickeln konnte. Und nicht umsonst könnte dies vielleicht die einzige Diagnose sein, auf die jemand wie Paul anspringt, wenn er in einer Wochenzeitung auf eine Serie stößt, die eine soziologische Zeitdiagnose diskutiert. Eine solche Serie (die im übrigen vor einigen Jahren in einer großen deutschen Wochenzeitung tatsächlich stattgefunden hat) präsentiert dem entsprechend interessierten Leser Angebote für Selbstbeschreibungen, an die man dann entsprechend anschließen kann. Paul war froh, dass es für seine Lebenslage einen Namen gibt.

Der Begriff *Individualisierung* gehört nicht zu den soziologischen Grundbegriffen – *was hat er also in diesem Buch zu suchen?*, frage ich am Ende dieser Vorlesung. In der Tat, Individualisierung ist nur eine Diagnose, eine erfolgreiche Diagnose. Der Erfolg der Diagnose aber hängt unmittelbar mit der Grundbegrifflichkeit der Soziologie zusammen.

Individualisierung verweist im soziologischen Sinne zunächst auf nichts anderes als auf eine Zurechnungsfrage – nach dem, was ich in der zweiten Vorlesung entwickelt habe, also auf *Handlungen*. Dass Individualität und vor allem Individualisierung als ein historischer gesellschaftlicher Prozess zur Steigerung von Individualität eine der prominentesten, öffentlichkeitswirksamsten und einsichtigsten Diagnosen der modernen Gesellschaft geworden ist, hat nicht nur mit der Diagnose selbst zu tun. Der Erfolg dieser Diagnose hat auch mit der Soziologie zu tun. Ich habe mehrfach betont, dass die soziologische Nomenklatur – kulminierend im Handlungsbegriff – sich vor allem darauf kapriziert, die Genese des Handelns in der Reflexion eines Individuums zu suchen. Dass es ein *subjektiv gemeinter Sinn* oder wenigstens die als Werte, Normen oder Kalküle übersetzte Übertragung von sozialen Strukturen in subjektive Motive ist, die das Handeln verstehbar machen, verweist auf eine schon begrifflich wirksame *Individualisierung durch die soziologische Begrifflichkeit selbst*. Etwas einfacher formuliert: Indem die Soziologie sich Handeln als *individuelles Handeln* zurecht legt und den sozialen Sinn vor allem *in den Motiven, in der Reflexion, in den Kalkülen* und im *Wissen* der Handelnden auffindet, ist sie vor allem an Handeln mit hohem Individualitätsgrad interessiert. Um den Handlungsbegriff von dieser Bürde des *individuellen Motivs* zu befreien, habe ich in der zweiten Vorlesung den Handlungsbegriff durch den Kommunikationsbegriff erweitert. Erst das ermöglicht es, auch solche Handlungen soziologisch zu erfassen, die sich eher der Situation, der bewährten Erfahrung oder schlicht unreflektierten Routinen verdanken.

Ohne diese Erweiterung bleibt das soziologische Interesse letztlich darauf fixiert, den reflektierten Handlungstypus für den Normalfall zu halten. Erst das *individualisierte Handeln*, also das, was Paul seiner Mutter entgegensetzt, genügt letztlich jenem Handlungstyp, dem vernünftige, d.h. vor allem subjektiv situierte Motive zugrunde liegen.[150] Solches Handeln lässt sich dann viel besser verstehen, weil es *explizit* auf einen individualisierten subjektiven Sinn verweist, während man in Pauls Mutter eigentlich einen gar nicht recht modernitätsfähigen Typus entdecken müsste, weil er mehr auf Zugehörigkeiten, Routinen und Alternativlosigkeiten abstellt. Früher hätte man wohl von *Ideologie* gesprochen.

Meine eigene Erfahrung in verschiedenen Forschungsprojekten zeigt etwa, dass Interviewpartnerinnen und -partner in qualitativen Interviews sich eben nicht immer als jene individuellen, urbanen, gebildeten und Alternativen abwägenden Gesprächspartner erweisen. So stießen wir auf Migranten, deren Migrationsentscheidung keineswegs eine individuelle Entscheidung war, in manchen

Fällen nicht einmal eine Entscheidung; oder wir stießen in einem Forschungsprojekt über Todesbilder darauf, dass sich Personen einer Introspektion und individuellen Auseinandersetzung, die man intellektualistisch erwartet, verweigerten.[151] Allzu vorschnell hält man solche Interviews dann für „wenig differenziert", „einfach" oder womöglich sogar untauglich. Dabei verweisen diese doch nur auf den empirischen Fall, dass die individualistische Selbstbeschreibung nur ein Fall unter anderen möglichen ist. Mein Argument lautet: Es ist der Fall, für den sich Soziologen am meisten interessieren – einerseits, weil die Soziologie durchaus jener bürgerlichen Aufsteigermentalität entstammt, die sich gesellschaftliche Teilhabe über reflektierte Positionsbestimmung, gute Gründe und vernünftige Entscheidungen erstreitet; darüber hinaus weil sie in ihrer reflexionsnahen Begrifflichkeit kaum eine Antenne für reflexionsarme oder gar -freie Praxisformen hat.

Der entscheidende Grundzug der *Individualisierung* besteht denn auch tatsächlich darin, zwischen mehr oder weniger kontingent verlaufenden Lebensverläufen, expliziten Entscheidungen und der Beschreibbarkeit des Lebens zu vermitteln. Wer versucht, sein eigenes Leben zu beschreiben, wird feststellen, wie viel davon sich tatsächlich eher ereignet hat – aufgrund von Möglichkeiten, Zwängen, Situationen, schlichtem Zufall, aber auch aufgrund verfügbarer oder fehlender Ressourcen. Vieles läuft, wie es läuft – und es gelingt oft erst im Nachhinein, ein Muster zu entdecken oder sich das gelebte Leben tatsächlich selbst zurechnen zu können. Wer versucht, sein eigenes Leben zu beschreiben, wird darauf stoßen, dass tatsächlich Vieles auf (zumeist nicht revidierbare) Entscheidungen zurückgeführt werden kann – und muss. Die bloße Beschreibbarkeit des Lebens bringt die Notwendigkeit hervor, das Geschehene in *Handlungsform* zu bringen, mit *Entscheidungskalkül* zu versehen. Man könnte sagen: *Beschreibungen bringen Entscheidungen hervor, weil Beschreibungen immer im Horizont anderer Möglichkeiten beschreiben*. Ich habe etwas Ähnliches bereits in der zweiten Vorlesung diskutiert: Selbst die erzählerische Wiedergabe dessen, was mit Paul geschieht, erfordert es fast zwangsläufig, das Geschehen auf Entscheidungen oder wenigstens auf bewusste Handlungen zu trimmen, um der Geschichte einen Sinn zu geben. Anders lässt sie sich kaum beschreiben.

Achte Vorlesung: Kultur

Am nächsten Morgen kommt Paul in die Bank, macht seinen Computer an, schaut in seine Mailbox und findet eine E-Mail vor, die ihn freudig stimmt. Vor einigen Wochen hatte er einem Kunden, der bei einer Konzertagentur arbeitet, einmal verraten, er würde gerne in der bevorstehenden Weihnachtszeit eine jener seltenen und zumeist ausverkauften Aufführungen des Weihnachtsoratoriums mit Ennoch zu Guttenberg und der Chorgemeinschaft Neubeuern besuchen. Nun mailt ihm dieser Kunde, er habe zwei Karten für ein Konzert im Herkulessaal der Münchner Residenz übrig und könne sie Herrn A überlassen, das Problem sei nur, dass die Aufführung bereits morgen sei. Er möge also schnell Bescheid geben, damit die Karten per Boten zugestellt werden können. Paul bedankt sich sehr und mailt sofort zurück, dass er ebenso interessiert wie dankbar sei. Gleich ruft er Frau B, Paula, an, um sie zu dem Konzert einzuladen. Sie ist Feuer und Flamme, und gleich geraten die beiden wieder ins Plaudern – das distanzierende Sie wird nun immer merklicher umgangen, und Paula fasst Mut, zu fragen, ob man sich nicht vielleicht heute schon sehen könnte. Zum Abendessen vielleicht? Paul schlägt ein japanisches Restaurant vor, und die beiden verabreden sich für 20.00 Uhr.

Inzwischen hat Pauls Sekretärin schon zweimal an Pauls Leitung geklopft. Nach dem Gespräch mit Paula erinnert sie Paul daran, dass er an diesem Vormittag zwei Bewerbungsgespräche führen muss – die Bank hat eine Stelle für einen jungen Volkswirt ausgeschrieben, die Pauls Abteilung zugeordnet werden soll. Die erste Bewerberin ist schon da und betritt Pauls Büro. Paul hat inzwischen kurz auf die Unterlagen gesehen, aber kaum genau und nur einen türkischen Namen gelesen. Die Frau tritt ein und stellt sich vor. Das Gespräch mit der Bewerberin verläuft in gewohnten Bahnen. Paul hat sich angewöhnt, bei Bewerbungsgesprächen nicht mehr zu direkt fachliche Kompetenz zu testen, sondern Bewerber in ein vordergründig vordergründiges Gespräch zu verwickeln, in dem volkswirtschaftliche Fachfragen, Fragen nach der Konjunkturentwicklung oder der Einschätzung von Unternehmen mehr unter der Hand auftauchen.

Die Frau hat alles drauf, spricht gutes Deutsch, wie Paul sofort bemerkt, hat Paul sogar indirekt ein bisschen hochgenommen. Sie lässt immer wieder die latente Bedingung des Gesprächs aufscheinen. Sie lässt sich anmerken, dass sie weiß, dass dies nicht das Vorgeplänkel ist, sondern das Bewerbungsgespräch selbst. Sie bemerkt zum Beispiel einmal ganz nebenbei: „Ja, da hätt' ich auch noch nachgefragt." Das hat Paul doch ein wenig verunsichert. Wer hat das Bewerbungsgespräch eigentlich „geführt", sie oder er? „So sind sie, die Orientalen", schießt es Paul in den Kopf, und obwohl er ein bisschen erschrocken ist, weil man so was ja eigentlich politisch korrekterweise nicht denkt, meint er schon, ein wenig Recht zu haben.

Paul will es jetzt genau wissen: Sie sei Türkin, Eltern aus Anatolien Anfang der sechziger Jahre nach Deutschland gekommen, sie wurde in Gelsenkirchen geboren, Vater arbeitete aufm Pütt, die Mutter hat geputzt. Sie sind zu bescheidenem Wohlstand gelangt und wollten, dass es die Tochter einmal besser haben sollte. Diese habe sich schon früh in der Schule hervorgetan. Auch gegen Bedenken der eigenen Familie haben die Eltern ihre Tochter aufs Gymnasium geschickt, und dort hatte die Tochter es nicht immer leicht. Sie erzählt davon, dass sie immer extra beweisen musste, dass sie dort an der richtigen Stelle war – und zwar dreifach: als Mädchen, als Türkin, als Arbeiterkind. Nach dem Abitur hat sie dann VWL studiert, erst in Bochum, dann in München und schließlich ihr Examen gemacht. Diese Stelle wäre ihre erste. Ja, sie sei türkische Staatsbürgerin, ja sie denke über eine Einbürgerung nach, nein die Nationalität sei für sie nicht sehr emotional besetzt, sie fühle sich als eine Art Turkodeutsche. Ja, sie sei Muslimin, obwohl das den Arbeitgeber ebenso wenig etwas anginge, wie es für ihren Alltag relevant sei. Nein, sie wolle nicht in die Türkei zurück – sie sei ja nie dort gewesen, außer zu Verwandtenbesuchen. Ja, sie fühle sich in Deutschland sehr wohl. Nein, sie habe keine Berührungsängste mit fremden Männern.

Paul und die Bewerberin sind gleichermaßen überrascht, dass auch noch diese Frage gestellt wurde. Paul wiegelt sofort ab, sie müsse verstehen, die Kulturen seien ja schon unterschiedlich, und überhaupt, er finde es ja sehr bereichernd, wenn auch fremde Perspektiven usw. Nun, das Gespräch ist zum Teufel, die Bewerberin geht wieder, nachdem Paul ihr versichert hatte, dass sie in den nächsten Tagen von ihm hören würde. Das zweite Bewerbungsgespräch verläuft dann weniger spektakulär. Der junge Mann, ebenfalls gerade Uni-Absolvent, ist fachlich auch auf der Höhe, vielleicht ein bisschen sehr angepasst, gibt immer die Antworten, die Paul hören wollte. Solide, aber ein bisschen langweilig. Über die persönlichen Verhältnisse wird nichts weiter besprochen. Auch dieser Bewerber wird mit der Aussicht auf baldige Nachricht entlassen.

Beim Mittagessen in der Kantine erzählt Paul dann einem Kollegen von den beiden Bewerbern. Dieser hält sich aber leider recht bedeckt. Paul scheint dazu zu neigen, die Türkin einzustellen, hat aber Bedenken – stellt er sie jetzt nur ein, weil er ein schlechtes Gewissen hat, oder denkt sie womöglich nur, er stelle sie deswegen ein? Es ist eine vertrackte Situation. Nur gut, dass nicht gleich entschieden werden muss.

Der Rest des Arbeitstages steht wieder im Zeichen von Routine und wenig Überraschungen, und Paul verlässt zeitig die Bank, um sich für das Rendezvous mit Paula zu rüsten. Die beiden treffen sich pünktlich vor dem Restaurant, gehen schon fast vertraut, aber trotzdem ganz vorsichtig miteinander um. Paul, der gerne japanisch isst, ist davon beeindruckt, wie selbstverständlich sich Paula auch hier bewegt. Sie weiß Bescheid, bestellt kompetent und weiß, was wie zu essen ist, womit man sich die Hände wäscht und was wirklich Tee ist. Der Abend ist sehr schön, und es fügt sich fast selbstverständlich, dass die beiden am Abend nicht auseinander gehen. Paul bringt Paula mit dem Taxi nach Hause und bleibt gleich da. Wie zufällig hat Paula eine Flasche Crémant d'Alsace von Dopff im Kühlschrank, die Paul gleich öffnet. Es wird eine wunderbare Nacht, und wir wollen den beiden wenigstens ein bisschen Privatsphäre gönnen, deshalb stellen wir uns nur vor, wie es gewesen sein könnte.

Am nächsten Tag, Paul hat früh bei der Bank angerufen und bei seiner Sekretärin einen auswärtigen Termin erlogen, um noch kurz zu sich nach Hause gehen zu können. Die Arbeitsroutine geht Paul lässig von der Hand, wenn auch viel zu langsam, denn am Abend sollte er ja Paula wieder sehen. Die beiden treffen sich am Odeonsplatz, gehen in das Konzert und genießen gemeinsam das Weihnachtsoratorium. Es passt alles, eine wunderbare Umgebung, und Paul fühlt sich zufrieden. In der Pause wird Champagner gereicht, und als Paula sich kurz zurückzieht, hat Paul das erste Mal wirklich Augen für seine Umgebung. Er nippt an seinem Schampus, als er von nebenan ein Gespräch zwischen zwei ziemlich aufgebrezelten Ehepaaren mittleren Alters aufschnappt. Die vier reden gelehrt über die Musik. „Na ja, der Chor ist nun wirklich nicht so doll, das haben wir schon mal besser gehört." „Mir gefällt an dem Guttenberg ja, dass er das Weihnachtsoratorium eher getragen präsentiert, eher feierlich und weniger Wert auf die Präsentation technischer Virtuosität legt." „Ja, mich erinnert das an die eher langsame Interpretation von Harnoncourt, der ja die 248 am liebsten mit den Wiener Sängerknaben und dem Concentus Musicus gibt." „Nun, auch die sehr schnelle und technisch viel perfektere Version von Gardiner oder René Jacobs ist nicht zu verachten. Das ist ja schon fast eine klassische Interpretation. Hat gar nichts mehr vom Barock." „Also ich habe das Weihnachtsoratorium ja mal in den 70ern während meines Auslandssemesters am Cambridger King's College mit der Academy of St. Martin in the Fields unter Philip Ledger gehört. Das war vielleicht etwas, sag ich Euch. Na ja, die Briten haben eben Stil. Die können das Getragene mit Dynamik verbinden." Paula kommt zurück, und Paul freut sich, dass er das nicht weiter hören muss.

Der Kulturbegriff ist ein schwieriger Begriff – und er ist ein schillernder Begriff. Denn der Kulturbegriff kann Unterschiedliches bedeuten und hat auch für die soziologische Nomenklatur ganz unterschiedliche Funktionen. Damit ist der Begriff der Kultur zugleich eine Parabel auf seinen eigenen Gegenstand. Denn wenn es um Kultur geht, geht es stets darum: um *Unterschiede* und um *Vergleiche*. In den beiden Bewerbungsgesprächen, die Paul zu führen hat, wird das sehr deutlich. Der männliche Bewerber, offensichtlich solide und für den Job geeignet, erscheint als das, was man erwartet hatte. Alles passt, nichts fehlt, und letztlich gibt es auch nicht mehr zu fragen als das Übliche. Paul hält sich an die Parameter, die in einem solchen Fall zu beachten sind – und kommt zu dem Ergebnis, dass es tatsächlich passt. Für mehr interessiert er sich nicht. Dagegen erscheint die türkische Bewerberin, besser: die in Deutschland geborene Bewerberin mit Migrationshintergrund, wie es heute so hübsch heißt, anders. Selbstverständlich geht es in diesem Bewerbungsgespräch auch um das Übliche: Paul will herausbekommen, ob die Bewerberin kann, wozu sie eingestellt werden soll. Aber es wird noch mehr sichtbar: Die Bewerberin verweist auf *Kultur*. Aber was ist es eigentlich, worauf sie verweist? Denn letztlich unterscheidet sie sich gar nicht von dem anderen Bewerber. Auch sie hat eine für die Stelle einschlägige Ausbildung genossen, auch sie kennt sich offensichtlich in dem Metier aus, das hier zu Debatte steht, und an der Kompetenz, sich in einem solchen Gespräch bewähren zu können, scheint es ihr auch nicht zu mangeln.

Und noch einmal: dennoch verweist sie auf Kultur – und zwar deshalb, weil einige Merkmale ihrer Person – zunächst wohl der Name und dann all das, was als eine erzählbare Geschichte an diesem Namen hängt – darauf verweist, dass man *vergleichen* kann. Der Lebensweg der Bewerberin ist sicher weniger geradlinig als derjenige des anderen Bewerbers. Das Entscheidende ist aber, dass er sich letztlich nur *als Kultur* dechiffrieren lässt. Dass der etwas ungewöhnliche Lebensweg dieser jungen Frau damit zu tun hat, dass ihre Eltern aus der Türkei ins Ruhrgebiet ausgewandert sind, ist unbestritten – und für sich genommen eine banale Tatsache. Entscheidend ist aber, dass sich dieses bloße Datum im Bewerbungsgespräch verselbständigt. Der Lebensweg der Bewerberin wird zur Kultur, und zwar nicht aufgrund des türkischen Hintergrundes alleine, sondern dadurch, dass ein ganzes Arsenal von Zurechnungsmöglichkeiten abgerufen wird. Diese Zurechnungspunkte verweisen darauf, dass bei der jungen Frau alles *anders* ist – so dass sogar die Frage gestellt werden kann, ob sie Schwierigkeiten damit hat, mit fremden Männern zu tun zu haben. Paul ist erschrocken, dass er die Frage gestellt hat – sie hat sich nämlich fast selbst gestellt, weil mit der kulturellen Codierung eine ganze Zurechnungswelt abgerufen wird, aus der es kaum ein Entrinnen gibt. Religiöse und familiale Identitäten, das nationale Selbstverständnis und was alles noch in dem Gespräch abgerufen wird, erscheint nur dann als Kultur, wenn es *anders* ist und deshalb *verglichen* werden kann. Genauer gesagt: Es muss gar nicht alles und in jedem Falle anders *sein*, aber es muss *anders erzählbar* sein und erscheinen. Es wird als anders *zugerechnet*.

Kultur ist ein Vergleichsgenerator. Kultur kommt genau genommen nur im Plural vor. Als Kultur erscheinen die Dinge erst dann, wenn sie mit anderen *Kulturen* verglichen werden können.[152] Und das Türkische ist in unserem Beispiel die Vergleichsfolie, die als Kultur dechiffrierbar wird und die die Bewerberin um die Stelle mit Haut und Haaren in Anspruch nimmt. Die Zurechnung, oder besser: die Zugehörigkeitszumutung zu einer *Kultur* ermöglicht es, so etwas wie Gesamtgestalten wahrnehmen zu können. Man schließt dann von Einzelaspekten auf Ganzheiten.[153] Die Bewerberin hat einen türkisch klingenden Namen, sie ist zwar in Gelsenkirchen geboren, aber eine türkische Staatsbürgerin. Zugleich ist sie „Bildungsinländerin" – eine deutsche Spezialität, die damit zu tun hat, dass in Deutschland Einbürgerungen sehr langsam und schwierig vonstatten gehen, aber auch ausländische Personen im Bildungssystem auftauchen und ähnliche Wege gehen wie Autochthone. All diese Informationen sind für das Bewerbungsverfahren sicher notwendige Informationen – aber im Gespräch wird von diesen Einzelaspekten auf weitere Aspekte geschlossen. Der türkische Name führt fast automatisch auf religiöse und familiäre Fragen, fast automatisch zu Loyalitätsfragen usw. Die Bewerberin scheint sehr routiniert damit umzugehen – sie kennt diese Kulturalisierungen offensichtlich und vermag es, damit so souverän umzugehen, dass sich Paul ob dieser *„orientalischen"* Gerissenheit verunsichert fühlt und tatsächlich *„Orientalisches"* sieht. Wenigstens erschrickt er darüber.[154]

Bis an diese Stelle habe ich herausgearbeitet, dass als Kultur das erscheint, was *anders* ist, was also *verglichen* und *unterschieden* werden kann. Es stellt sich aber nun die Frage: Hat denn der arme Konkurrent im Bewerbungsverfahren keine Kultur, nur weil er ein bisschen langweilig ist – unorientalisch sozusagen? So weit wollen wir nicht gehen. Selbstverständlich ließe sich auch all das, was diesen Bewerber ausmacht, *als Kultur* beschreiben, mit dem merkwürdigen Effekt freilich, dass uns das womöglich geradezu fremd erscheinen würde. Man müsste dann analog zu der Beschreibung der türkischen Bewerberin sagen, dass der Bewerber aufgrund seiner Herkunftsfamilie katholisch ist, ohne das selbst gewählt zu haben, dass für ihn die Tatsache, ein Deutscher zu sein, eigentlich nicht emotional besetzt ist und dass er dem merkwürdigen Ritus folgt, dass Leute, deren Eltern oder wenigstens deren Vater eine universitäre Ausbildung genossen haben, dies geradezu selbstverständlich auch tun, fast ohne darüber nachzudenken. Diese Sätze hören sich tatsächlich merkwürdig an. Um dies *als Kultur* zu beschreiben, muss man sich selbst irgendwie in den Status eines Fremden begeben, der es dann vergleichen kann – nur womit? Es fällt deshalb schwer, Sätze wie die zuvor Vorgetragenen zu sagen, weil sie wenig Informationswert haben – oder aber irgendwie despektierlich wirken.

Dieser geringe Informationswert verweist auf eine weitere Begriffsbedeutung von Kultur. *Kultur* meint dann den weitgehend unbefragten Boden, auf dem wir uns bewegen. Dieser klassische Kulturbegriff meint einen Taktgeber dafür, was geschieht, und wie die Ereignisse der Welt zu verstehen sind. Kultur in diesem Sinne ist ein verhaltensrelevanter Deutungsvorrat, der den Angehörigen der jeweiligen Kultur Hinweise an die Hand gibt, wie sie sich verstehbar zeigen können und wie sie die anderen verstehen können. In einer Formulierung von Hans-Georg Soeffner bezeichnet Kultur in diesem Sinne einen „symbolisch ausgedeuteten Sinnhorizont, in den *alle* unsere Wahrnehmungen, Deutungen und Handlungen eingebettet sind".[155] Dieser klassische Kulturbegriff bringt auf den Begriff, dass die Angehörigen einer Kultur gar keinen Begriff von ihrer Kultur haben, denn zum einen fällt nach diesem Verständnis letztlich *alles* mit Kultur zusammen, und zum anderen muss diese Art Kultur unsichtbar bleiben, damit sie funktioniert. In der Soziologie wird deshalb Kultur etwa bei Talcott Parsons gleichgesetzt mit *latenten Mustern*, die gerade dadurch wirken, dass sie latent bleiben: Müssten wir uns über unsere kulturellen Konventionen verständigen, bräuchte es dafür zum einen wieder so etwas wie eine Kultur, auf deren Boden wir das tun könnten, zum anderen wäre gerade das verloren, was die Kultur offensichtlich bietet: *Sicherheit*.[156] Ähnliches findet sich auch in anderen soziologischen Theorietraditionen, etwa in der Sozialphänomenologie von Alfred Schütz, bei dem Kultur letztlich mit der *naiv-natürlichen Einstellung* zusammen fällt, also mit dem, was die soziale Welt gerade dadurch zusammen hält, dass wir es nicht befragen, sondern voraussetzen.[157] Kultur wird nach diesem Verständnis gewissermaßen zum *unsichtbaren* Algorithmus des sozialen Lebens – *unsichtbar* deshalb, weil dieser Algorithmus doch offensichtlich den Handlungen selbst vorgeordnet ist, sonst könnte sie nicht als Boden für solche Handlungen dienen. Also lässt sich dann alles, was wir tun, wie wir lieben, wie wir essen, an welche Götter wir glauben, wie wir uns waschen, ob und welche Bücher wir lesen, wem wir vertrauen, was wir für plausibel halten und wie wir anderen gegenüber treten, als Bestimmung von *Kultur* deuten – und eine solche Deutung verweist wiederum darauf, dass alles Handeln bereits in einer ausgelegten Welt geschieht, in der bereits bestimmte Möglichkeiten wahrscheinlicher sind als andere. In der sechsten Vorlesung habe ich den Begriff der Gesellschaft als etwas Ähnliches behandelt: dass Handeln stets in einer Gesellschaft stattfindet, also auf Rangaspekte verweist, auf unterschiedliche Funktionen, auf Abwesendes und bereits Vorstrukturiertes. All dies ist dem Handeln vorgeordnet und erzeugt erst jene Motive, mit denen wir – das gilt für die Alltagshandelnden ebenso wie für Soziologen – solches Handeln verstehen und daran anschließen können. *Kultur* und *Gesellschaft* fallen nach diesem Verständnis wenigstens fast ineins.

Meine Darstellung hat bis an diese Stelle zwei unterschiedliche Verwendungsweisen für den Begriff der Kultur herausgearbeitet. Die erste Verwendungsweise hat sich gewissermaßen empirisch dafür interessiert, wann etwas als Kultur erscheint. Am Beispiel der türkischen Bewerberin konnte gezeigt werden, dass es hier vor allem Andersheit, Fremdheit und Vergleichbarkeit ist, was Kultur als Beobachtungsschema relevant werden lässt. Der zweite Kulturbegriff dagegen meint so etwas wie einen Grundalgorithmus, nach dem sich die Bedeutung der Dinge richtet – von alltäglichen Banalitäten bis zu hochgradig symbolischen Formen. In diesem Verständnis ist buchstäblich alles kulturfähig.

Wie lassen sich diese beiden Kulturbegriffe zusammen denken? An den beiden Bewerbungsgesprächen wird deutlich, dass nur die Bewerberin auf Kultur verweist, weil hier bestimmte Selbstverständlichkeiten nicht gelten. Der Bewerber dagegen verweist nicht auf Kultur, weil bei ihm letztlich nichts in einer Weise *anders* ist, das weiter problematisch wäre. Um Missverständnissen vorzubeugen: Die türkische Bewerberin hat weder Probleme mit fremden Männern, noch spielt Religion oder Nationalität auch nur irgendeine Rolle – aber all das wird thematisierbar, wie man an Paul sehen kann. Er sagt sogar Dinge, die er womöglich bei genauerer Planung der Situation gar nicht gesagt hätte. Es geht also nicht darum, ob die Zurechnungen *stimmen* oder nicht, sondern es geht darum, dass die Zurechnungen *stattfinden*, in Praxisgegenwarten wirksam werden. Dies ist ein erneutes Beispiel dafür, wie sehr sich Handlungen Situationen und Kontexten, Erwartbarkeiten und Anschlussfähigkeiten verdanken, die wohl erwogenen Motiven, gewissermaßen dem inneren Parlament der Motivabwägung voraus gehen. Das Schema *Kultur* ist dabei so wirkmächtig, dass Zurechungen oder wenigstens Unsicherheiten auch wider bessere Wahrnehmung erfolgen. Sogleich merkt Paul, wie gut die junge Frau die deutsche Sprache beherrscht – was faktisch stimmt, aber eben auf das Schema der Kultur verweist. Wer einen Nachnamen trägt, der auf exotische, d.h. ausländische Herkünfte verweist, wird auf sein gutes Deutsch verwiesen – selbst wenn dessen Deutsch besser als das vieler „Deutscher" ist. Der Autor dieser Zeilen, dessen Nachname nicht auf westfälischen Landadel, sondern eher auf morgenländische Wanderer verweist, kann ein Lied davon singen.

Wenn man dieses Lied freilich nur als Klagelied anstimmt, hat man die *soziologische* Relevanz des Hinweises auf gutes Deutsch und was sich die Bewerberin noch alles sagen lassen muss, letztlich nicht verstanden. Denn es ist gar nicht zu kritisieren, dass eine Türkin als Türkin auffällt – es ist zunächst eine Tatsache, an der man offensichtlich schwer vorbei sehen kann. Es wäre für Paul letztlich kaum möglich gewesen, die türkische Herkunft der Bewerberin nicht wenigstens ansatzweise zum Thema zu machen. Es wäre aber durchaus denkbar gewesen, nicht alle Eseleien, die man zum Thema verbreiten kann, abzurufen – aber wir müssen Paul zugestehen, dass er hier als Demonstrationsobjekt dient, an dem sich studieren lassen soll, wie stabil das Beobachtungsschema der Kultur ist, stabiler bisweilen als die Wahrnehmung konkreter Situationen. Man sieht dann etwa den Zusammenhang *türkisch-Frau-fremde Männer-Muslimin*, und schon sitzen alle Beteiligten in der Falle des Beobachtungsschemas *Kultur*. Besonders tief ist die Falle beim Versuch positiver Stellungnahmen, also dann, wenn man versucht, negative Stereotypen und Kulturalisierungen zu vermeiden und ins Positive gerät. Dann sind Türken interessant, Schwarze nett und Japaner höflich. Man entschuldige die etwas plakativen Beispiele, aber sie können demonstrieren, dass auch die wohl meinende Kulturalisierung eine Kulturalisierung ist.

Dieses Beobachtungsschema stattet uns mit Sicherheiten aus – und es fällt uns zunächst kaum auf, dass solche Schemata auch für die eigene Kultur gelten, die ja zunächst gar keine *Kultur* ist, weil sie nicht fremd ist und sich nicht unterscheidet. Die Sicherheit, die das Kulturschema freilich anbietet, ist eine vergiftete Sicherheit, denn wenn alles andere Kultur ist, stößt man irgendwann unweigerlich darauf, dass das Eigene nichts anders ist als: *Kultur*.[158] In der Praxis des Bewerbungsgesprächs kommt das nicht zum Vorschein. Aber eine Gesellschaft, die an die Kulturalisierung ihrer eigenen Beobachtungen gewöhnt wird, wird auch darauf gestoßen, dass das je Eigene als Kultur erscheinen kann – und damit vergleichbar wird. Es wäre dann zum Beispiel denkbar, dass in einem Unternehmen eine Quote eingeführt wird, nach der im Rahmen eines Diversity-Programms ein bestimmter Prozentsatz von Mitarbeiterinnen und Mitarbeitern bestimmte kulturelle Merkmale tragen müsste. Ähnliches gilt etwa für die *affirmative action*[159] in den USA, auch an Universitäten, nach der Quoten für bestimmte Migranten- und Minderheitengruppen, Ethnien und Hautfarben eingehalten werden sollen – angesichts der katastrophalen Folgen der deutschen Bildungspolitik für die Aufstiegschancen von Migranten in Deutschland werden solche Modelle hier inzwischen auch diskutiert. Die Bewerberin, die vor Paul sitzt, ist deshalb letztlich eine erstaunliche Ausnahme – und die Fragen, die Paul gestellt hat, hätten ihm in einem US-amerikanischen Unternehmen womöglich den Kopf gekostet. Ich will dies hier weder normativ noch politisch kommentieren – also weder für noch gegen solche Programme plädieren. Aber es sei auf einen soziologisch interessanten Befund hingewiesen: *Sobald Kultur in den Blick gerät, wird auch die eigene Position zur Kultur*, d.h. zu einer anderen Möglichkeit anderer Möglichkeiten. Das gilt sowohl für alltägliche Situationen als auch für die wissenschaftliche Beobachtung der Kultur.

Im Falle unserer Bewerbungsgespräche wäre bei einer offensiven Kulturalisierung der deutsche Bewerber als weißer, vielleicht katholischer Mann mit Bildungshintergrund aufgefallen – und entsprechend beobachtet worden. Durch Kulturalisierung wären dann die beteiligten Personen zu Angehörigen von Kulturen geworden, deren einzige Möglichkeit darin besteht, diese Zugehörigkeit zu bekennen oder zu verleugnen – beides macht sie aber als Angehörige solcher kultureller Muster und Gruppen nur sichtbarer.

Die Erfahrung von Modernität besteht unter anderem in der Kulturalisierung der Beobachtung.[160] Der klassische Fall ist sicher die kulturwissenschaftliche, v.a. ethnologische Analyse anderer Möglichkeiten menschlicher *Kulturen*. Diese Andersheit zu beschreiben, hat es geradezu erzwungen, auch die eigene Position, das Eigene, Europa als ein Muster zu sehen, das offensichtlich *kontingent* ist. Kontingent ist ein Phänomen dann, wenn es auch anders sein könnte – das bedeutet nicht völlige Beliebigkeit. Kontingenz verweist darauf, dass die Dinge weder zufällig noch notwendig so sind, wie sie sind. Sie sind immer auch anders möglich – aber durchaus nicht zufällig so, wie sie sind. Das wird deutlich, wenn etwas als Kultur erscheint: Schon dass man die Dinge in einer bestimmten Weise beschreiben kann und muss, verweist darauf, dass sie auch anders sein könnten.

Der zweite von mir eingeführte Begriff der Kultur verweist auf das exakte Gegenteil. Die Funktion von Kultur ist demgemäß, Unsicherheit und Kontingenz wegzuarbeiten. Einer Kultur anzugehören, bedeutet auch, dass man bestimmte Fragen nicht mehr stellen muss. Man weiß, was zu tun ist, was dies und jenes bedeutet, und man weiß nicht einmal, dass man es weiß, weil die Dinge eben tatsächlich so sind, wie sie erscheinen. Sobald man aber zu sehen lernt, dass andere Kulturen denkbar sind, wird Kontingenz *betont* und nicht weggearbeitet. Insofern muss man paradoxer Weise sagen, dass *stabile Kulturen* letztlich keine Kulturen sind, oder besser: Sie können das von sich letztlich nicht wissen. Sobald sie aber darauf aufmerksam werden, wird der Blick unweigerlich nicht nur auf das Fremde, sondern auch auf das Eigene gerichtet. Die Reaktionsmuster darauf sind vielfältig, und die Geschichte der sozialen Welt und unser heutiger Alltag sind voll davon: Feindschaft, Berührungsängste, Hierarchisierungen und hegemoniale Ansprüche[161] gehören ebenso dazu wie die normative Idee des Ausgleichs und des Dialogs der Kulturen oder aber die romantisierende Zurechtlegung des Fremden als des Besseren.[162] Alle drei Strategien freilich arbeiten das Schema Kultur nicht weg, sondern machen es um so sichtbarer. Das ist die merkwürdige Paradoxie allen Umgangs mit dem Schema Kultur: Man kann es nur vermeiden, indem man es betont. Die einzige Chance der „Überwindung" von solchen Schemata ist entweder lange historische Zeit, die zur Nivellierung alter, aber zumeist zur Etablierung neuer Schemata führt – oder aber, Kultur *nicht einmal zu ignorieren*, was auf die eben erwähnte Paradoxie verweist.

Auch Pauls Reaktion ist von einem merkwürdigen Unbehagen geprägt. Er weiß nicht, was er tun soll. Stellt er die Türkin ein – und wie würde ihm das zugerechnet? Aus dem Problem gibt es keinen Ausweg – man wird aber davon ausgehen können, dass die konkrete kulturelle Form ihre Wirkmächtigkeit verliert, je stärker gemeinsames Handeln und gemeinsame Praxis durch andere Schemata geprägt sein wird. Dann gerät man tatsächlich in die Situation, Kultur nicht einmal ignorieren zu müssen.

Es sollte deutlich geworden sein, dass die beiden Verständnisse von Kultur durchaus aufeinander verweisen. Ohne Zweifel ist alles soziale Verhalten eingebettet in kulturelle Selbstverständlichkeiten, die wenigstens teilweise latent und unsichtbar bleiben müssen, um wenigstens ein Mindestmaß an Sicherheit und lebensweltlichem Vertrauensvorschuss bieten zu können – ganz im Sinne dessen, was ich in der dritten Vorlesung als unhinterfragbare Bedingungen einer *Lebenswelt* diskutiert habe. Die entscheidende Frage ist aber auch hier: Wer kann das sehen, oder besser: Wer sieht das, und wer macht es warum zum Thema? Anders gefragt: *Wann wird etwas als Kultur behandelt und bezeichnet?* Es geht hier nun um den empirischen Gebrauch des Kulturbegriffs. Eines Begriffs von Kultur bedarf es dann, wenn man mit anderen möglichen Versionen konfrontiert wird und dann Chiffren braucht, diese Unterschiedlichkeit zu verarbeiten. Um dies historisch wenigstens anzudeuten, habe ich für die Geschichte nicht zufällig eine Türkin ausgewählt. Man könnte meinen, dass das Türkische letztlich immer schon Kultur war. Wir tun stets so, als sei das Abendland erst seit der Arbeitsmigration der zweiten Hälfte des 20. Jahrhunderts mit der türkischen Kultur in Kontakt geraten – und letztlich stimmt das sogar. Denn zuvor war das Türkische gar nicht *Kultur* im engeren Sinne, sondern nur etwas Anderes, Feindliches, das es nicht zu verstehen, sondern zu besiegen galt. Das osmanische Reich hatte über Jahrhunderte eine unmittelbare Grenze zum europäischen Kosmos, das bereits mit dem Frankenreich Karls des Großen und seinem *imperium christianum* kulturell geeinigt wurde – ohne freilich *Kultur* zu sein. *Kultur* zu sein, ist eine neuzeitliche, eine moderne Erfahrung, die damit zu tun hat, dass man tatsächlich Anderes *als andere Versionen* beobachten kann – in all den europäischen Projektionen des edlen und des bösen Wilden und der Entdeckung Europas durch die Entdeckung anderer Welten. Dies ist hier nicht zu vertiefen, aber es macht schon in der Andeutung sichtbar, dass mit der bereits Jahrhunderte andauernden Globalisierung der Welt das Andere und das Fremde nicht mehr einfach ignoriert oder bekämpft werden konnte. Man musste sich nun damit auseinandersetzen – und eine dieser Formen war der Versuch, das Fremde *als Kultur* verstehen zu wollen, auch um die Fortschrittlichkeit Europas im Vergleich zum Rest der Welt festschreiben zu können, wie dies in der frühen Ethnologie betrieben wurde.[163] Aber das Andere tauchte nun als mögliche Version auf, und schon wurde der Blick auf die Welt fast zwangsläufig *kulturalisiert*. Das galt übrigens auch innerhalb Europas. Mit der

Entstehung und Erstarkung von Nationalstaaten seit dem 18. Jahrhundert aus den Resten der großen europäischen Reiche, deren „kultureller" Fokus vor allem das Christentum war, entstanden Nationalkulturen, die sich insbesondere durch den Vergleich gebildet haben. Unsere eigene deutsche Nationalkultur etwa ist ohne die intensive Auseinandersetzung mit Frankreich gar nicht denkbar.[164] *Als Kultur* erscheinen diese Nationalkulturen eben auch im Vergleich mit anderen Möglichkeiten.

Der Kulturbegriff wurde gebraucht, um solche identifizierenden Einheiten erst zu erzeugen. Die Beschreibung und Festschreibung kultureller Praxis ist dann selbst nichts anderes als eine kulturelle Praxis, deren besonderes Merkmal darin besteht, dass schon die Beschreibung darauf verweist, dass auch anders beschrieben werden kann. Gerade im deutschen Fall ist die *Kultur* auch eine Erfindung der Philologien und Geisteswissenschaften, die jene Form der *Kultur* archiviert haben, die es zuvor als eine Einheit gar nicht gab – und Abgrenzung gegen andere Formen offensiv betrieben haben. Zur *Kultur* wird etwas erst dann, wenn man es beschreibt. Ein Blick auf gesellschaftliche Selbstbeschreibungen zeigt, dass hier Kultur zum entscheidenden Merkmal der Beschreibung wurde – am prominentesten sicher die Ideen der Nationalkultur oder der ethnischen Kultur sowie Religion und Konfession als kulturelle Chiffren.[165] *Kultur* war dann diejenige Chiffre, die auf dem Papier für mehr Einheit sorgt, als es sie in der Wirklichkeit gibt – ganz ähnlich wie die türkische Bewerberin empirisch gar nicht dem Bild dessen entsprechen muss, was eine alltagstaugliche Chiffre der „Türkin" vorsieht. Trotzdem sieht Paul genau das – eine „Türkin". Die besondere Macht dieses Beschreibungs- und Beobachtungsschemas Kultur besteht auch darin, dass diese Beschreibungen keineswegs nur Beschreibungen sind – sie gehören selbst zu jener Praxis, die dann jene Kulturen hervorbringen, die da beschrieben werden. Um sich beschreiben zu können, braucht man Muster – ich habe das bereits am Beispiel von Individualitätsmustern angedeutet. Es sind die Muster, die es uns unter anderem erlauben, die Mannigfaltigkeit unserer Erlebnisse zu ordnen und sie anschlussfähig zu beschreiben. Wer sich als Angehöriger einer Kultur beschreibt, tut dies aufgrund von Mustern, die bereits vorhanden sein müssen, auf die man zurückgreifen kann und die das eigene Erleben ordnen. Das gilt auch negativ: Die Betonung, dem Muster nicht zu entsprechen, muss das Muster in Anspruch nehmen. Auch das kann man am Verhalten der Bewerberin ablesen: Indem sie sich von den Zugehörigkeitszumutungen oder wenigstens von den Unterstellungen distanziert, die zu solchen Zumutungen gehören, muss sie das Muster in Anspruch nehmen – *ob sie will oder nicht*.

Ich habe immer wieder darauf verwiesen, dass Kulturalisierung vor allem dann erfolgt, wenn man mit anderen Versionen konfrontiert wird. Die Entstehung der europäischen Nationalkulturen, die „Entdeckung" anderer Erdteile, nicht zuletzt die Kolonialisierung und die darin beginnende Globalisierung der Gesellschaft hat für die Anwesenheit des Anderen gesorgt.[166] Die Medien der Anwesenheit waren vor allem koloniale Herrschaft, Reisen, Handelskontakte, die Anwesenheit von „Kolonialwaren", später dann die Anwesenheit von Migranten sowie die Möglichkeit von Urlaubsreisen. Inzwischen wird *kulturelle* oder *interkulturelle* Anwesenheit vor allem durch die Medien hergestellt, insbesondere durch das Fernsehen. Womöglich ist *Kultur* heute in erster Linie ein Fernsehformat, dessen besondere Selektivität darin besteht, alles Mögliche vorführen und damit zum Vergleich anbieten zu können.

Auch Pauls „Wissen" über die Hindernisse und Merkwürdigkeiten des Türkischen stammen sicher aus Medienformaten. Die Massenmedien waren einmal angetreten, Informationen über die Wirklichkeit bis in den letzten Winkel der Gesellschaft zu tragen – inzwischen hat man den Eindruck, dass bis in den letzten Winkel der Gesellschaft geprüft werden kann, ob die Wirklichkeit jenen Bildern entspricht, die wir von der Welt kennen. Und das bedeutet dann auch, dass nicht nur das klassische Muster der ethnischen/nationalen oder konfessionellen/religiösen Beschreibung kulturalisierbar wird, sondern eigentlich alles. Gerade das Fernsehen versorgt uns mit immer mehr *Versionen*, was zugleich mit dem Verlust eines Standards zu tun hat, der die Versionen bewerten und entscheiden kann, welche die richtige Version ist.

Allerdings hatte der Begriff der Kultur einmal exakt diese Funktion. *Kultur* meinte in der bürgerlichen Gesellschaft das, was wir heute *Hochkultur* nennen. Das *Hochkulturschema* hat vor allem eine Distinktions-, also eine Abgrenzungsfunktion. Als *Hochkultur* fungiert das, was in einer Gesellschaft als (einzig) legitime oder als die höchststehende Form von Kultur angesehen wird, man kann auch von *herrschender Kultur* sprechen, neben der alle anderen Formen als niedere, weniger legitime und einfachere Formen gelten. Diese Art bürgerlicher Selbststilisierung findet sich in unserer Geschichte beim Besuch Paulas und Pauls beim Konzert des Weihnachtsoratoriums. Paul beobachtet während Paulas Abwesenheit in der Pause, wie sich „aufgebrezelte" Ehepaare über die Musik unterhalten, ohne die Musik selbst zu diskutieren, sondern mit Hilfe von Verweisen auf die eigene Bildung, auf Kennerschaft und auf einen entsprechenden Stil vor allem demonstrieren, dass sie Zugang zur Hochkultur haben und die entsprechenden Fähigkeiten besitzen, dies habituell glaubhaft darzustellen. Ich konnte nicht widerstehen, einen der Protagonisten von *„der 248"* sprechen zu lassen, also vom

Weihnachtsoratorium nach der Zählung des Schmiederschen *Bach-Werke-Verzeichnisses*. Wer so redet, meint nicht nur das Weihnachtsoratorium, sondern demonstriert Distinktionsmöglichkeiten durch Zugehörigkeit zur Hochkultur, die sich gewissermaßen aufgrund ihrer Legitimität von selbst versteht – und vor der alle anderen kulturellen Formen zurückfallen.[167] Solche Demonstration des Hochkulturschemas verweist auf eine *kulturelle* Dimension sozialer Ungleichheit, auf die ich in der nächsten Vorlesung zu sprechen kommen werde. Hier ist zunächst die Funktion des Kulturbegriffs als *Distinktionsbegriff* relevant – ganz im Sinne der bürgerlichen Idee, dass zur *Kultur* letztlich nur das gehört, was im bürgerlichen Sinne zur *Hochkultur*, also zur entsprechend legitimierten Form von Kultur gehört, symbolisiert im Bildungskanon, in Kunstwerken, Sprachformen, Stilen und Lebensformen.

Dieser Kulturbegriff als *Hochkultur* ist heute nicht mehr gebräuchlich, zumindest nicht als ein sozialwissenschaftlicher Begriff.[168] Er kann aber dazu dienen, die performative, also praktische Relevanz des Kulturbegriffs als *Emanzipationsbegriff* zu erklären.[169] Aus der Perspektive der *aufgebrezelten* Ehepaare in der Pause *der 248* würde wohl alles, was sich nicht dem Hochkulturschema fügt, gar nicht als *Kultur* erscheinen. Exakt dagegen ist der Kulturbegriff als *Emanzipationsbegriff* eingesetzt worden, um zu demonstrieren, dass auch andere Formen *Kultur* sind – etwa die Alltags*kultur*, die Arbeiter*kultur*, die Volks*kultur*, die Regional*kultur* oder die bäuerliche *Kultur*, die Kultur vor allem für diejenigen wurde, die sie nun gewissermaßen als eine *andere Version* von Kultur ansahen und nicht als einen Stand weit weg von aller *Kultur*. Der Bauer etwa wurde *als Kultur* von der frühen Soziologie und Volkskunde entdeckt, um Kritik an der Moderne zu üben, Kritik am großstädtischen und proletarischen Leben. Einer der wichtigsten Protagonisten dafür ist der schon in der ersten Vorlesung erwähnte Wilhelm Heinrich Riehl, für den der Bauer nicht die ursprünglichste Lebensform verkörperte, sondern *Kultur* dadurch wurde, dass man diese Lebensform als das Andere des Städtischen stilisieren konnte.[170] Nicht umsonst war Riehl der Begründer der deutschen *Volkskunde*, durchaus vergleichbar mit den heutigen *cultural studies*, die nicht nur kulturelle Phänomene abbilden, sondern durch ihre offensive Beschreibung erst erzeugen und erzählbar machen – ich komme darauf zurück.

Nicht nur Bauern und dörfliche Volkskultur, auch das Proletariat wurde zur *Kultur*, indem die Arbeiterbewegung über Arbeiterbildung sowie die Selbststilisierung des Proletarischen als einem eigenständigen, selbstbewusst vorgetragenen Lebensentwurf mit eigenen Formen und Stilen *erzählbar* wurde.[171] Für beide Fälle – für Bauern wie für Proletarier – wurde *Kultur* zum Emanzipationsmittel, mit Hilfe dessen Identitäten erzeugt werden konnten, indem Erzählbares erschaffen und nicht zuletzt Abgrenzung und Vergleichbarkeit zu anderen Formen möglich gemacht wurde. Kultur als Emanzipationsmittel bringt zweierlei hervor: *Sprecher,* die mit entsprechenden Sprecherpositionen ausgestattet werden, und *Orte,* an denen sich all das sagen lässt. Erst als sich das Proletariat *als Kultur* stilisieren ließ, war es möglich, die Zugehörigkeit zu einer ökonomischen Klasse als Lebensform zu stilisieren. Erst diese Stilisierung, die Erfindung von Mustern und Chiffren, stattete Personen mit jenen Mitteln aus, die es ihnen ermöglichten, sich authentisch als Angehörige solcher *Kulturen* zu sehen, die je nach Bedarf neu „erfunden" werden – erfunden in dem Sinne, dass es Protagonisten bedarf, die entsprechende Orte und Anlässe schaffen, an denen solcher Art Kultur v.a. über Betroffenheit authentisch behauptet werden kann. *Kultur* ist insofern tatsächlich ein *performatives* Phänomen, also eines, das sich über die eigene Praxis und Anschlussfähigkeit reproduziert.

Die Rolle der Kulturwissenschaften bei der Etablierung von Kulturen darf nicht unterschätzt werden.[172] Ich habe auf die Philologien und Geisteswissenschaften bereits hingewiesen, auch auf die Volkskunde im deutschsprachigen Bereich, die das „Volksdeutsche" *als Kultur* entdeckt und damit einen emanzipatorischen Anspruch erfüllt – vor allem gegen die urbane, nationale, bisweilen auch kosmopolitische Hochkultur der bürgerlichen Gesellschaft.[173] Heute sind es eher die vielfältigen *cultural studies,* die immer neue partikulare Bekenntnisräume dadurch adeln, dass ihnen eine authentische kulturelle Identität eingeschrieben wird. Haben die *cultural studies* vor allem in Großbritannien sich zunächst seit den 1960er Jahren vor allem für die Kultur der Arbeiterklasse interessiert, später auch für eine durchaus wohlwollende Interpretation von Alltags- und Konsumstilen,[174] war es dann in den 1980er/90er Jahren vor allem die Reflexion *hybrider Kulturen,* also die Analyse von durch Globalisierung, Migrationsfolgen und kulturelle Wechselwirkungen entstandene Formen, die sich nicht mehr dem Schema erste *oder* dritte Welt fügten, sondern neue Zwischenformen etabliert haben.[175] Inzwischen haben die *cultural studies* fast alles im Visier, was sich irgendwie zu Identitäten aufrunden lässt, mit denen sich Kollektive ansprechen lassen. *Queer-, Gay- and Lesbian-Studies* oder *Carribean & Latin American Literature & Culture* gehören ebenso dazu wie *Fashion, Appearance & Consumer Identity* und inzwischen sogar *Fat Studies,* in denen einerseits die Vorurteile über Übergewichtige und deren Diskriminierung auf den Begriff gebracht werden wie auch eine politische Agenda verfolgt wird, solche Diskriminierung zu vermeiden. Wer sich einen Überblick über die Vielfalt der gegenwärtigen *Cultural Studies* verschaffen will, sei auf die Web-Site der *Popular Culture Association/American Culture Association* (www.

pcaaca.org) verwiesen. Selbst für *Animal Culture* findet sich dort ein Eintrag, der auf das Muskingom College in New Concord, Ohio, verweist.

Es geht mir hier nicht darum, gegen die *cultural studies* zu polemisieren. Es soll vielmehr gezeigt werden, dass der Begriff der Kultur in seiner empirischen, seiner praktischen, seiner performativen Bedeutung keineswegs nur ein analytischer Begriff ist, sondern selbst das erzeugt, wovon er handelt: *Kulturen* nämlich. Insofern dient die Herstellung von *Kultur* paradoxer Weise dazu, Orte und Sprecherpositionen hervorzubringen, die authentische Stellungnahmen ermöglichen. Es ist zu erwarten, dass an deutschen/europäischen Universitäten bald nicht mehr nur eine historisierende philologische *Turkologie* gelehrt wird, sondern so etwas wie *German-Turkish-Studies* oder *European-Turkish-Studies*, die dann auch ein Emanzipationsmittel für den akademischen Nachwuchs ehemaliger Einwanderer aus der Türkei werden. Wer als Angehöriger einer *Kultur* spricht, stattet sich selbst mit einer Würde aus, die davon zehrt, dass es sich bei dieser Art Authentizität eben nicht um eine beliebige Stellungnahme handelt, sondern um ein legitimes Muster. Etwas *als Kultur* präsentieren zu können, schützt davor, es für irrelevant halten zu dürfen. Man kann es verachten – aber es ist wenigstens Kultur und damit der Beachtung wert. Wie sehr sich solche Kulturalisierung zur Politisierung eignet, liegt auf der Hand. Insofern präsentieren *cultural studies* stets auch ein Emanzipationsprogramm.

Solche Selbst- und Fremdkulturalisierungen scheinen eine hohe Plausibilität zu besitzen. Dafür spricht zum einen der Erfolg solcher partikularer Kulturstudien – partikular im Sinne der Konzentration auf ein je abgegrenztes Gegenstandsgebiet mit ebenso wissenschaftlichem wie kulturpolitischem Anspruch. Zum anderen scheint auch in der Soziologie die Plausibilität solcher Kulturalisierungen zuzunehmen. Die Konjunktur *kosmopolitischer* Soziologie-Perspektiven oder auch die Faszination migranter Wirklichkeiten ist sehr stark – und das nicht nur im Hinblick darauf, dass es sich dabei um interessante soziologische Gegenstände handelte, sondern wohl auch im Hinblick darauf, dass es vor allem die Identifizierung von *kulturellen* Identitäten ist, die gegen die Unübersichtlichkeit einer immer komplexer werdenden (Welt-)Gesellschaft gesetzt werden kann.

Meine eigene Lehrerfahrung zu unterschiedlichen Themen zeigt, dass Studierenden vor allem die Bearbeitung *kultureller* Versionen, *kultureller* Variationen und *kultureller* Differenzen plausibel zu machen ist. Darin zeigt sich die besondere Funktion der Kulturalisierung: Man kann so erzählbare Ordnung in eine Welt bringen, in der es immer schwieriger wird, angemessene Standards und normative Eindeutigkeit widerspruchsfrei zu behaupten. So erscheint dann das Fremdkulturelle immer noch nicht unbedingt verständlicher – aber als Kulturelles wird es mit einer Würde versehen, das authentische Sprecher hervorbringt, die schon wegen ihrer Authentizität gehört werden müssen. Und gerade die Massenmedien, aber auch manche Spielarten der (qualitativen) Sozialforschung versorgen uns mit authentischen Sätzen, an denen man schwer vorbei sehen kann. Das „Kulturelle" kommt in diesem Sinne eben nicht mehr abstrakt daher, sondern hängt meistens an Personen – mit spezifischen Herkünften, spezifischen Gewohnheiten und spezifischen Ansprüchen. Kultur in diesem Sinne kompensiert gewissermaßen die *gesellschaftliche* Erfahrung, dass wir als Personen aufgrund von multiplen Rollenerwartungen und unterschiedlichsten Kontexten kaum mehr als eine Einheit erscheinen können. Wer *als Kultur* auftritt, macht das tatsächlich als eine *Einheit* – bisweilen ungewollt, wie die türkische Bewerberin bei Paul zeigt. Sie tritt als Kultur auf, nicht als Strategie freilich, sondern weil sie kulturalisiert wird. Man kann dann von einem Merkmal auf alle anderen schließen – und Paul kennt sie wohl aus dem Fernsehen.

Ich habe bereits oben auf die Bedeutung von Medien-, v.a. Fernsehformaten für Kulturalisierungen hingewiesen. Solche Bilder vorsorgen uns mit Beispielen für Identifizierbares, insofern nehme ich fast an, dass mit diesem Kulturbegriff der *cultural studies*, geboren durchaus aus dem Geist der Emanzipation und der Kritik, der Gesellschaftsbegriff ersetzt werden soll. Wie ich in der sechsten Vorlesung gezeigt habe, sind die Verhältnisse tatsächlich schwieriger geworden. Hatte der klassische moderne Begriff der Gesellschaft noch eine politische Einheit in einer Arena sprechender Akteure angesprochen, denen es darum gehen konnte, die „Gesellschaft" als den Gegenstand politischer Gestaltung und normativer Erwartungen und Wünsche zu konzipieren, sind die Verhältnisse nun schwieriger geworden. Gesellschaft ist zu einem erheblich sperrigeren Begriff geworden – er ist heute letztlich nur noch abstrakt formulierbar und bedient nicht mehr jene kompakte Adresse für Mitgliedschaft und Partizipation. Ich habe darauf hingewiesen. All das, was ein solch abstrakter, tatsächlich ausschließlich als Fachbegriff tauglicher Begriff der Gesellschaft offensichtlich nicht mehr leisten kann, vermag der Kulturbegriff zu vermitteln: eindrucksvoll Sichtbares, Authentisches, Chiffren für Zugehörigkeit, auch Exotisches. Kultur macht die Welt *kompakter* – zumindest *kompakter beobachtbar*. Ob das der Soziologie gut tut, ist eine andere Frage, die hier nicht weiter behandelt werden kann.

Bereits zu Beginn dieser Vorlesung habe ich angekündigt, dass der Kulturbegriff ein schwieriger, ein schillernder Begriff sei. Das dürfte sich bestätigt haben. Ich habe drei verschiedene Kulturbegriffe präsentiert: *erstens* Kultur als einen Begriff, der dann in Erscheinung tritt, wenn es um Vergleiche und um die Identifikation von Fremdem geht. In unserer Geschichte erschien die türkische

Bewerberin als Hinweis auf kulturelle Differenz und wurde entsprechend identifiziert; *zweitens* Kultur als letztlich unsichtbaren Taktgeber, als Muster für Handlungen, Verhalten und Verstehen, als Sinn- und Wissensvorrat; und *drittens* Kultur als Distinktions-, Kampf- und Emanzipationsbegriff.

Neunte Vorlesung: Soziale Ungleichheit, Macht, Herrschaft

Es ist Sonntag. Paula war für diesen Tag schon länger verabredet, zu ihren Eltern zum Essen zu kommen – und weil die beiden sich nicht trennen konnten, hat sie Paul kurzerhand mit eingeladen. Paulas Eltern wohnen in einem hübschen, alten Haus in Gern, einem der teuersten Wohnviertel Münchens, schon von außen von gediegenem Ambiente. Paul ist beeindruckt, keine Frage. Das ganze Haus atmet den gelassenen Duft eines Wohllebens, das nicht gezeigt werden muss, weil es sich von selbst zeigt. Es ist alles recht unangestrengt, es passt alles zusammen. Paulas Vater ist Medizinalprofessor im Ruhestand, Paulas Mutter beschäftigt sich mit den schönen Künsten, hat inzwischen ein paar Ausstellungen gehabt, sie malt.

Das Mittagessen ist ein Gedicht, es stimmt alles und ist so unaufgeregt perfekt, dass es schon wieder spektakulär ist. Natürlich sind alle neugierig aufeinander, und Paulas Vater versteht es, Paul auf Herz und Nieren zu prüfen – Paul wird eindeutig danach abgescannt, ob er als Schwiegersohn taugen könnte – er erschrickt ein bisschen. So weit sind sie dann doch noch nicht.

Paul fühlte sich eigentlich nicht unwohl. Er ist es gewohnt, sich in gediegenem Ambiente zu bewegen, wenn auch sein eigenes Elternhaus viel bescheidener ist, aber schon hinreichend mit Geld und bildungsbürgerlichem *touch* ausgestattet, dass er sich nicht unwohl fühlen muss. Dennoch, es liegt ein kleiner Schatten auf der Stimmung. Paul kann nicht sofort herausbekommen, was der Grund ist, aber kurz nachdem die Dessertschalen abgeräumt sind, soll er es erfahren. Paula fragt wie nebenbei, wie es denn dem jüngeren Bruder Markus gehe. Das ist das Stichwort. „Ja, er hat uns letzte Woche mitgeteilt, dass er diese Person heiraten will", sagt die Mutter, „diese schreckliche Person ohne Kultur und Manieren." Die Situation ist ein bisschen peinlich für Paul. Markus ist offenbar das schwarze Schaf der Familie. Paul erfährt im Laufe des Gesprächs, dass Markus trotz intensiver, vor allem kostenintensiver Interventionen mit seinem juristischen Examen noch immer hängt, dass er mal wieder Geld mit dubiosen Geschäften verloren hat, und jetzt auch noch das. Paul wird auf den Stand der Dinge gebracht: Diese „Person" ist eine Frau, die „dem armen Jungen den Kopf verdreht" hat. Kommt aus „ganz einfachen Verhältnissen". Sei kaum in der Lage gewesen, sich am Tisch angemessen zu verhalten, verstand keine, aber auch keine Anspielung in der Konversation, weder auf dem Gebiet der Kultur noch auf dem der Politik. „Wir können das schon verstehen. Ihr Vater ist irgendwas Dubioses, ihre Mutter putzt, sie hat keine höhere Schule besucht, ihr einziges

Kapital", so die Mutter, „ist ihr Aussehen. Und unmögliches, billiges Zeug hat die angehabt – völlig unpassend das, und so gewöhnlich. Und da ist unser Markus drauf reingefallen. Das kann doch nicht gut gehen. Was sagen Sie, junger Mann, sind wir da zu konservativ?" Bei dem angesprochenen Paul gehen alle verfügbaren roten Warnlampen an. Was er jetzt auch sagt, es ist falsch. Gibt er der Mutter Recht, steht er als Schleimer oder Spießer da. Widerspricht er, ist's auch nicht besser. Er druckst herum und meint: „Na, wenn sie sich gern haben, es ist doch ihr Leben, oder?" „Also bitte, wir haben auch einen Ruf zu verlieren, oder? Wir könnten uns doch nirgendwo mehr blicken lassen. Das fällt dann alles auf die Familie zurück."

Es gelingt Paula, das Gespräch in andere Bahnen zu lenken und den Nachmittag noch zu retten. Als sie dann auf dem Rückweg sind, zeigt Paul sich ziemlich über Paulas Eltern verwundert. Paula hält sich bedeckter, als Paul es erwartet hätte. Na ja, er kennt besagten Markus ja auch gar nicht. Die beiden gehen an dem Abend auseinander. Paul war noch mit einem Freund verabredet, und Paula hat auch nichts gegen einen gemütlichen Abend alleine.

Am nächsten Morgen beginnt für Paul wieder der normale Bankalltag. An diesem Tag findet eine Abteilungsleiterkonferenz statt. Hauptthema ist heute die zunehmende Überschuldung von Privatkunden bzw. die Krisen, in die manche Kreditnehmer geraten, wenn sie arbeitslos werden. Paul muss zugeben, dass er die Dimension des Problems völlig unterschätzt hat. Er ertappt sich dabei, immer wieder zu denken, dass die Leute sich doch vorher überlegen müssen, was für Kredite sie aufnehmen. Aber so einfach scheinen die Dinge in Zeiten hoher Arbeitslosigkeit nicht mehr zu sein, und es stellt sich heraus, dass das Problem inzwischen relativ gut situierte Leute mit mittleren Einkommen betrifft. Paul wird nachdenklich. Manchmal rächt es sich schon, wenn man wie in München fast nur Wohlleben vorgespielt bekommt. Er war kürzlich in Berlin und war schon erstaunt darüber, dass man da in der U-Bahn bereits eine ganz andere Szene zu sehen bekommt. Das gilt sowohl für wirklich abgerissene Typen als auch für Leute, denen man ökonomische Zwangslagen schon fast ansehen kann. Auch in Frankfurt oder im Ruhrgebiet ist so etwas sichtbarer als hier in München. Was wäre eigentlich aus ihm geworden, wenn er seinen gut bezahlten Job nicht hätte?

Der Tag hat für Paul aber noch ein anderes Problem parat. Paul muss feststellen, dass einer seiner Mitarbeiter – ohne Zweifel kompetent und recht kreativ – immer wieder Arbeitsaufträge nicht wirklich gewissenhaft bearbeitet und sich bisweilen weigert, auf Rat und Kritik zu reagieren. Das hat Paul bereits länger Gedanken gemacht und führte immer wieder zu unschönen Situationen, denn eigentlich versteht er sich mit seinem Mitarbeiter recht gut, auch privat. Und wenn alles so läuft, wie es laufen sollte, gibt es eigentlich keine Probleme. Aber immer, wenn Differenzen auftreten und Paul dann doch als „Vorgesetzter" reagieren muss, kommt es zu Konflikten und Unverständnis bei seinem Mitarbeiter, der dann die Dinge so dreht, als habe Paul nicht die richtigen Anweisungen gegeben. Immer wieder streitet Herr S alles ab, macht Paul geradezu lächerlich und reizt diesen noch mehr. Paul bleibt nichts anderes, als Herrn S nach der Sitzung für den Nachmittag in sein Büro zu zitieren.

Nach dem Mittagessen kommt Herr S zu Paul, als wäre nichts gewesen. „Sie wollten mich sprechen, Herr A?" Paul kann es gar nicht fassen, und ihm fällt kaum mehr Anderes ein, als seinem Mitarbeiter mit einer Abmahnung und einem Eintrag in die Personalakte zu drohen, wenn sich die Dinge nicht bessern würden. Paul wusste gleich, dass das ein Fehler war, denn nun ist er am Zug und muss auch halten, was er da angedroht hat. Er ist unglücklich mit seiner Entscheidung, aber er weiß sich derzeit nicht anders zu helfen.

Am Abend trifft Paul sich mit Paula. Er ist ein wenig unsicher, nachdem sich Paula nach der Szene bei ihren Eltern ein wenig bedeckt gehalten hatte, und der Abend beginnt deshalb eher gespannt. Die beiden treffen sich in der Bar, in der sie sich näher gekommen waren. Paula hat offenbar gemerkt, wie unsicher Paul an dem Abend ist. Sie stichelt immer wieder und will von Paul nun genau wissen, was er denn zu der Geschichte mit ihrem Bruder denkt. Paul ist unsicher, ob er ganz offen reden solle. Paula sagt: „Na, so ganz Unrecht hat meine Mutter ja nicht." Das ist Paul zu viel. Er erwidert: „Das meinst Du doch nicht ernst, oder? So ein verstaubtes Zeug habe ich schon lange nicht mehr gehört." Das hatte Paula nicht erwartet. Einerseits hatte sie ein bisschen damit gerechnet, dass Paul sich wehrt, aber dass er es wirklich macht, hätte sie nicht wirklich gedacht. Die Schlacht ist eröffnet. „Du meinst also, dass ich auch verstaubt bin, wie meine Mutter?" „Nein, das meine ich nicht," versucht Paul einzulenken, „aber Du musst schon zugeben, dass das schon eine ziemliche Frechheit ist, dass Deine Eltern sich so einmischen. Lasst sie doch machen, was sie wollen. Außerdem: Ist Dir das nicht unangenehm, wenn ich auf die Schwiegersohntauglichkeit abgescannt werde?" Paula lacht und erwidert: „Du bist süß, wenn Du Dich aufregst, und ich scanne ja auch ein bisschen." Paul hatte sich noch nicht entschieden, ob er sich ärgern sollte oder nicht, als es schon aus ihm herausspricht: „Ich will aber nicht abgescannt werden. Lass mich doch, wie ich bin." Der Ärger amüsiert Paula und stachelt sie noch mehr an. „Mensch, Du kannst ja richtig böse werden, klasse!" Paul fühlt sich in die Ecke gedrängt. Er weiß nicht, was er tun soll. „Wenn das so ist, dann lass mich jetzt in Ruhe. Nimm mich ernst, oder lass es. Ich habe keine Lust auf solche Spielchen." Paula ist dann doch erschrockener, als sie vor sich zugeben mochte. Sie versucht es nun mit eher non-verbaler Kommunikation, auf die Paul auch schnell anspricht. Die beiden gehen nach Hause, und einander in den Armen liegend denken beide, dass sie es dem/der Anderen aber echt gezeigt haben – und zugleich zweifeln sie, ob es nicht vielleicht umgekehrt war.

Soziale Ungleichheit gehört – wir haben es bereits in der ersten Vorlesung erarbeitet – zu den zentralen Topoi der Soziologie, die im Gefolge der Umwälzungen des 19. Jahrhunderts zur Industriegesellschaft und mit der Entstehung von Nationalstaaten zu dem grundlegenden *gesellschaftlichen* Thema geworden sind.[176] Die *soziale Frage*, wie sie schon im 19. Jahrhundert hieß, ist also die Frage, wie in einer Gesellschaft Güter verteilt werden und welche Auswirkungen Ungleichheiten auf das Leben der Menschen sowie auf die wirtschaftliche und politische Reproduktionsfähigkeit einer Gesellschaft haben. Wohlgemerkt: Es geht hier nicht um Ungleichheiten jeglicher Art. Ungleichheiten zwischen den Menschen lassen sich auf vielfältige Weise finden – es gibt Große und Kleine, Blonde und Dunkle, Schwarze und Weiße, Männer und Frauen, Soziologen und Volkswirte, Mediziner und Sachbearbeiter, Melancholische und Frohsinnige. Die Liste der Unterschiede ist absichtlich unsystematisch gewählt, um einen Hinweis darauf zu geben, dass man nur hingucken muss, um Unterschiede und damit Ungleiches zu sehen – bereits das Hingucken produziert schon fast aus wahrnehmungsphysiologischen oder Aufmerksamkeitsgründen Unterschiede, man würde sonst nichts sehen. Soziologisch relevant sind Ungleichheiten aber nur dann, wenn beobachtbare Unterschiede Auswirkungen auf die sozialen Lebensweisen und -formen, auf Lebenschancen und auf den ungleichen Zugang zu Ressourcen haben. So ist die Ungleichheit etwa zwischen Weißen und Schwarzen nur ein Unterschied im Hinblick auf Hautpigmentierungen, deren eindeutige Identifikation als „schwarz" und „weiß" historisch durchaus fließend war.[177] Zur *sozialen* Ungleichheit wird dieser Unterschied erst dann, wenn die Hautfarbe dauerhafte *soziale Konsequenzen* hat. Umstritten ist, ob auch solche Konsequenzen als *soziale Ungleichheit* gelten sollen, bei denen eine der beiden Seiten keine negativen Konsequenzen zu erleiden hat. So wäre es – als Gedankenexperiment – etwa denkbar, in einer Gesellschaft zu leben, in der es durchaus soziale Konsequenzen hat, ob die Person eine Frau oder ein Mann ist, ohne dass dabei eine der beiden Gruppen schlechter gestellt wäre als die andere. Ob dies noch *soziale Ungleichheit* wäre, ist begrifflich nicht eindeutig – was darauf hinweist, wie wertbesetzt der Begriff sozialer Ungleichheit ist. Er rührt gewissermaßen aus einem dem 19. Jahrhundert entstammenden Selbstverständnis moderner Gesellschaften, die damit umgehen mussten, *einerseits* normativ die *Gleichheit der Menschen* zu betonen, sie politisch und rechtlich auch langsam durchzusetzen und daraus jene moralischen Standards gewonnen haben, wie eine gelungene Vergesellschaftung möglich sein soll. *Andererseits* aber machte man die Erfahrung, dass auch eine Gesellschaft, die normativ das Ideal der Gleichheit und Gleichberechtigung der Menschen entwickelt und hoch hält, stets Ungleichheit hervorbringt. Schon deshalb ist der Begriff der sozialen Ungleichheit einer der am stärksten wertbesetzten Grundbegriffe der Soziologie, eben weil es einerseits um das politisch relevante Thema der Distribution von Gütern und Chancen geht und weil andererseits die Frage der Legitimität bestimmter Ungleichheitstrukturen tatsächlich etwas mit Wertungen zu tun hat.

Dass solche Wertungen durchaus auch in der alltäglichen Lebenspraxis eine Rolle spielen, wird bei dem sonntäglichen Mittagessen bei Paulas Eltern deutlich. Markus, Paulas Bruder, beabsichtigt eine Frau zu heiraten, die seiner Mutter keineswegs nur aus individuell-persönlichen Gründen nicht in den Kram passt. Der Schlüssel zu der Geschichte ist also nicht, dass sich die beiden nicht mögen, sondern wie dieses „Nicht-Mögen" gesellschaftlich plausibel gemacht wird. Entscheidend ist hier, dass aus einer Perspektive bürgerlichen Wohllebens – ich habe sehr klischiert einen emeritierten Medizinalprofessor bemüht, dem eine Ehefrau zur Seite steht, die sich den schönen Künsten hingibt – die Inadäquatheit „dieser Person" durch Schichtungsmerkmale plausibel gemacht wird. Dem armen Paul wird nicht einfach das Bild einer unsympathischen Frau geschildert, sondern das Bild einer Person, die nicht den Ansprüchen jener Schicht genügt, die im Hause des medizinischen Ordinarius gepflegt werden. Die gesamte Charakterisierung dieser „Person" benutzt das Arsenal von Begriffen, an denen sich über soziale Ungleichheit lernen lässt, dass es tatsächlich nicht nur darum geht, dass Personen unterschiedlich hohe Geldbeträge zur Verfügung haben. Ungleiche Positionen in der Gesellschaft werden vielmehr an Bewertungen festgemacht, deren Ursprung sich vor allem an Habitus orientiert, an Symbolen und dem, was man in der Ungleichheitsforschung heute *kulturelle* und *Lebensstilfaktoren* nennt.[178] Der Vater jener Person ist von Beruf etwas „Dubioses", die Mutter putzt, und die junge Frau ist nicht in der Lage, angemessen auf Anspielungen zu reagieren. Wahrscheinlich hat sie auch keine *Kultur*, wenigstens in dem Sinne, den wir in der achten Vorlesung bei jenen Besuchern des Weihnachtsoratoriums kennen gelernt haben, die jede Anspielung verstehen, die man verstehen muss – *„die 248"*.

Was das Gespräch bei Tisch zeigt, ist eine offensichtlich funktionierende Übersetzung unterschiedlicher wirtschaftlicher Einkommenslagen in Bewertungen – hier in die Bewertung von Berufen und fehlenden Ausbildungen und in die symbolische Verpackung solcher Lebenslagen in Habitus, die am rechten Ort passen müssen. Der Habitus der zukünftigen Schwiegertochter jedenfalls passt hier nicht. Es spielt übrigens auch keine Rolle, dass Markus ebenfalls keine adäquate Ausbildung vorweisen kann – das juristische Examen will und will nicht gelingen. Er scheint aber einen Habitus zu pflegen, den man nur mit seiner Herkunft erklären kann. Dabei geht es nicht nur darum, dass im Hintergrund Geld vorhanden ist. Es geht vor allem darum, dass hier ein Habitus vorliegt, der sich nicht recht vorstellen kann, dass man aus den Bezügen und der Sicherheit heraus fällt, an die sich der junge Mann offensichtlich fraglos gewöhnt hat. Es geht hier wohlgemerkt nicht um individuelle Charakterisierungen, nicht um Beschreibungen konkreter Individuen, sondern um Sozialcharaktere, die offensichtlich etwas mit sozialer Ungleichheit zu tun haben. In der Ungleichheitsforschung werden deshalb nicht mehr einfach nur das Einkommen und die daraus resultierenden Möglichkeiten und Grenzen von Lebensverläufen gemessen, sondern es wird auch die Frage gestellt, wie sich das auf konkrete Lebensformen auswirkt und in welcher Weise sich solche Lebensformen wechselseitig wahrnehmen.[179] Erstaunlich ist, wie stabil solche Muster noch in einer Gesellschaft sind, deren Mobilität sich in den letzten beiden Generationen stark gewandelt hat. Damit ist nicht nur die räumliche Mobilität gemeint, sondern vor allem die *soziale Mobilität.*

Unter sozialer Mobilität versteht man den Wechsel von weniger privilegierten zu privilegierteren Schichten – und umgekehrt. Gerade das Selbstbild der Bundesrepublik von den 50er bis in die 80er Jahre des letzten Jahrhunderts ist ein Selbstbild *sozialer Aufsteiger,* deren Medien vor allem Bildung, wirtschaftlicher Erfolg und die Ausweitung des öffentlichen Dienstes sind. Nicht nur der Lebensstandard hat sich erheblich erhöht, sondern viele vor allem bildungspolitische Programme seit den späten 60er Jahren haben dazu geführt, dass innerhalb von Familien ein Aufstieg in bildungsnähere Schichten von einer Generation zur nächsten gelungen ist.[180] All das hängt mit dem Strukturwandel der Industriegesellschaft zusammen, mit der Ausweitung des Dienstleistungssektors und mit dem wirtschaftlichen Erfolg der europäischen Volkswirtschaften. Dies hat aber keineswegs die prinzipielle Schichtung der Gesellschaft in Frage gestellt. Neben dem sozialen Aufstieg unterschiedlicher Gruppen der Gesellschaft hat es vor allem – in einer sehr treffenden Formulierung von Ulrich Beck – einen *Fahrstuhleffekt* gegeben. Damit ist gemeint, dass die grundlegende Ordnung sozialer Ungleichheit stabil geblieben ist, sich aber das materielle Gesamtniveau nach oben verschoben hat.[181]

Es ist hier nicht der Ort, dies weiter zu diskutieren – in der Ungleichheitsforschung jedenfalls wird darüber gestritten, ob nicht spätestens seit den 1990er Jahren der Fahrstuhl wieder abwärts programmiert ist und ob nicht die Schere zwischen Oben und Unten größer wird. Entscheidend zum grundlegenden Verständnis sozialer Ungleichheit ist jedenfalls die Einsicht, wie *träge* sich auch eine noch so mobile und schneller gewordene Gesellschaft darstellt, wenn es darum geht, wie soziale Ungleichheit *praktisch* vollzogen wird. Ich habe immer wieder darauf hingewiesen, wie wenig soziales Handeln für den Handelnden bisweilen selbst transparent ist – wie sehr der Akteur das Produkt einer Praxis ist, die er selbst mit hervorbringt. Das gilt auch für jene habituellen Formen, an denen sich soziale Ungleichheit festmacht. Vor diesem Hintergrund etwa ist die seit dem sogenannten PISA-Schock diskutierte Frage zu verstehen, warum in Deutschland wie in kaum einem anderen vergleichbaren Land Bildungskarrieren Schichtung stabilisieren.[182] Das deutsche Schulsystem scheint soziale Mobilität geradezu zu bremsen – nicht weil hier schlechtere Lehrer oder Lehrpläne vorlägen, sondern weil das dreigliedrige Schulsystem die Schichtung der Gesellschaft abbildet und mangels Ganztagsschulen die Sozialisationseffekte der Herkunftsfamilien stärker durchschlagen. Im Klartext: Wenn zu Hause niemand in Mathematik, Englisch und Latein helfen kann, sind die Startchancen schlechter; wenn zu Hause keine Erfahrung mit Büchern und bildungsnahen Inhalten gepflegt werden kann, muss man das alles in der Schule lernen; wenn die Familie keine eigenen Erfahrungen mit einer langfristigen Lebens- und Karriereplanung hat, taucht das auch nicht im Horizont der Kinder auf. Auch dies will ich hier nicht ausführlich diskutieren, sondern es lediglich als Hinweis darauf sehen, dass soziale Ungleichheit unterschätzt würde, würde man darin nur die ungleiche Verteilung materieller Güter sehen.

Was in unserer Geschichte zusätzlich deutlich wird, ist die Frage der gesellschaftlichen Bewertung von Ungleichheit. Auf die Abwertungen der niederen Schichten ohne Bildung und angemessene Tätigkeiten habe ich bereits hingewiesen. Aber auch Paul erlebt an seiner eigenen Reaktion auf insolvente Schuldner seiner Bank, wie stark die Tendenz zur *Individualisierung* des gesellschaftlichen Phänomens sozialer Ungleichheit ist. Paul hat den Reflex, dass die Leute doch selbst wissen müssen, welche Kredite sie aufnehmen. Und in der Tat scheinen Schuldnerberatungen zunehmend mit den Folgen inkompetenten Umgangs mit Kreditaufnahmen etc. zu tun zu haben. Dies gehört inzwischen zu den ausgewiesenen Feldern nicht nur finanztechnischer Hilfen, sondern sogar sozialpädagogischer Betreuung – die Medien mit ihren permanenten Angeboten und Vorführungen materieller Umwelten tun hier sicher ein Übriges. Aber dies ist nur die eine Seite – die andere Seite ist die starke Konjunktur- und Erwerbsarbeitsabhängigkeit privater Haushalte. Geraten hier die Parameter durcheinander, werden langfristige Kredite (etwa für ein Haus) schnell unbezahlbar. Man wird sagen müssen: So geht es auf Märkten eben zu – und das ist wohl auch wahr. Spannend für uns ist freilich, wie Paul darauf reagiert.

Ein weiterer Punkt, der mit der Wertbezogenheit sozialer Ungleichheit zu tun hat, ist die Frage der *Legitimität* sozialer Ungleichheit. Also: Welches Ausmaß und welche Folgen sozialer Ungleichheit sind akzeptabel, und welche nicht? Mit dieser Frage hatte im 19. Jahrhundert die soziologische Analyse über die Funktion des Staates begonnen – ich habe in der ersten Vorlesung auf Lorenz von Stein hingewiesen. Ich möchte dies hier nicht normativ diskutieren, sondern darauf hinweisen, dass es tatsächlich gesellschaftliche Bewertungsprozesse sind, die Tätigkeiten einen entsprechenden Wert zuweisen. Eine entscheidende Rolle spielt sicher die Frage Art der Ausbildung – je weiter weg von körperlicher Arbeit und je weiter weg von rein reproduzierenden Tätigkeiten und je näher dran an ökonomischer Wertschöpfung, desto höher wird eine Arbeit finanziell bewertet – mit Ausnahme durchaus körperbetonter Tätigkeiten, die in den Medien gezeigt werden können, etwa Sport, Entertainment, Musik, Schauspielerei etc. Hier werden Summen gehandelt, die sich vor allem über Medienpräsenz rechtfertigen und letztlich nicht in das übliche Gehaltsgefüge passen.

Ohne den Anreiz mit Symbolen wie Lohn/Gehaltshöhe, Aufstiegs- und Gestaltungsmöglichkeiten werden nicht die Motive erzeugt, die dafür nötig sind – und dass hier keineswegs nur individuelle Leistung, sondern Herkunft und finanzielle wie habituelle Startchancen eine Rolle spielen, sollte deutlich sein. Schließlich: Man kann nicht daran vorbei sehen, dass jede Volkswirtschaft einer Gesellschaft auch Personal für jene Tätigkeiten braucht, für die keine besondere Qualifikation vonnöten ist.

Mit diesen Sätzen gerät man freilich auf vermintes Gelände. In der Soziologie hat man sich lange darüber gestritten, ob soziale Ungleichheit stets als *repressiv* zu beurteilen ist, oder ob man auch auf die *funktionalen* Aspekte sozialer Ungleichheit hinweisen sollte. Wie meist in solchen Konflikten, haben beide Seiten ihre Berechtigung: So wird man sowohl etwa den klassisch von Kingsley Davis und Wilbert E. Moore vertretenen *funktionalen* Aspekt sozialer Ungleichheit betonen müssen,[183] als auch den etwa von Ralf Dahrendorf formulierten Aspekt, dass sich in der sozialen Ungleichheit einer Gesellschaft auch *repressiv* Macht- und Herrschaftsverhältnisse widerspiegeln – etwa in dem Sinne, dass derjenige, der oben ist, eher über die Mittel verfügt, seine Position zu verbessern als derjenige, der dort hin will.[184] Ich belasse es bei diesen Andeutungen, deren Analyse ein genaueres Studium erfordert.

Soziale Ungleichheit hat offensichtlich etwas mit *Macht* zu tun. Wie Macht funktioniert, lässt sich in unserer Geschichte schön an Pauls Versuchen demonstrieren, seinen Mitarbeiter, Herrn S, zu disziplinieren. Man kann an diesem Beispiel sehen, dass Macht sich nicht einfach aus ungleichen Positionen innerhalb der Gesellschaft ergibt – dass solche ungleichen Positionen zumeist durch Organisationsmitgliedschaft hergestellt werden, werde ich noch später behandeln. Also, es sind nicht einfach ungleiche Positionen, sondern Macht muss auch entsprechend durchgesetzt werden. Woran kann man Pauls Macht erkennen? An der Position als Vorgesetzter kann man lediglich sehen, dass Pauls Macht legitimiert ist – durch Zuständigkeiten, Aufgabenbeschreibungen und das Organigramm der Bank. Aber woran kann man erkennen, dass Paul die Macht tatsächlich *hat*? Man kann es nur an der Praxis erkennen, und zwar daran, ob es gelingt, dass der Mitarbeiter tut, was er tun soll.

Macht ist also keineswegs eine Eigenschaft von Paul – weder als individuelle Person, als Subjekt, noch als Inhaber einer Position innerhalb der Hierarchie der Bank. Macht kann man vielmehr daran erkennen, ob der Machtunterlegene, also der Mitarbeiter, das tut, was der Mächtige will. Der „Erfolg" der Macht entscheidet sich nicht auf der Seite des Mächtigen, sondern auf der anderen Seite. Würde Herr S tun, wie ihm geheißen, hätte Paul die Macht – und man würde es kaum sehen, weil alles so geschieht, wie es geschehen soll. Dass man es mit Macht zu tun hat, wird erst dann deutlich, wenn man die Macht als solche einsetzen muss. Max Webers berühmte Bestimmung von Macht als die „Chance", den eigenen Willen auch gegen das Widerstreben anderer durchzusetzen,[185] setzt exakt darauf: dass es eben darauf ankommt, ob ich die Chance habe bzw. sie ergreife oder nicht. Ob man die Macht hat, ist also keine Frage, die am Machthabenden selbst hängt. Vielmehr hat dieser die Macht nur aufgrund der sozialen Situation in der er sich befindet – einer Situation freilich, die sich nicht aus sich selbst heraus erklären lässt, sondern auf eine *Gesellschaft* verweist. Pauls Macht in der beschriebenen Situation beruht zunächst auf seiner Position und ist dabei von einer gesellschaftlichen Umwelt abhängig, die Macht an Positionen bindet, die so etwas wie definierte Hierarchien kennt und in der offensichtlich Sanktionsmittel generalisiert sind, die Macht von unmittelbarer, situativer Gewalt entlastet. Dennoch: *Durchsetzen* muss sich diese gesellschaftlich eingebettete Macht in der konkreten Situation.

Erst das Widerstreben des Anderen freilich lässt die Macht als Macht erscheinen. Paul ist nun in der Situation, dass Herr S diese Chance in Frage stellt – und schon muss er Machtmittel androhen, etwa indem er ihn herzitiert, ihm Sanktionen in Form einer Abmahnung androht und wohl auch einen Habitus an den Tag legt, der Bestimmtheit, Autorität und Unbedingtheit demonstrieren soll. Deutlich wird an dieser Konstellation, dass Herr S von Paul abhängig ist – aber auch, dass dies umgekehrt noch mehr gilt. *Paul ist von Herrn S abhängig, denn wenn dieser nicht tut, was Paul will, wird die Macht in Frage gestellt.* Daran kann man eine *Paradoxie der Macht* sehen.[186]

Ich plädiere also auch hier für einen soziologischen Blick auf die *Praxis*, d.h. auf die Frage, ob sich Macht in einer Situation tatsächlich praktisch durchsetzen lässt. Macht ist etwas, das sich bewähren muss – das wird jeder an sich erleben, der seinen Willen gegen das Widerstreben anderer durchsetzen will. Ein soziologisch gehaltvoller Begriff von Macht wird sich an die von Georg Wilhelm Friedrich Hegel stammende *Dialektik von Herr und Knecht*[187] von 1807 erinnern müssen, um ihre praxistheoretische Lektion zu lernen. Hegel hat versucht, soziale Ungleichheit und damit Machtbeziehungen folgendermaßen zu denken: Zunächst geht er von einer Art vorzivilisiertem Naturzustand aus, in dem noch keine gesellschaftliche Ordnung herrscht, sondern der nackte Kampf – viele Autoren der frühmodernen politischen Philosophie seit dem 17. Jahrhundert wie Thomas Hobbes, Samuel von Pufendorf, Jean-Jacques Rousseau und John Locke haben diesen Naturzustand zum Ausgangspunkt der Argumentation genommen, um die Genese politischer und sozialer Ordnung zu erklären.[188] Hegel geht zunächst davon aus, dass sich in diesem Naturzustand derjenige als Herr etabliert, der den Mut hat, den anderen als Knecht zu unterwerfen – der Herr ist dem Knecht insofern überlegen, als er auch den Tod nicht scheut, um in die Position des Herrn zu gelangen, also ein klarer Startvorteil des Herrn gegenüber dem Knecht. Nun tritt aber der historische Prozess hinzu. Herr und Knecht gewöhnen sich aneinander, und jeder weiß, was er zu tun hat: Der Herr befiehlt, und der Knecht folgt. Mit der Zeit aber erwirbt sich der Knecht Fähigkeiten, die für das Überleben des Herrn notwendig sind. Würde der Knecht seine Dienste verweigern, hätte das negative Auswirkungen auf den Herrn. Der entscheidende Punkt ist nun der, ob der Knecht den „qualitativen Sprung" erreicht und sich seiner Macht in der Beziehung zum Herrn bewusst wird.

An dieser Stelle nun wird das Verhältnis politisch – indem der Herr entweder die Repression erhöhen muss und der Knecht gewissermaßen zum *revolutionären Subjekt* wird, oder indem ein Ausgleich geschaffen wird. Jedenfalls geht es dem Knecht um Anerkennung – also darum, dass es im Zustand des Bewusstseins um seine Knechtschaft exakt um seine Freiheit geht. Hegel hat den Konflikt in seiner Staatsphilosophie aufgelöst und die Dialektik von Herr und Knecht dadurch gemildert, dass den unterschiedlichen Ständen jeweils legitime Positionen zugewiesen werden. Das marxistische Denken dagegen hat die Herr-Knecht-Dialektik als Ausgangspunkt dafür genommen, dass das Verhältnis von Herr und Knecht zwangsläufig revolutionär aufgelöst wird, wenn der Knecht zum Bewusstsein seiner selbst gelangt.[189] An gewerkschaftlicher Folklore jedenfalls lässt sich diese Dialektik immer noch nachverfolgen: *Alle Räder stehen still, wenn Dein starker Arm es will.*

Aus der Herr-Knecht-Dialektik lässt sich lernen, dass Machtverhältnisse tatsächlich *dialektisch* gebaut sind. Sie heben sich selbst auf, indem der Herr durchaus auch vom Knecht abhängig ist, sie verschwinden aber nicht, weil der Herr über Mittel verfügt, den Knecht zu binden – wenn der Herr denn über solche Mittel verfügt. Die Frage nach dem Ursprung sozialer Ungleichheit wird deshalb stets von der Frage nach der Legitimität sozialer Ungleichheit begleitet. Jean

Jacques Rousseau schrieb 1755: „Der erste, der ein Stück Land eingezäunt hatte und es sich einfallen ließ zu sagen: dies ist mein und der Leute fand, die einfältig genug waren, ihm zu glauben, war der wahre Gründer der bürgerlichen Gesellschaft."[190] Nicht die Tatsache des Einzäunens selbst ist hier der entscheidende Akt. Dass es zu sozialer Ungleichheit kommt, ist geradezu ausgemachte, notwendige Bedingung für gesellschaftliche Ordnung. Entscheidend ist für Rousseau vielmehr die Zustimmungsfähigkeit dieser Tatsache, selbst wenn er diese Zustimmung etwas despektierlich einfältig nennt. Es geht Rousseau vor allem um einen Algorithmus, nach dem der Zaun nicht nur einen Raum eingrenzt, sondern zugleich ein Publikum einschließt, vor dem sich der Zaun nur als legitim darstellen kann. Macht braucht also Mittel, um sich durchzusetzen, und zwar Machtmittel, nicht Mittel der offenen Gewalt. Eines dieser Mittel ist Legitimität, also die Zustimmung zur Ungleichheit.[191]

Kehren wir zu Paul zurück. Paul und Herr S sind sich selbstverständlich niemals im Naturzustand begegnet – der ohnehin nur ein Gedankenexperiment ist. Aber die ungleichen Positionen, die sie als Mitglieder der Bank haben, repräsentieren gewissermaßen den Zustand, in dem sich Herr und Knecht aneinander gewöhnt haben. Nun will ich Herrn S gar nicht als revolutionäres Subjekt stilisieren, aber auch bei ihm wird deutlich, dass er als Knecht Macht über seinen Herrn Paul besitzt, weil Pauls Position davon abhängig ist, dass Herr S sich der Macht fügt. Das scheint nun wiederholte Male nicht gelungen zu sein – und so ist Paul geradezu darauf angewiesen, Machtmittel zu demonstrieren.

Ich habe oben angedeutet, dass die Macht erst als solche sichtbar wird, wenn sie in Gefahr gerät, d.h. Mittel zur Durchsetzung der Macht *als Machtmittel* eingesetzt werden, wenn also nicht einfach auf die stille Macht der Macht vertraut werden kann, sondern wenn *Macht ausdrücklich kommuniziert werden muss und kommuniziert wird*. Das entscheidende Mittel sind Sanktionen: Paul droht mit einer Abmahnung und stützt damit einerseits seine Macht, andererseits gerät die Macht damit zunehmend in Gefahr. Denn er muss sich nun unmittelbar gegen das Widerstreben von Herrn S durchsetzen und läuft Gefahr, bei Misserfolg noch weitere Machtmittel einsetzen zu müssen. Man kann es auf die Formel bringen: *Wer die Waffen zeigt und keinen Erfolg hat, muss sie dann auch anwenden.* Deshalb neigen Machtverhältnisse bei Nichterfolg gerne zu Eskalationen – und auch hier verfügt der Knecht über eine gewisse Macht, denn die Anwendung der Machtmittel hängt wiederum davon ab, ob er sich fügt oder nicht. Insofern ist die Frage der Zustimmungsfähigkeit von Macht, an der sich die politische Philosophie seit dem 17./18. Jahrhundert orientiert, nur die andere Seite der Frage, was im Falle mangelnder Zustimmungsfähigkeit geschieht. Immer wieder ist deshalb auf Gewalt und die Möglichkeit des Tötens als Grundlage aller zivilisierten Macht hingewiesen worden – die zivilisierte, die auf Anerkennung fußende Macht bearbeitet das Problem, dass gesellschaftliche Ordnung Ungleichheiten hervorbringt, dass Menschen sich gegenseitig töten können und dass sie dies auch tun, wenn sie keine zivilisatorische Rahmung vorfinden.[192] An politischen Machtkrisen lässt sich deshalb oft verdeutlichen, dass die Anwendung staatlicher Waffengewalt gegen Aufständische, aber auch die Aufstände mit Waffengewalt gegen den Staat stets auf Situationen folgen, in denen die wechselseitige Anerkennung der Macht erodiert ist. Während diese Zeilen im September 2007 geschrieben werden, herrscht gerade der militärische Ausnahmezustand in Birma nach den Demonstrationen der Mönche – fast gleich bedeutend mit dem Verlust der Macht ist, zumindest in dem Sinne, dass sich die Ordnung nur durch offene Repression aufrecht erhalten lässt.

An diesem Beispiel lässt sich deutlich erkennen, wie präsent Macht fast überall ist. Soziale Ordnung ist fast überall durch Macht kontaminiert. Zunächst denkt man an politische Macht, an die Macht der Regierenden, Entscheidungen durchsetzen zu können. Moderne Staatlichkeit lebt vom Gewaltmonopol des Staates, also davon, dass politische Macht allein durch den Staat durchgesetzt werden darf und auch nur der Staat Sanktionsrechte besitzt – dabei so stark durch rechtliche Normen und Rechtsprechung kontrolliert, dass sich auch der Staat selbst an das Recht zu halten hat. Die Macht des Staates bleibt meistens unsichtbar – staatliches Handeln wird sogar bestrebt sein, Macht nicht zu demonstrieren, sondern darauf zu vertrauen, dass die Macht auch so funktioniert, d.h. dass die Leute sich selbst an die Gesetze und die öffentliche Ordnung halten, gerade weil alternativ auch Machtmittel eingesetzt werden könnten, ohne das aber allzu deutlich werden zu lassen.[193] So beschränkt sich die Macht bisweilen auf bloße Symbolisierungen – denkt man etwa daran, dass bei großen Sportveranstaltungen zwar der eine oder andere bewaffnete Polizist zu sehen ist und im Hintergrund vielleicht noch einige Unsichtbare vorgehalten werden, dass im Fall eines Aufstands oder eines Massenprotests diese wenigen Polizisten letztlich nicht viel gegen 50.000 Menschen ausrichten könnten. Exakt darauf vertraut auch der Machthaber – und wie gefährlich Situationen sind, in denen der Machthaber dieses Vertrauen nicht haben kann, ließ sich an den Tagen vor der Maueröffnung in Ostberlin und anderen Städten der DDR nachverfolgen. Es wäre nur ein kleiner Schritt bis zur Eskalation und zu einem Blutbad gewesen, denn der erste Schuss hätte weitere fast zwangsläufig nach sich gezogen.

Erst wenn das Vertrauen in die Selbstorganisation der gesellschaftlichen Ordnung nicht gewährleistet ist, tritt der Staat *mit Macht* auf: durch die Mittel,

Entscheidungen – auch gegen Widerstreben – durchzusetzen, durch Sanktionsdrohungen, als Polizei oder militärisch. Es gibt Autoren wie etwa Carl Schmitt (1888-1985), die erst in solchem Ausnahmezustand die politische Macht zu sich selbst kommen sehen.[194] In diesem die Demokratie geradezu verachtenden Denken bleibt der Herr gewissermaßen im Naturzustand ein durch Gewalt eingesetzter Herr – aber dass auch hier die Gewalt, oder wenigstens die Möglichkeit der Gewalt die *ultima ratio* aller Macht ist, legt den Finger in die Wunde aller Machttheorie. Macht ist ohne die Vermeidung von Machtmitteln nicht zu haben – aber um sie vermeiden zu können, müssen sie wenigstens potentiell existent sein.

Dass in demokratischen Rechtsstaaten der Staat selbst durch die Beherrschten kontrolliert wird, ist in seiner Struktur gut mit der Dialektik von Herr und Knecht zu verstehen: Die Macht hat der Staat nur durch die Beherrschten, und wo dieser Machtkreislauf gestört ist, braucht der Staat militärische Gewalt, um die Ordnung aufrecht zu erhalten, oder die Beherrschten haben keine legitimen Mittel der Einflussnahme und greifen selbst zur Gewalt. Wenn es aber ein Kriterium für *gelungene* Macht und *gelungene* politische Ordnung gibt, dann ist es die im Machtkreislauf austarierte Vermeidung des Ausnahmezustandes. Norbert Elias (1897-1990) spricht in seiner Zivilisationstheorie von *pazifizierten Räumen*.[195]

Politische Macht ist ein Kreislauf – exakt darin bildet sich das ab, was ich oben herausgearbeitet habe: dass der Mächtige von seinem Gegenüber abhängig ist, sonst verliert er die Macht. Die größte Errungenschaft der politischen Demokratie besteht nun darin, die Macht verlieren und in andere Hände geben zu können, ohne dass es zu Gewalt und Blutvergießen kommt. Das ist die vielleicht entscheidende neue historische Erfahrung der Demokratie, die Macht keineswegs negiert, sondern sie bändigt – und zwar durch Organisationslösungen. Das entscheidende Medium des Machtgebrauchs in der modernen Gesellschaft sind in der Tat Organisationen, nicht nur im politischen Bereich. Macht wird *organisiert* in Klassenzimmern, in Unternehmen und Verwaltungen, in Kirchen und Verbänden, aber eben auch im Verhältnis von Staat und Bürgern usw. Dass zum Beispiel ein Steuerbescheid bezahlt werden muss, versteht sich von selbst – dass der Staat die Macht hat, dies durchzusetzen, wenn man nicht zahlen will (oder kann), wird erst in diesem Falle deutlich. Sonst zahlt man schlicht. All dies sind Organisationsbeispiele – ich komme darauf, wie gesagt noch zurück.

Macht kommt aber auch in persönlichen Beziehungen vor, etwa in Freundschaften, in der Kindererziehung, besonders aber in Liebesbeziehungen. Vielleicht lässt sich die Dialektik von Herr und Knecht in der Erziehung am unmittelbarsten selbst erleben. Womöglich muss man die Erfahrung als Mutter oder Vater tatsächlich selbst gemacht haben, um verstehen zu können, wie abhängig der

Erzieher vom Zögling ist – denn der Erfolg der Erziehung liegt weder in den Absichten noch in den Taten des Erziehenden, sondern darin, ob der Zögling sich ziehen lässt oder sich so zieht, wie ihm geheißen. Die Eskalationsfähigkeit und Zirkularität von Sanktionen und Gegenreaktionen dürften an diesem Beispiel sehr plausibel nachzuvollziehen sein.

Auch zwischen Paul und Paula scheint es um Macht zu gehen. Paul ist offensichtlich ärgerlich und verlangt von Paula eine Erklärung. Sie aber entzieht sich dem Versuch, sich dem Willen von Paul zu unterwerfen, indem sie diesen Versuch unterläuft. „Du bist süß, wenn Du Dich aufregst", sagt sie, und nachdem der Ärger sich noch erweitert, setzt sie noch einen drauf: „Mensch, Du kannst ja richtig böse werden, Klasse!" Aber diese Strategie funktioniert nicht, so dass sich die Situation dann anders auflöst – etwas zu technisch-soziologisch würde man sagen: durch symbiotische Mechanismen zur Vermeidung von verbaler Kommunikation. Jedenfalls geht es auch in solchen Situationen um die Frage, ob sich die Macht tatsächlich durchsetzen kann – und was dann geschieht, wenn sie sich nicht durchsetzen kann. Bei Paul und Paula ist es gut ausgegangen – dass aber gerade Liebes- und Familienbeziehungen bisweilen sehr gewaltnah gebaut sind, hängt damit zusammen, dass hier Machtbeziehungen sehr instabil sind und wenig strukturiert, zumal eben institutionalisierte Machtmittel zumeist fehlen und durch unvermeidbare Anwesenheit wenig Ausweichmöglichkeiten bestehen.

Exakt das unterscheidet solche eher amorphen oder wenig zu bändigenden Machtbeziehungen von *organisierten* Machtverhältnissen. Ein entscheidender Schlüssel zum Verständnis von Macht, aber auch sozialer Ungleichheit ist die Tatsache, dass die meisten dauerhaften Formen der Machtausübung in Organisationen eingebettet sind. Zugleich gilt das auch für die „Organisation", aber auch die praktische Absicherung und fast Legitimation sozialer Ungleichheit. Bereits in der fünften Vorlesung habe ich betont, dass wir uns daran gewöhnt haben, dass innerhalb von Organisationen andere Regeln gelten als außerhalb, dass wir uns den Strukturen unterwerfen und Zumutungen in Kauf nehmen, die ohne Organisation nicht möglich wären. So ist es selbstverständlich, in Organisationen Anweisungen und Befehle zu erhalten, was uns außerhalb von Organisationen geradezu unanständig vorkommen würde. Vielleicht sind es Organisationen bzw. Organisationsmitgliedschaften, die die merkwürdige Erfahrung erträglicher machen, dass die moderne Kultur einerseits auf Individualismus, Freiheit und Gleichheit aufgebaut ist und diese normative Idee letztlich unhintergehbar ist, wir andererseits aber daran gewöhnt sind, dass all dies in Organisationen außer Kraft gesetzt ist.[196] Hier werden wie selbstverständlich Freiheiten eingeschränkt, Befehle und Anweisungen gegeben sowie ungleiche Positionen, v.a. ungleich bewertete Positionen aufeinander bezogen – v.a. symbolisiert im Lohn/Gehalt der unterschiedlichen Berufsgruppen unter einem Dach. Hier wird Macht tatsächlich institutionalisiert, also auf Dauer gestellt, und organisiert, d.h. per Entscheidung und Mitgliedschaftsbedingungen festgemacht.

Max Weber hat für diese Form der institutionalisierten und damit legitimierten Macht den Begriff der *Herrschaft* verwendet. Unter Herrschaft versteht Weber die Möglichkeit, Gefolgschaft für einen Befehl zu erhalten.[197] Herrschaft ist zustimmungsfähige Macht – und von den unterschiedlichen Legitimationsquellen ist für Weber neben der Tradition einer Ordnung und dem Charisma einer Führerpersönlichkeit für die moderne Gesellschaft vor allem die *bürokratische Herrschaft* stilbildend, die für ihn die rationalste Form der Herrschaft darstellt. Die bürokratische Herrschaft ist eine Herrschaft *in* und *durch* Organisationen, eine Macht, die den Machtkreislauf, die Dialektik von Herr und Knecht dadurch entschärft, dass die Macht dort entdramatisiert wird. Organisationen gelingt es, durch Positionszuschreibungen Macht zu domestizieren und Sanktionen von den konkreten Personen abzukoppeln. In Organisationen finden wir die Macht plausibler als draußen – und gerade deswegen erscheint sie dort legitimer. Eine Organisation ist quasi gefrorene Herrschaft,[198] sie organisiert sich dadurch, dass sie Entscheidungen und Selbstunterwerfung sowohl der Organisation selbst als auch ihrer Mitglieder unter diese Entscheidungen ermöglicht. Schon klassisch heißt es bei Reinhard Bendix: In einer Organisation gelte stets, dass „a few command and many obey"[199] – was trotz aller *Selbstorganisation* von Organisationen tatsächlich stimmt,[200] wenn Bendix auch in den 1950er Jahren, in denen er dies schrieb, einen bestimmten industriegesellschaftlichen Typus von Organisationen im Blick hatte. Wie auch immer: Organisationen entlasten damit davon, die gesamte Gesellschaft auf ein solches hierarchisches Muster aufbauen zu müssen – wenn auch die Form der Mitgliedschaft v.a. in Organisationen der Beschäftigung erhebliche Wirkungen für die Gesellschaft hat, indem sie Schichten stabilisiert und erkennbar macht.[201] Man könnte sagen: Die normativen Ideen von individueller Freiheit und der Gleichberechtigung aller Menschen können letztlich nur aufrecht erhalten und somit wirksam werden, weil dies in Organisationen weitgehend *nicht* gilt.[202]

Die Stabilisierung sozialer Ungleichheit in einer Gesellschaft läuft weniger durch Zugehörigkeit zu konkreten Ständen wie in frühen Gesellschaftsformationen, auch nicht mehr durch ökonomische Klassen mit eindeutigen Zugehörigkeitsbedingungen und einer identitätsstiftenden „Kultur", sondern durch Formen der *organisierten* Ungleichheit in Bildungs- und Arbeitsorganisationen. Diese erzeugen erst jene Muster, nach denen Schichten identifiziert werden können –

und die jene Milieus hervorbringen, über die man so trefflich herziehen kann wie bei dem denkwürdigen sonntäglichen Mittagessen bei Paulas Eltern.

Was Organisationsmitgliedschaften erzeugen – darauf habe ich in der fünften Vorlesung hingewiesen – sind bestimmte Mentalitäten, Perspektiven, die gewissermaßen *organisierte* Perspektiven sind. Man weiß, was man zu tun hat, man weiß auch, was man nicht zu tun hat, und damit werden machtkompatible Mentalitäten erzeugt, die es Paul etwa erlauben, seinen Mitarbeitern gegenüber Anweisungen zu geben, aber auch Anweisungen entgegen zu nehmen, sich nur um das zu kümmern, was ihn angeht – und um Anderes nicht. All das funktioniert nur, weil Macht in Organisationen institutionalisiert ist – und weil Macht institutionalisiert ist, muss sie selten kommuniziert werden. Wie ein Staat nur dann auf sichtbare Machtmittel verzichten kann, wenn die Bürger sich selbst beherrschen und nicht von außen geleitet und bedroht werden müssen, werden auch in Organisationen Mentalitäten erwartet, mit denen man sich der Macht *selbst* fügt. Der Verzicht äußerer Machtmittel ist demnach davon abhängig, dass es Mentalitäten gibt, die sich selbst kontrollieren, die die Macht gewissermaßen verinnerlichen. Norbert Elias – ich habe bereits auf ihn hingewiesen – hat wunderbare historische Studien dazu angestellt, wie sich das Gewaltmonopol des Staates nur dadurch bilden konnte, dass sich *pazifizierte,* also *befriedete* Räume in Gesellschaften etabliert haben, in denen äußere Kontrolle durch Androhung von Gewalt und unbedingten Befehlen sich in eine Form der Innenleitung verkehrt hat, in der die gesellschaftliche Macht zur Macht des Einzelnen über sich selbst wird. Erst diese Form der Innenleitung ermöglicht jenen *zivilisierten* Umgang miteinander, der die Androhung von Sanktionen vermeiden kann, weil diese Drohung habitualisiert ist – also den Beteiligten in Fleisch und Blut übergegangen ist. Das ist es, was ich mit der Formulierung meinte, dass Organisationsmitglieder sich daran *gewöhnt* haben, die Macht anzuerkennen – ohne sie vielleicht wahrzunehmen.

Exakt das ist das Problem Pauls mit seinem Mitarbeiter Herrn S. Dieser scheint offensichtlich nicht daran gewöhnt zu sein, Anweisungen zu erhalten – und bringt damit Paul dazu, Macht unmittelbar kommunizieren zu müssen. Paul hat dann, wie oben schon gezeigt, das Problem, dass er nun tatsächlich tun muss, womit er droht – und verliert damit an Macht, oder besser: *Er muss demonstrieren, worauf seine Macht beruht.* Paul hatte gleich das Gefühl, dass er einen Fehler gemacht hat – obwohl er nur, nein: *weil* er die Machtmittel in Anspruch genommen hat, die die Organisation für solche Fälle vorsieht. Man kann an diesem Beispiel sehen, dass auch institutionalisierte Macht, auch organisierte Macht, auch eine durch Organisationsstrukturen legitimierte Herrschaft *praktisch* funktionieren muss, sich *praktisch* bewähren muss. Allein der Hinweis darauf, man sei schließlich der Vorgesetzte, hilft nicht wirklich weiter, denn diese Eskalationsstufe führt dazu, dass es dann kaum mehr gelingen kann, die Macht unsichtbar zu halten, damit sie auch wirken kann. So leben fast alle Organisationsroutinen davon, Machtmittel nicht einmal zu ignorieren. Man kann dann so tun, als operiere man auf gleicher Augenhöhe, als arbeite man *zusammen*, als gehe es um Personen und nicht Positionen, als füge sich eins zum anderen, quasi von selbst. Das Geheimnis der Macht ist, dass sie ein Geheimnis bleibt, zumindest so lange es geht. Ein funktionierender Organisationsalltag lebt davon, dass man die *illusio* pflegen kann, es gehe alles ohne Macht – und ein Beobachter wird wohl sehen, dass dies demjenigen, der die Macht hat, plausibler erscheint als demjenigen, der die Anweisungen bekommt oder bekommen kann. Hier kommt womöglich wieder die Herr-Knecht-Dialektik ins Spiel. Dass es um Macht geht, weiß bei gut funktionierender Praxis der Knecht womöglich viel besser als der Herr – hier: Herr S weiß das vielleicht viel genauer als Paul und hat deshalb die Möglichkeit, Paul schlecht aussehen zu lassen. Denn eigentlich ist Macht ein Skandalon, etwas, das wir vermeiden wollen und das den Ruch unangemessener Hierarchien in sich trägt. Die effektivste Macht ist also die, die nicht angewandt werden muss.

Ein soziologischer Beobachter von Macht und Herrschaft interessiert sich dafür, Macht dort zu entdecken, wo sie nicht sichtbar ist und wo sie – explizit angewendet und kommuniziert – paradoxe Wirkungen entfalten kann. Vielleicht reicht es schon, die ungeheuer produktive Kraft der Macht sehen zu lernen – analog zur Ungleichheit. Beides – Macht und soziale Ungleichheit – erscheint skandalös, und ein erster Affekt würde immer sagen, dass man sie vermeiden muss, wo es nur geht. Ein zweiter Blick zeigt aber, dass jegliche soziale Praxis, vor allem organisierte Praxis sowohl Ungleichheit als auch Macht hervorbringt und damit durchaus kreativ soziale Ordnung ermöglicht. Was man als Soziologe auch lernen sollte, ist, diese letzten Sätze nicht als politische Sätze zu lesen, sondern als soziologische Sätze. Aus politischer Perspektive stellen sich die Fragen ganz anders, normativ nämlich und im Hinblick auf soziale Probleme, die zu lösen man in der Politik übrigens dies braucht: *Macht*.

Zehnte Vorlesung: Wissen, Wissenschaft

Paul ist am nächsten Vormittag zu einer Veranstaltung einer Rückversicherung eingeladen – da es in München zwei davon gibt, müssen wir hier nicht verraten bei welcher. Es geht um die Frage, wie sich der Klimawandel auf die Versicherungsbranche und auf das Kreditgeschäft auswirken wird. Eingeladen dazu sind die international führenden Wissenschaftler auf diesem Gebiet, von denen sich auch Pauls Bank Aufschluss darüber erhofft, ob und wie man aus banktechnischer Sicht mit möglichen Folgen klimatischer Veränderungen umgehen sollte. Die Thesen der vortragenden Wissenschaftler sind kontrovers. Einig sind sie sich im Hinblick auf aktuelle Messungen – völlige Uneinigkeit aber besteht in zweierlei Hinsicht. Zum einen sind sich die wissenschaftlichen Experten uneinig darüber, wie die aktuellen Daten historisch einzuordnen sind – und noch uneiniger sind sie sich darin, welche Folgen realistischer Weise zu erwarten sind. Alle arbeiten mit maximalen und minimalen Szenarien, also Szenarien des größten anzunehmenden Schadens und des minimalsten erwartbaren Schadens. Paul ist verwirrt, denn er fand alle Vorträge für sich genommen plausibel – obwohl sie zu konträren Ergebnissen kamen. Ferner verwirrt ihn, dass die Wissenschaftler sich gegenseitig ihre Methoden und Grundannahmen vorhielten und in ihrem Spezialdiskurs kaum verständlich waren. Als Ergebnis des Vormittags bleibt leider nur, dass man einen Wandel des Klimas durchaus erwarten kann, dass aber letztlich keine gesicherten Konsequenzen daraus zu ziehen sind, zumindest keine eindeutigen.

Am Nachmittag verlässt Paul die Bank heute früher, da er einen Arzttermin hat. Er hat beschlossen, sich einmal wieder durchchecken zu lassen – „alles Routine" hat er Paula erzählt, damit sie sich keine Sorgen macht. Paul hat die Ergebnisse seiner Blutuntersuchung bereits vor einigen Tagen erfahren und sollte heute noch einmal hingehen, um Konsequenzen aus den Ergebnissen zu ziehen. Er ist natürlich nervös, weil auf dem Ausdruck des Labors einige der Ergebnisse nicht ganz innerhalb der Normwerte waren. Ängstlich wie Männer in solchen Fällen nun einmal sind, konnte Paul es natürlich nicht erwarten, was die Ergebnisse denn bedeuten, und so hat er im Internet recherchiert. Mit Hilfe diverser Suchmaschinen stieß er auf Ferndiagnoseprogramme und auf verschiedene medizinische Publikationen. Wir wollen aus Personenschutzgründen nicht verraten, was Pauls Eigendiagnose denn nun ergeben hat – aber wenn er den Ergebnissen seiner Recherche glauben darf, ist er ziemlich gefährdet, ernsthaft krank zu werden.

Entsprechend schlecht ist seine Stimmung, als er nach kurzer Wartezeit bei seinem Arzt aufgerufen wird. Der Arzt begrüßt ihn freundlich – Paul findet, besonders freundlich, und er denkt: „bestimmt aus Mitleid und Unsicherheit." Nach kurzem belanglosen Vorgeplänkel – Paul interpretiert das als Unsicherheit des Arztes, ihn mit der Wahrheit zu konfrontieren – meint der Arzt: „Nun Herr A, dann wollen wir mal *in medias res* gehen." Paul denkt, wenn die Quacksalber schon ins Lateinische verfallen, ist der *exitus letalis* nicht mehr weit. Bevor der Herr Doktor zur Rede ansetzt, sieht er noch einmal bedeutungsschwanger auf die Krankenakte. Jetzt kommt's, denkt Paul. Und es kommt. „Tja, Herr A. Ich muss Ihnen sagen, dass Sie tatsächlich gesund sind. Ihre *XYZ*-Werte sind ein wenig erhöht, die *ABC*-Konzentration ein bisschen zu niedrig. Aber das spielt in dieser Kombination eigentlich keine Rolle. Die *DEF*-Geschichten sind ein wenig aus dem Ruder, aber das liegt an der Grippe, die Sie gerade überwunden hatten. Ich würde vorschlagen, Sie wiederholen das Ganze in zwei Jahren wieder." Offenkundig will der Medicus Paul damit entlassen. Dieser kann es nicht fassen und konfrontiert den Arzt mit seiner Eigendiagnose, der darauf seinerseits eher gereizt reagiert: ja, er kenne diesen Ansatz; nein, das sei keine seriöse Sache; doch, diese Zeitschrift, in der das publiziert wurde, ist durchaus renommiert; nein, er finde nicht, dass Paul noch einen Spezialisten aufsuchen müsse; ja, er finde, dass man Patienten vom Internet und von wissenschaftlichen Medizin-Veröffentlichungen fernhalten solle. Paul verlässt die Praxis und ist fassungslos. Was ist er nun, krank oder gesund? Diese blöde Frage macht ihn ganz krank.

Paul hatte eigentlich vor, sich mit Paula zu verabreden, aber er möchte jetzt allein sein. An seine Weinvorräte will er in seinem Gesundheitszustand nicht gehen – er öffnet eine Flasche Wasser und schaltet den Fernseher ein, um sich abzulenken. Er zappt auf eine wirtschaftspolitische Diskussionsrunde auf *phoenix* und meint, das sei wirklich eine gute Abwechslung für ihn. Es sitzen sich gegenüber Prof. Dr. Hans Zaster von der TU München und Frau Prof. Dr. Hannah Schotter von der LMU. Es geht um die alte Frage, wie man die Konjunktur ankurbeln könne. Zaster weiß, was zu tun ist. Es sei doch idiotisch, die offensichtlichen Unternehmensgewinne der letzten Jahre nicht an die Mitarbeiter weiter zu geben. Es sei doch für jeden Beobachter selbstverständlich, dass man die Binnennachfrage anregen müsse, damit mehr Geld in Umlauf gerate, damit die Konsummüdigkeit endlich überwunden werde und die Wirtschaft in Deutschland entsprechende Impulse erhalte. Die Argumente werden ganz außerordentlich plausibel präsentiert, und Paul kann sich ihnen nicht ganz entziehen, zumal Zaster in der Lage ist, das Ganze mit Zahlen zu belegen und auf jene Boomzeiten der deutschen Wirtschaft hinzuweisen, die stets mit hoher Binnennachfrage einhergingen.

Darauf nun muss Frau Schotter reagieren. Sie bemerkt zunächst eher nebenbei, Kausalitäten seien ein wirklich schwieriges Gebiet. War es die Binnennachfrage, die den Boom ausgelöst hat, oder steigt in Boomzeiten nicht die Binnennachfrage unvermeidlich? Schotter verweist darauf, dass die einzige Chance für die deutsche Wirtschaft darin bestehe, die Produktivität zu erhöhen, denn die offenkundigen Unternehmensgewinne der letzten Jahre seien gerade nicht durch Binnennachfrage entstanden, sondern durch den Export. Unter anderem dies mache es für deutsche Unternehmen immer plausibler, nicht nur Produkte, sondern auch gleich die Produktion ins Ausland zu verlagern. Wirtschaftlich gesehen, entwickle sich etwa Tschechien bereits zu einer Art kostengünstigem Bundesland, wobei die Kosten dort mit zunehmendem Erfolg durchaus anzögen. Es sei schlicht naiv, in einem exportabhängigen Land wie der Bundesrepublik auf die Binnennachfrage zu setzen. Da man aber gerade in den unteren Lohngruppen niemandem mehr etwas nehmen könne, müsse man die Arbeitszeiten und die Maschinenlaufzeiten erhöhen.

Paul findet auch das plausibel, muss aber zugeben, dass sich die beiden Diagnosen durchaus widersprechen. Und schon ist sie weg, die Abwechslung. Ist es nicht ähnlich, wie beim Klimawandel und bei seiner Gesundheitsdiagnose? Sind sie nun gesund oder wenigstens heilbar, Paul, das Weltklima und die deutsche Wirtschaft, oder sind sie allesamt bereits moribund? Paul öffnet einen gediegenen Roten. Wo keine Hoffnung mehr ist, kann man es sich wenigstens gut gehen lassen.

Dies ist die letzte Geschichte mit Paul. Sie präsentiert keinen soziologischen Grundbegriff, wie es die anderen Geschichten versuchen, sondern an ihr soll ein soziologischer Blick auf Wissen und Wissenschaft gelenkt werden. Es wäre eine sträfliche Vernachlässigung, in einer Einführung in die Soziologie, also in eine wissenschaftliche Disziplin, keinen Blick auf das Wissen selbst und auf die Wissenschaft zu lenken. Auf diesem Umweg wird uns, wie schon in der ersten Vorlesung, die Soziologie selbst zum Thema – und diese Vorlesung auch.

Paul macht sowohl bei der Veranstaltung über den Klimawandel als auch als abendlicher Fernsehzuschauer eine merkwürdige Erfahrung. Er trifft auf wissenschaftliche Erkenntnisse, die plausibel vorgetragen werden und sich durchaus glaubhaft darstellen. Zugleich trifft er auf einen gegensätzlichen Standpunkt, der mit ebensolcher Plausibilität vorgetragen wird. Aus logischen Gründen wird man annehmen müssen, dass jeweils (mindestens) einer der beiden vorgetragenen Standpunkte falsch sein muss. In keinem der beiden Fälle aber endet die Diskussion damit, dass am Ende geklärt wird, welche der beiden Perspektiven die richtige und welche die falsche ist. Die beteiligten Wissenschaftler scheinen darüber nicht einmal verunsichert zu sein, sondern zeigen sich offensichtlich als Leute, die daran gewöhnt sind, dass die wissenschaftliche Wahrheit in unterschiedlichen Versionen, Varianten, ergo im Plural vorkommt.

Ein naiver Beobachter wird womöglich mit der Erwartung zu der Veranstaltung der Rückversicherung gegangen sein oder die Diskussionsrunde im Fernsehen gehört haben, Antworten auf offene Fragen zu bekommen. Der Grund, warum man wissenschaftliches Wissen in Anspruch nimmt, ist doch zunächst, mehr *Sicherheit* zu erlangen. Es gibt offene Fragen, man ist unsicher, und die Wissenschaft hat die Mittel, solche Fragen zu beantworten – wie es um den Klimawandel steht, wie sich die deutsche Volkswirtschaft weiter entwickeln wird, aber auch wie Laborergebnisse eines Blutbildes zu bewerten sind. Die Erfahrung, die der arme Paul an diesem Tage aber ziemlich geballt machen muss, vermittelt genau das Gegenteil: Die Inanspruchnahme wissenschaftlichen Wissen produziert eher *Unsicherheit*, sie erzeugt mehr Nicht-Wissen als Wissen – denn diese Art wissenschaftlicher Erkenntnis schafft offensichtlich nicht die Fragen aus der Welt, sondern versieht alles Wissen mit dem Index der Kontingenz.

Wissenschaft in der modernen Gesellschaft promoviert exakt diese Erfahrung – eben nicht die Abbildung der Welt zu sein oder Eindeutigkeiten behaupten zu können, sondern unter mehr oder weniger kontrollierten Bedingungen zu Sätzen zu kommen, die als wissenschaftliche Wahrheit gelten können. Der Wahrheitsbegriff, wie ich ihn hier verwende, ist kein *starker* Wahrheitsbegriff – es geht Wissenschaft letztlich nicht um eine absolute Wahrheit, sondern darum, dass ihre Sätze *wahrheitsförmig* formuliert werden können. Was aber macht einen Satz nicht nur wahrheitsförmig, sondern auch wahrheitsfähig? Wahrheits*förmig* ist ein Satz dann, wenn er darlegen kann, was der Fall ist: was die Daten zur Erderwärmung bedeuten, wie ein Laborergebnis zu bewerten ist und warum sich die Konjunktur so entwickelt, wie sie sich entwickelt. Diese spezielle *Form* wissenschaftlicher Kommunikation wird auch dann nicht korrumpiert oder grundsätzlich in Frage gestellt, wenn die wissenschaftliche Wahrheit in unterschiedlichen *Versionen* vorkommt, und das unter einem Dach oder in einem Fernsehstudio.[203] Aber wie steht es mit der Wahrheits*fähigkeit*?

Die Wissenschaftstheorie und -philosophie mag nach objektiven oder wenigstens hinreichenden Kriterien für Wahrheit suchen.[204] Das ist auch ihre Aufgabe. Sie wird aber an sich selbst feststellen müssen, dass auch ihre Erkenntnisse nur in Versionen vorkommen, also durchaus kontrovers sein können. Eine soziologische Analyse wissenschaftlicher Wahrheit muss anders ansetzen. Sie muss sich für jene *Praxis* interessieren, in der Wissenschaft als Wissenschaft praktisch funktioniert. Was also, frage ich nun anders, ist die einschränkende Bedingung dafür, was wie als wissenschaftliche Wahrheit gelten kann?

In der zweiten Vorlesung habe ich den Handlungsbegriff um den Kommunikationsbegriff erweitert, um zu demonstrieren, dass der *soziale Sinn* einer Handlung nur in Handlungsprozessen, d.h. durch Anschlüsse bzw. durch Anschlussfähigkeit zustande kommt. Es kommt darauf an, wie handelnd an eine Handlung angeschlossen wird, um ihren sozialen Sinn ermessen zu können – und zwar nicht nur für einen soziologischen Beobachter, sondern für das Handeln bzw. die Kommunikation selbst. Eine Handlung bewährt sich also nur in der Kommunikation – und das Selbe gilt auch für das wissenschaftliche Handeln.

Wissenschaftliche Kommunikation bewährt sich als solche *durch die Anschlussfähigkeit ihrer Sätze*. Ob ein wissenschaftlicher Satz Spuren in der Wissenschaft hinterlässt bzw. als Wissenschaft zur Kenntnis genommen wird, hängt ausschließlich davon ab, ob und wie daran angeschlossen wird. Wissenschaftliches Wissen ist also etwas, das *sozial* erzeugt wird – durch Kommunikation von Erkenntnissen, durch Anwendung kanonisierter Regeln für Forschungsmethoden oder Fragestellungen, aber auch durch Routinen und Strukturen der Publikation, der Zitation und nicht zuletzt der Konvention und Habitualisierung bestimmter Erkenntnis- und Wissensstile. Und empirisch lässt sich feststellen, dass es im modernen Wissenschaftssystem in allen Disziplinen *unterschiedliche* Bewährungsräume gibt. Einfacher formuliert: Weil es stets die empirische Anschlussbedingung ist, die das Bewährungskriterium für wissenschaftliches Wissen darstellt, gibt es letztlich keine Möglichkeit, Wissenschaft auf bestimmte Programme wie einzelne Theorien oder Methoden festzulegen – denn wer sollte das tun, ohne dass ihm wissenschaftlich (!) widersprochen werden könnte?

Analoges gilt auch für andere Bereiche der Gesellschaft. In der Kunst etwa haben wir uns daran gewöhnt, dass es unterschiedliche, konträre Stile gibt – ohne dass die Integrität dessen, was als Kunst erscheint, verloren ginge. Dass es so etwas wie Erziehung als eine durchgängige Logik in der modernen Gesellschaft gibt, schließt unterschiedliche Erziehungsprogramme und -stile nicht nur nicht aus, sondern ermöglicht dies gerade. Und dass es in der Rechtsprechung widersprüchliche Entscheidungen gibt, korrumpiert nicht die Logik des Rechts, sondern zehrt von ihr. Diese Beispiele mögen genügen, um sehen zu können, dass dies auch für die Wissenschaft gilt. Wissenschaft produziert keine Eindeutigkeit, sondern Widersprüchliches. Und sie verweist schon deshalb auf die Kontingenz allen Wissens, weil wissenschaftliche Sätze stets mitliefern müssen, *wie* sie zu ihren Ergebnissen kommen. Schon wer auf Theorien und Methoden verweist, also auf Grundannahmen und begriffliche Festlegungen, auf bestimmte begriffliche Traditionen, auf Forschungsmethoden und Methodologien usw. liefert zugleich mit, dass es auch andere Versionen geben muss. Er liefert zudem mit, dass seine wissenschaftlichen Sätze kein eineindeutiges Abbild einer Realität sind, sondern eine Verdoppelung, die dadurch zustande kommt, dass man diese Verdoppelung *auf eine bestimmte Art und Weise* erzeugt – und das heißt auch: *nicht auf eine andere Weise!*

Um Missverständnissen vorzubeugen: Ich singe hier nicht das Hohelied einer wissenschaftlichen Einstellung, die sich im Vergleich zu anderen Perspektiven auf die Welt als besonders *reflexiv* oder *aufgeklärt* darstellt. Der wissenschaftliche Beobachter ist kein *besserer* Beobachter, er ist nicht unbedingt *differenzierter* und *eindeutiger* schon gar nicht. Das gilt auch für solche Wissenschaft, die mit exakt dem Anspruch auftritt, die einzig mögliche Variante zu vertreten. Einen solchen Habitus legen Wissenschaftler bisweilen an den Tag, aber solche Eindeutigkeit muss man wohl nur dann besonders betonen und inszenieren, wenn sie empirisch in Gefahr gerät, d.h. wenn man erwarten kann, dass Andere Anderes behaupten, ohne dass sich das irgendwie still stellen lässt. Es geht also nicht um wissenschaftliche Mentalitäten, sondern um die wissenschaftliche Praxis – und die wissenschaftliche Praxis produziert stets Varianten, oder besser: *interessiert* sich vor allem für Varianten. Unstrittiges zu diskutieren, wäre kaum interessant und würde keine Aufmerksamkeitswerte erzeugen – es geht stets darum, einen Erkenntnisfortschritt zu erzielen, was schon logisch bedeutet, bisherige Wahrheit zu kritisieren. Jedenfalls muss das dem Wissenschaftler selbst gar nicht transparent werden, aber ein Beobachter der Wissenschaft wird stets jene Uneindeutigkeit zu sehen bekommen. Das gilt nicht nur für die Wissenschaftssoziologie, die sich primär dafür interessiert, wie wissenschaftliches Wissen zustande kommt, wer warum was behauptet und wie man mit unterschiedlichen Varianten umgeht. Das gilt auch für Paul, der wissenschaftliche Sätze beobachtet und im Moment selbst stets von der Plausibilität der gehörten Sätze überzeugt ist, aber verunsichert wird, wenn auch die andere Variante plausibel klingt – ganz davon zu schweigen, dass Wissenschaftlerinnen und Wissenschaftler mit konträren Ansätzen, Ansichten und Präferenzen im gleichen Wissenschaftssystem Qualifikationen erreichen und Karriere machen können. Das erleben auch Studierende, vor allem Studierende der ersten Semester, die in der einen Vorlesung plausibel finden, was ihnen da als Wissenschaft geboten wird, um in der nächsten Vorlesung das Gegenteil plausibel zu finden. Erst mit der Zeit erleben Studierende dann an sich selbst, zunächst *dass* sie an Bestimmtes eher anschließen können, später dann auch *warum*. Vielleicht ist das in der Soziologie besonders ausgeprägt – aber zunächst frage ich grundsätzlicher.

Was meint der Begriff des Wissens?[205] In der Tradition des europäischen Denkens war der Begriff des Wissens ein *starker* Begriff, ein Begriff, an den erhebliche Voraussetzungen und Erwartungen gebunden waren. *Wissen* stand in der gesamten europäischen Denktradition für einen unmittelbaren Zugang zur Welt, gewissermaßen die äußeren Dinge und den Verstand zur Deckung zu bringen, wie Thomas von Aquins (1225-1274) klassische Formulierung von der *adaequatio rei et intellectus* es ausdrückt. Das Problem des angemessenen Wissens ist dann die Frage, wie sich der eigene Blick, die eigene Beobachtung, das eigene Wissen mit dem Sein der Welt in Einklang bringen lassen kann. In der philosophischen Tradition ist es die Bearbeitung dieser Differenz, das Problem des *Fürwahrhaltens*, das den Fokus der Überlegungen bilden sollte und das für den Beobachter der Welt ganz unterschiedlich handhabbar war. Schon Platon unterscheidet zwischen *episteme* und *doxa*, also zwischen dem Wissen und dem bloßen Meinen – das erste unfehlbar und wahr, das zweite bloß plausibel und fehlbar. Diese Unterscheidung sollte sich in Variationen in der ganzen abendländischen Denkgeschichte halten und findet in Kants *Kritik der reinen Vernunft* (1781) ihre berühmteste Formulierung. Kant unterscheidet hier drei Weisen des „Fürwahrhaltens", nämlich *Meinen, Glauben* und *Wissen*.[206] Danach ist das *Meinen* ein sowohl subjektiv als auch objektiv unzureichendes Fürwahrhalten. Es hält weder einer objektiven Prüfung stand, noch ist es subjektiv angemessen. Es ist gewissermaßen beliebig und zufällig. *Glauben* dagegen ist zwar immer noch objektiv unzureichend, also nicht allgemeingültig und nicht verallgemeinerungsfähig, aber subjektiv sehr wohl angemessen, weil individuell, authentisch verbürgt. *Wissen* schließlich ist nicht nur subjektiv, sondern auch objektiv zureichend, und zwar geht es Kant hier tatsächlich um die Frage der objektiven Gewissheit „für jedermann" – es soll nicht unerwähnt bleiben, dass Kant letztlich die Grundlage seiner Transzentalphilosophie den strengen Kriterien des Wissens entzieht. Für sie sei Meinen zu wenig, „aber Wissen auch zu viel". Und diese Einschränkung verschärft sogar noch die Bedingungen für angemessenes Wissen. Das Korrelat des Wissens ist also eine vom Wissenden unabhängige Wahrheit, ein Geltungskriterium, das sich bis in die Philosophie des 20. Jahrhunderts gehalten hat. Es sei, so etwa der Philosoph und Wissenschaftstheoretiker Wolfgang Stegmüller (1923-1991), sinnlos, zu fragen, *warum* ich etwas weiß, höchstens, warum ich etwas glaube oder meine, denn der Gegenstand des Wissens genüge sich doch letztlich selbst.[207] Die Messlatte fürs *Wissen* wird also sehr hoch gehängt – unempirisch hoch, wie man hinzufügen muss.

Erlaubt sei zunächst einmal ein naiver Blick auf die Welt. Wir wissen eine ganze Menge, und zwar gilt das sowohl für alltägliches Wissen als auch für voraussetzungsreichere Wissensformen. Und was wir nicht selbst wissen, wird schon in irgendeinem Wissensbestand schlummern, oder es lässt sich aus irgendeiner Datenbank *downloaden*. Dieser naive Blick dürfte uns aber verunsichern. Wissen ist alles andere als eindeutig. Wir wissen über den gleichen Gegenstand und zu gleichen Fragen höchst Unterschiedliches. Wissen findet sich permanent der Drohung ausgesetzt, widerlegt zu werden oder wird mit seinem gegenteiligen Gehalt konfrontiert. Und trotzdem geht ganz Unterschiedliches als Wissen durch, ebenso praktikabel wie erfolgreich, ebenso unbedeutend wie belanglos. *Die Praxis des Umgangs mit Wissen scheint sich nicht im Geringsten an jene Adäquatheitsbedingung zu halten, die von der subjektiven und objektiven Angemessenheit des Wissens ausgeht.* Leben wir also womöglich in einer *Meinungsgesellschaft*, oder noch schlimmer: in einer *Glaubensgesellschaft* (nicht: Glaubens*gemeinschaft*, weil wir offensichtlich Unterschiedliches meinen/glauben/wissen)? Nicht einmal das wissenschaftliche Wissen hilft weiter, denn wissenschaftliches Wissen ist auch nur eine Form des Wissens. Auch hier scheint man dem Wissen kaum vertrauen zu können, denn von einem eindeutigen Zugang zur objektiven Welt kann wohl kaum gesprochen werden, wie wir mit Paul erfahren haben.

Vielleicht ist schon viel gewonnen, wenn man aus der klassischen Konstellation ausbricht, die Frage nach dem Wissen im Sinne einer *Überwindung* der Differenz von Beobachter und Beobachtungsgegenstand, von Wissen und Welt zu stellen. Vielleicht sollten wir nun dieser Differenz selbst mehr Aufmerksamkeit schenken. Klassischer Weise provozierte diese Differenz die Frage, wie wir etwas erkennen können, wie wir zu Wissen gelangen, *obwohl* wir *keinen* unmittelbaren Zugang zur Welt selbst haben. Heute geben wir die Antwort: *Wir müssen „wissen", gerade* weil *wir keinen unmittelbaren Zugang zur Welt haben.* Wissen ist kein selbständiger Stoff, es ist immer Wissen *von etwas* und damit bloß eine Bezeichnung, eine Benennung, eine Thematisierung seines Gegenstandes. Wir haben keinen anderen Zugang zu den Gegenständen unseres Wissens als über diese kognitive Repräsentation. Wer also aus soziologischer Perspektive über Wissen nachdenkt, stößt schnell auf die *Beobachter-* und *Standpunktabhängigkeit* des Wissens. Wissen bewährt sich nur in bestimmten Kontexten – und kann auch nur dort *als Wissen* fungieren.[208]

Wissen ist eine Verdoppelung der Welt, also immer Wissen *von etwas*, das sich in der Kommunikation stabilisiert. In der zweiten Vorlesung habe ich nebenbei die Situation eines Stammes erwähnt, der glaubt, dass die Sonne jeden Morgen nur deshalb aufgeht, weil abends ein bestimmter Tanz aufgeführt wird. Diese Einschätzung widerspricht eklatant dem heutigen Stand des Wissens um die kinetischen Verhältnisse zwischen den Planeten unseres Sonnensystems und der Sonne. Aber aus soziologischer Perspektive gibt es wenig Gründe, die Einschätzung dieses Stammes *nicht* für Wissen zu halten – denn empirisch wurde an diese sinnhafte Verdoppelung der Welt so angeschlossen, wie man an Wissen anschließt: *als handle es sich dabei um die Wiedergabe einer beobachterunabhängigen Realität*. Unser Wissen baut sich also in erster Linie praktisch auf, d.h. dadurch, dass es gelingt, etwas in der Welt als faktisch, als real, als existent, als gültig usw. auszuweisen.[209] Das meiste, was wir wissen, ist gerade nicht das Resultat intendierter Erkenntnisvorgänge, methodisch kontrollierter Prüfverfahren oder reflexiver Prozeduren, sondern mehr das Ergebnis von Unterstellungen und Erfahrungen, es ist sowohl korrekturfähig als auch stabil, und es baut sich stets auf Vorwissen und Erfahrungsschatz auf. Genau das meinen die kybernetischen Figuren der Errechnung aus Errechnetem, der Rückkopplung und der Rekursivität.[210] Wissen ist nie eine *creatio ex nihilo*, eine Neuschöpfung aus dem Nichts, sondern das Resultat eigendynamischer Prozesse, das auf jenem Wissen aufbaut, das wir immer schon unterstellen und das sich praktisch bewährt hat. Selbst die Korrektur von Wissen setzt bereits Wissen voraus. Und jede Art kognitiver Operationen ist von der Unterstellung und Kondensierung von Gewusstem notwendig abhängig. Anders wäre so etwas wie Kontinuität und Strukturaufbau nicht möglich. Stellen Sie sich vor, Sie müssten mit einem Mal alles, was Sie wissen, bezweifeln, Sie könnten dann nicht einmal dies tun.

Das Problem des Wissens erscheint aus dieser angedeuteten epistemologischen Perspektive nicht mehr als Problem des *wahren* oder des *angemessenen* Wissens, sondern gewissermaßen als das *empirische* Problem, *was* kognitiv als Wissen behandelt wird und was nicht. Hier lässt sich dann wieder an die klassische Theorie des Wissens anschließen. Als Wissen können dann solche Formen gelten, denen man unterstellt, dass sie unabhängig vom Beobachter so sind, wie sie gewusst werden. Als Wissen erscheint alles, was ein So-Sein der Welt behauptet. Als Wissen erscheinen alle Operationen, die *verschleiern* können, dass sich die beobachteten Gegenstände in erster Linie der Beobachtung verdanken. Und da ist dann schon wieder der Unterschied zur Klassik: Es geht um eine *Unterstellung*, eine *Routine*, um praktische *Bewährung*, die sich ausschließlich endogen bewährt, und nicht um eine zunehmend adäquate Anpassung an eine unbekannt bleibende Umwelt. Aber was heißt Bewährung? Dass alle das Selbe wissen? Dass Wissen von anderen bestätigt oder zumindest nicht bestritten wird?

Nein, *Bewährung* meint, dass *Wissen* sich im kommunikativen Raum der Gesellschaft verankert, sich in kommunikativen Prozessen kondensiert. Für eine soziologische Theorie des Wissens ist entscheidend, nicht Einzelmenschen oder -bewusstseine als Träger von Wissen anzusetzen, sondern die soziale Dynamik von Kommunikationen, die in ihrer je gegenwärtigen Praxis nacheinander zu jenen kognitiven Operationen in der Lage sind, die man bis dato nur dem Menschen unterstellt hatte, dem man dann zumuten musste, *Subjekt* zu sein. *Wissen* ist also eine *kognitive Stilisierung der Kommunikation*, die sich gewissermaßen der Welt und ihrem So-Sein unterordnet und deshalb eine besondere Nähe zum Lernen und zur Änderbarkeit hat. Für die kommunikative Erzeugung von Wissen sei kennzeichnend, dass seine *Wahrheit* irgendwie ungesehen mitkommuniziert wird.[211] Und dies scheint die entscheidende latente Funktion des Wissens zu sein, die *Wahrheit* und die *Geltung* dessen, was da kommuniziert wird, zu unterstellen und in diesem Sinne so etwas wie *eine gemeinsame Welt* zu stiften. Kommunikative Prozesse sind voll von konstativen Sätzen, die mit ihrem Vollzug ihr Wissen repräsentieren und so eine ganze Welt erzeugen. *Die latente Funktion des Wissens ist es, das Nicht-Wissen des Wissens zu sichern,* also gar nicht erst darauf hinzuweisen, dass die kommunizierte Welt eben nur eine *kommunizierte Welt* ist und nicht unmittelbar erreicht werden kann. Das Nicht-Wissen des Wissens hat sozusagen die Funktion des Strukturschutzes, sie hält die selbsttragende Struktur des Wissens latent, unsichtbar. Erst dies ermöglicht den unproblematischen Umgang mit Wissen. Wissen lebt vom Nicht-Wissen seiner Bedingungen, und es darf nicht vergessen werden, dass das, was hier *Nicht-Wissen* heißt, etwas ist, das in der Kommunikation latent gehalten werden muss. Wissen wird, hier nehme ich eine Formulierung von Rudolf Stichweh auf, *implizit, habituell* und *latent* stabilisiert,[212] auch wenn wir uns als spezifische Erfahrung von Modernität daran gewöhnt haben, dass das Gewusste bzw. die Wahrheit in Versionen und im Plural vorkommt. Paul wird zwar verunsichert – aber er stellt nicht die Möglichkeit des Wissens per se in Frage.

Der Begriff des Wissens enthält eine Falle. Er suggeriert, als handle es sich beim Wissen um eine *reflexive, bewusste, stets thematisierte* Größe, die dem Handelnden und der Kommunikation verfügbar wäre. Ich habe bereits betont, dass Wissen sich letztlich davor hüten muss, reflexiv zu werden, *damit es als Wissen fungieren kann* – dies verhält sich ähnlich dem, was ich in der vorletzten Vorlesung zum Begriff der *Kultur* ausgeführt habe. Sobald Kultur *als Kultur* thematisiert wird, verweist sie auf Kontingenz – kann dies dann aber durch authentische Stellungnahmen abfedern. Man gewöhnt sich dann daran, dass Anderes anders ist, und entdramatisiert damit Pluralität. Das ist beim Wissen schwieriger, denn Wissen scheint darauf zu verweisen, dass der Plural selbst ein Problem ist. Man muss wiederum unterscheiden, was einer soziologischen Beobachtung *als Wissen* erscheint und inwieweit solches beobachtbares Wissen sich selbst – den Handlungs- und Kommunikationsprozessen selbst – transparent und sichtbar wird.

Mein Insistieren darauf, dass Wissen sich in erster Linie *praktisch* erzeugt, in und durch konkrete Praxis, bedeutet zugleich, dass es nicht *das Wissen um Regeln* ist, das die Praxis hervorbringt, sondern umgekehrt: *Regeln sind das Ergebnis, das Resultat, der Effekt* einer Praxis – in der die Soziologie dann Regeln entdeckt und so tut, als bräuchte man ein reflexives *Wissen* um diese Regeln, um sich an sie halten zu können. Dies ist kein ganz einfacher Gedanke, deshalb noch einmal: Man modelliert soziale Praxis nach jenem bürgerlichen Reflexionsmodell, dem auch motivzentrierte Handlungsbegriffe unterliegen, wenn man das *Wissen* für eine reflexive Größe hält, die der Praxis voraus geht.

Es ist der französische Soziologe Pierre Bourdieu, dessen besondere Leistung ich darin sehe, dass er der Soziologie exakt diesen Spiegel vorhält. Er warnt davor, die soziologische Erklärung der Praxis – er nennt sie: die Erzeugungsformel – mit der Praxis selbst zu verwechseln. Er schreibt: „... wenn den Praktiken die Erzeugungsformel zugrunde läge, die man zu ihrer Erklärung konstruieren muss, d.h. eine Gesamtheit von zugleich selbständigen und schlüssigen Axiomen, wären nach völlig bewussten Erzeugungs*regeln* hervorgebrachte Praktiken bar allem, was sie eigentlich als Praktiken definiert."[213] Der Soziologe, so Bourdieu, darf seine Modelle nicht mit der Wirklichkeit verwechseln. Selbst wenn die Soziologie – unrealistischer Weise (!) – überall Motive sehen will, heißt das nicht, dass es Motive sind, die die Praxis hervorbringen. Man versteht die Bedeutung einer *Theorie der Praxis* nicht, wenn man nicht den Vorrang des Praktischen vor aller Reflexion versteht – die ja auch nur eine mögliche Praxis unter anderen wäre. Wissen, das lässt sich von Bourdieu lernen, fällt als Korrelat der Praxis an, nicht als ihre Voraussetzung – und Wissen muss nicht reflexiv sein. Das Problem der soziologischen Darstellungsweise besteht darin, dass spätestens dann, wenn wir solches Wissen auf den Begriff zu bringen versuchen, es in reflexiver Gestalt daher kommt. Was Bourdieu fordert, ist eine „Theorie der Bedeutung des Eingeborenseins", also der vor aller Reflexion sich ereignenden Praxis, die für den Handelnden deshalb unverfügbar ist, weil dieser sich exakt seiner Praxis fügt, gar nicht außerhalb dieser vorkommen kann. Das *Eingeborensein* ist eine Chiffre dafür, dass man ganz und gar, mit Haut und Haaren, eingelassen ist in die eigene Praxis – aus der es nur eine Möglichkeit des Entkommens gibt: *eine praktische*. Vielleicht ist dies das Aufregendste, was man von der Soziologie lernen kann! Ich hoffe, dass es in diesem Buch gelungen ist, Paul als *Eingeborenen* seiner eigenen Praxis darzustellen und darin zu zeigen, wie sehr der Autor von Handlungen zugleich von den Handlungen selbst autorisiert wird – man müsste eine grammatikalische Form finden, in der man den Handelnden zugleich im Aktiv und im Passiv ausdrücken könnte.

Eine Soziologie des *Wissens* muss also lernen, dass Wissen einerseits unvermeidlich anfällt – dass das Wissen aber selten vollständig verfügbar ist, sondern einen dem Subjekt vorausgehenden Sinn hat. An anderer Stelle sagt Bourdieu: „Weil die Handelnden nie ganz genau wissen, was sie tun, hat ihr Tun mehr Sinn, als sie selber wissen."[214] Ich habe immer wieder darauf insistiert, dass man all das, was in der sozialen Welt geschieht, nicht ohne eine Idee von *Gesellschaft* verstehen kann, also ohne all das *Abwesende*, was Situationen stets mitbestimmt – als Verweisungszusammenhang, als Sprache und Bedeutung, als Anschlusslogik, auch als Chiffrierung sozialer Ungleichheit usw. Wissen wäre in diesem Sinne etwas, das womöglich nur einem Beobachter erscheint, der allzu sehr auf jene *wissensförmige* Gestalt von Motiven setzt, die angeblich die Erzeugungsbedingungen des Handelns sind. Von Bourdieu kann man lernen, dass sie womöglich nur Erklärungen sind, aber keine Bedingungen – Erklärungen eines Beobachters. Einer dieser Beobachter ist die Soziologie selbst.[215]

Unterscheidet sich wissenschaftliches Wissen prinzipiell von anderem Wissen? Nein! Auch wissenschaftliches Wissen ist ein Wissen, das sich praktisch bewähren muss, das gefangen ist in der eigenen Praxis, das nicht außerhalb seiner selbst operieren kann. Der einzige Unterschied besteht wohl darin, dass Wissenschaft in ihrer eigenen Praxis explizit auf Wissen stößt, d.h. auf die Bedingungen der Wissensproduktion, die dann aber selbst praktisch erzeugt werden müssen. Auch für die Wissenschaftlerin und den Wissenschaftler gilt: *ihr Tun hat mehr Sinn, als sie wissen*. Das bedeutet, dass auch die wissenschaftliche Praxis in einer Gesellschaft stattfindet, in der das eine plausibler ist als das Andere, in der man stets nur dort beginnen kann, wo man steht. In der Kybernetik gibt es dafür den Begriff der *Zustandsdeterminiertheit*.[216] Dass wissenschaftliche Praxis explizit auf das Problem des Wissens stößt, liegt an ihrer gesellschaftlichen Funktion: *mit Autorität sagen zu können, was der Fall ist, ohne sich aber organisieren zu können. Es gibt keinen Ort, an dem entschieden werden könnte, was das wahre wissenschaftliche Wissen ist. Es gibt nur Orte – im Plural.*

Wie *versteckt* das Wissen auch in der Wissensproduktion der Wissenschaft liegt, lässt sich an der Soziologie sehr schön beobachten. Man muss sich nur die Lieblingsunterscheidungen unseres Faches ansehen, um zu sehen, wie viel *Wissen* bereits in dieser Struktur aufgehoben wird.

- Wir unterscheiden *Theorien* und *Methoden* – und „wissen" damit, dass es sich um Unterschiedliches handelt. Dieses Wissen schlägt durch bis in Lehrstuhlbezeichnungen und leitet wissenschaftliche Sozialisationswege an. Es ist bisweilen schwer – empirisch auch an einem selbst nachvollziehbar – dieses „Wissen" los zu werden.
- Wir unterscheiden *qualitative* und *quantitative* Methoden – sicher mit Recht, aber unser „Wissen" über diesen Unterschied verhindert die Möglichkeit, das Gemeinsame der beiden Seiten zu sehen, das, was durch die Unterscheidung gewissermaßen ausgeschlossen ist. Dieses „Wissen" leitet auch unsere Lese-/Rezeptionspraxis an, reguliert Netzwerke und bestätigt unsere Hypothesen über die Welt – dass die Anderen ganz anders sind.
- Wir haben (bis vor kurzem wenigstens) *kritische* und *affirmative* Theorien unterschieden und „wissen" damit womöglich etwas, das auch Rezeptions-

hindernisse produziert und bestimmte Verknüpfungen gar nicht erst ermöglicht.

- Den Lehrbüchern entnehmen wir immer noch gerne reine *Mikro-* und *Makrotheorien* oder *Handlungs-* und *Systemtheorien* – und wenn es ganz schlimm kommt, werden diese miteinander *vermittelt*. Hier „weiß“ man mehr, als gut tut – und verhindert Dinge zu wissen, die man wissen könnte.

Ich belasse es bei diesen Andeutungen – um zu zeigen, wie *praktisch* all das Wissen wirksam ist; und wie *unsichtbar*; und dass das dann nur ein *Beobachter* sehen kann, der auch wieder nur weiß, was er weiß. Es geht nicht darum, hier nun das bessere Wissen zu präsentieren, sondern darum, wenigstens sehen zu können, wie viel „Wissen“ schon in der Praxis steckt – und welches Wissen möglich wäre, wenn man das wüsste. Jedenfalls lässt sich an der Praxis der Soziologie selbst reflektieren, wie viel Wissen in den eigenen Routinen steckt, die wir nicht weiter befragen. Ein besonders stabiler Generator für solches implizite Wissen, für solches *tacit knowledge*[217] sind übrigens meistens Lehrbücher, in denen dann steht, wovon man denkt, dass es unproblematisch auch „Novizen“ zumutbar ist – dies ist ein Lehrbuch, das dieser Gefahr eingedenk zu bleiben trachtet. Es ist jedenfalls ein Privileg der Soziologie, an ihrer eigenen Praxis etwas über ihren Gegenstand zu lernen.

Was das angeht, ist die Soziologie vielleicht wirklich eine ausgezeichnete Disziplin – eine Disziplin, die in ihrem eigenen Horizont als Gegenstand vorkommt, eine Disziplin, die „Eingeborene“ und „Ethnologin“ zugleich ist. Ich will dies am Ende dieser Vorlesung und ihrer zu einem Buch geronnenen Gestalt durchaus mit Verve betonen: Soziologie bleibt tatsächlich *Aufklärung* – Aufklärung in dem Sinne, dass sie auf den Begriff zu bringen vermag, wie sehr alles, was je in einer Gegenwart geschieht, praktisch erzeugt werden muss. Das Aufklärerische des soziologischen Denkens bestand seit dem 19. Jahrhundert darin, das Handeln und seine individuell vorfindbaren Motive zum Ausgangspunkt für Strukturbildung, für Überindividuelles zu machen und so den Akteur gegen die fast unvermeidlich erschienene Macht der Tradition und einer stabilen Weltordnung zu setzen.

Um das wenigstens sehen zu können, halte ich es für eine Notwendigkeit, dass ein Studium der Soziologie sich gerade auch mit der europäischen Denk- und Ideengeschichte wenigstens ansatzweise auseinandersetzt[218] – und nicht kulturalisierend die *Dead White Males*[219] zu diskreditieren, die nun einmal unsere Denkgeschichte kognitiv bestimmt haben, ob wir wollen oder nicht. Das europäische Denken im Ganzen war ein Denken, das sich dagegen gewehrt hat, dass wir uns selbst als „Eingeborene" sehen – Eingeborene waren nur die Anderen, die angeblich nicht sehen konnten, was sie taten – das haben wir dann für sie besorgt, fürsorglich-paternalistisch, romantisch-verklärend wie offensiv-kolonial. All diese Exemplare tauchen nun *als Kultur* auf – was im Übrigen auch bedeutet: nicht mehr als Gegenstand unserer Aufklärung, sondern *auf gleicher Augenhöhe*.

Wenn man das nicht nur kulturalisiert und sich nur an kulturalisierenden Emanzipationsgeschichten beteiligt, kann die aufklärerische Kraft der Soziologie heute darin bestehen, dass wir uns selbst als „Eingeborene" zu sehen lernen – nicht als Eingeborene einer bestimmten Kultur, sondern als Eingeborene einer Praxis, die sich vielleicht besser, vielleicht auch „kritischer", vielleicht die Menschen ernster nehmend jenseits der Reflexivität und Intentionalität der bürgerlichen Emanzipation und ihrer kritischen Derivate sehen kann. Die Soziologie kann heute womöglich ihre eher „protestantische" Idee der Reflexion als Voraussetzung allen Geschehens in einer postbürgerlichen Welt realistischer darstellen – und korrigieren. Wie sehr uns Praxis *widerfährt*, könnte der Ausgangspunkt einer Soziologie sein, die sich genau dafür interessiert, worum es Aufklärung stets ging: *die Möglichkeiten des Handelns und ihre Bedingungen auszuloten*.

Ob die Soziologie damit „katholischer" wird? Vielleicht tatsächlich – wenn das bedeutet, dass Vieles, was in unserer postbürgerlichen sozialen Praxis geschieht, eher dem Ritual gleicht als dem bekenntnisgeleiteten Telos. In diesem Sinne jedenfalls habe ich versucht – mit Hilfe von Paul und Paula, denen hier am Ende herzlich zu danken ist –, in soziologische Grundbegriffe einzuführen und sie unter einen praxistheoretischen Stern zu stellen – auch ästhetisch, weil sich alle diese Begriffe in der Geschichte um Paul *praktisch* bewähren mussten. Dass sie sich auch praktisch als Einführung in die Soziologie bewähren, habe ich nicht mehr in der Hand. Jedenfalls sei ebenso selbstbewusst geschlossen, wie begonnen wurde. Mit Ralf Dahrendorf nämlich: „*Soziologie* ist das, was Leute, die sich Soziologen nennen, tun, wenn sie von sich sagen, dass sie Soziologie betreiben. Mehr nicht." Welche andere Disziplin hat die Kraft und das Potential, ja, die geradezu erotische Ästhetik, so über sich selbst reden zu können?

Anhang: Anmerkungen und weiterführende Literatur

Vorbemerkung: Diese Anmerkungen haben zwei Funktionen. *Zum einen* sollen sie wenigstens ansatzweise belegen, welcher Art Soziologie hier präsentiert wird. *Zum anderen* geben sie Hinweise zum Eigenstudium, zum Weiterlesen und zur Vertiefung. Sie sind weder auf Vollständigkeit hin ausgelegt, noch sind sie so etwas wie ein „wissenschaftlicher Apparat" im klassischen Sinne. Ich habe mich bemüht, weitgehend solche Literatur anzugeben, von der ich meine, dass sie zum Weiterstudium empfohlen werden kann. Es kommt dabei nur sehr wenig Einführungsliteratur vor, sondern Texte, deren Lektüre sich lohnt, weil sie weiter führen und an manchen Stellen auch andere Perspektiven einnehmen als das hier Präsentierte.

---

[1] Hans Joas/Wolfgang Knöbl: Sozialtheorie. Zwanzig einführende Vorlesungen, Frankfurt/M. 2004; George Ritzer: Sociological Theory, 6. Aufl., New York 2003; Richard Münch: Soziologische Theorie, 3 Bände, Frankfurt/M./New York 2004.

[2] Besonders empfehlenswert ist Bernhard Schäfers/Johannes Kopp (Hg.): Grundbegriffe der Soziologie, 9. Aufl., Wiesbaden 2006.

[3] Etwa Anthony Giddens: Sociology, 5. Aufl., London 2006.

[4] Als kritischen Einblick – und immerhin sind die Vorlesungen ja an einer *Exzellenzuniversität* gehalten worden – empfehle ich dringend die Lektüre von Richard Münch: Die akademische Elite. Zur sozialen Konstruktion wissenschaftlicher Exzellenz, Frankfurt/M. 2007.

[5] Ralf Dahrendorf: Einführung in die Soziologie, in: Über Soziologie. Jubiläumsheft zum 40. Jahrgang, in: Soziale Welt 40 (1989), S. 2-10, hier: S. 2.

[6] Vgl. Bruno W. Reimann: Art. Soziologie, in: Lexikon zur Soziologie, hg. von Werner Fuchs-Heinritz et al., 3. Aufl., Opladen, 1994, S. 624.

[7] Vgl. dazu Günter Zweckbronner: Ingenieurausbildung im Königreich Württemberg. Vorgeschichte, Einrichtung und Ausbau der Technischen Hochschule Stuttgart und ihrer Ingenieurwissenschaften bis 1900, Stuttgart 1987.

[8] Georg Wilhelm Friedrich Hegel: Grundlinien der Philosophie des Rechts oder Naturrecht und Staatswissenschaft im Grundrisse, Band 7 der Werke in 20 Bänden, Frankfurt/M. 1970, S. 399.

[9] Vgl. Dieter Langewiesche: Europa zwischen Restauration und Revolution, 4. Aufl., München 2004.

[10] Vgl. Auguste Comte: Die Soziologie. Die Positive Philosophie im Auszug, 2. Aufl., Stuttgart 1974.

[11] Wilhelm Heinrich Riehl: Die Naturgeschichte des Volkes als Grundlage einer deutschen Social-Politik. Band 1., 8. Aufl., Stuttgart 1885, S. 35.

[12] Lorenz von Stein: Handbuch der Verwaltungslehre, Band 3: Die Verwaltung und das gesellschaftliche Leben, 3. Aufl. Stuttgart 1888, S. 11.

[13] Karl Marx: Das Kapital, Band 1, Vorwort zur ersten Auflage, Marx-Engels-Werke, Band 23, Berlin (DDR) 1962, S. 15f.

[14] Karl Marx: Das Kapital, Band 1, Vorwort zur ersten Auflage, Marx-Engels-Werke, Band 23, Berlin (DDR) 1962, S. 16.

[15] Vgl. Armin Nassehi: Moderne Gesellschaft, in: Georg Kneer, Armin Nassehi und Markus Schroer (Hg.): Klassische Gesellschaftsbegriffe der Soziologie, München 2001, S. 208-245.

[16] Vgl. Armin Nassehi: Der soziologische Diskurs der Moderne, Frankfurt/M. 2006, S. 25ff.

[17] Vgl. dazu den frühen Aufsatz von Jürgen Habermas: Arbeit und Interaktion. Bemerkungen zu Hegels Jenenser ‚Philosophie des Geistes', in: ders.: Technik und Wissenschaft als Ideologie, Frankfurt/M. 1968, S. 9-47.

[18] Wilhelm Dilthey, Gesammelte Schriften, Band 1, 4. Aufl., Stuttgart/Göttingen 1959, S.4.

[19] Vgl. Ferdinand Tönnies: Gemeinschaft und Gesellschaft. Grundbegriffe der reinen Soziologie, Darmstadt 2005 (Orig. 1887); Max Weber: Gesammelte Aufsätze zur Religionssoziologie, Band 1, 6. Aufl., Tübingen 1972; Georg Simmel: Über soziale Differenzierung, Frankfurt/M. 1992 (Orig. 1890).

[20] Ulrich Beck: Folgeprobleme der Modernisierung und die Stellung der Soziologie in der Praxis, in: ders. (Hg.): Soziologie und Praxis (=Soziale Welt, Sonderband 1), Göttingen 1982, S. 3-21, hier S. 17.

[21] Ralf Dahrendorf: Einführung in die Soziologie, in: Über Soziologie. Jubiläumsheft zum 40. Jahrgang, in: Soziale Welt 40 (1989), S. 2-10, hier: S. 10.

[22] Max Weber: Wirtschaft und Gesellschaft. Grundriß der verstehenden Soziologie, 5. Aufl., Tübingen 1972, S. 1.

[23] Vgl. dazu als Standardwerk Hans-Georg Gadamer: Wahrheit und Methode. Grundzüge einer philosophischen Hermeneutik, Tübingen 1960. Als Überblick über den Verstehensbegriff in der Soziologie vgl. Rolf Eickelpasch: Handlungssinn und Fremdverstehen. Grundkonzepte einer interpretativen Soziologie, in: Georg Kneer, Klaus Kraemer und Armin Nassehi (Hg.): Soziologie. Zugänge zur Gesellschaft, Band 1: Geschichte, Theorien, Methoden, Münster/Hamburg 1994, S. 119-144.

[24] Vgl. Emile Durkheim: Die Regeln der soziologischen Methode, Neuwied 1961.

[25] Vgl. Klaus Hurrelmann: Einführung in die Sozialisationstheorie, 8. Aufl., Weinheim/Basel 2002.

[26] Klassisch dazu Gabriel de Tarde: Die Gesetze der Nachahmung, Frankfurt/M. 2003.

[27] Vgl. Irmhild Saake/Armin Nassehi: Warum Systeme? Methodische Überlegungen zu einer sachlich, sozial und zeitlich verfassten Wirklichkeit, in: Soziale Welt 58 (2007), S. 233-254.

[28] Zu Handlungstheorien im Allgemeinen vgl. Hans Haferkamp: Soziales Handeln, Opladen 1996; zur Frage der Motivgenese vgl. Alfred Schütz/Talcott Parsons: Briefwechsel zur Theorie sozialen Handelns, Frankfurt/M. 1977; eine Handlungstheorie im klassischen Sinne des reflexionsgesteuerten Modell vgl. Thomas Luckmann: Theorie des sozialen Handelns, Berlin 1992; eine eher an Nutzenkalkülen orientierte Handlungstheorie findet sich bei Hartmut Esser: Soziologie. Spezielle Grundlagen 1: Situationslogik und Handeln, Frankfurt/M./ New York 2001.

[29] Vgl. dazu Talcott Parsons: The Social System, Glencoe, Ill. 1951, S. 36ff.; Niklas Luhmann: Soziale Systeme. Grundriß einer allgemeinen Theorie, Frankfurt/M. 1984, S. 148ff.; André Kieserling: Doppelte Kontingenz, in: ders.: Kommunikation unter Anwesenden, Frankfurt/M. 1999, S. 86-110.

[30] Vgl. dazu klassisch C. Wright Mills: Situated Actions and Vocabularies of Motive, in: American Sociological Review 5 (1940), S. 904-913.

[31] Wie sehr der soziologische Blick das strukturiert, was man soziologisch sehen kann, ist das Grundthema der Soziologie Pierre Bourdieus. Vgl. dazu Pierre Bourdieu: Leçon sur la Leçon, in: ders: Sozialer Raum und ›Klassen‹. Leçon sur la Leçon, Frankfurt/M. 1985.

[32] Geschichte und Variationen dieses klassischen Kommunikationskonzepts werden diskutiert bei Georg Meggle: Grundbegriffe der Kommunikation, 2. Aufl., Berlin/New York 1997. Es bildet auch die Grundlage der meisten kommunikationswissenschaftlichen Theorien; vgl. Michael Meyen/Maria Löblich: Klassiker der Kommunikationswissenschaft. Fach- und Theoriegeschichte in Deutschland, Konstanz 2006.

[33] Vgl. Paul Watzlawick: Menschliche Kommunikation. Formen, Störungen, Paradoxien, Bern 1969; Dirk Baecker: Kommunikation, Frankfurt/M. 2005.

[34] Einen Überblick über den sogenannten *practical turn* in den Sozialwissenschaften gibt Andreas Reckwitz: Grundelemente einer Theorie sozialer Praktiken. Eine sozialtheoretische Perspektive, in: Zeitschrift für Soziologie 32 (2003), S. 282-301.

[35] Vgl. Armin Nassehi: Sozialer Sinn, in: Armin Nassehi und Gerd Nollmann (Hg.): Bourdieu und Luhmann. Ein Theorienvergleich, Frankfurt/M. 2004, S. 155-190.

[36] Vgl. dazu ausführlich Armin Nassehi: Geschlossenheit und Offenheit. Studien zur Theorie der modernen Gesellschaft, Frankfurt/M. 2003, S. 27-88.

[37] Über diese Attitüde des Intellektuellen, der darüber die Praxis seines Gegenstandes vergisst, spottet am treffendsten Pierre Bourdieu in seiner *Kritik der scholastischen Vernunft*, vgl. Pierre Bourdieu: Meditationen. Zur Kritik der scholastischen Vernunft, Frankfurt/M. 2001, S. 18-63.

[38] Wer das nachverfolgen will, greife zurück auf Peter Berger/Thomas Luckmann: Die gesellschaftliche Konstruktion der Wirklichkeit. Eine Theorie der Wissenssoziologie, Frankfurt/M. 1971. In diesem für den Einstieg sehr empfehlenswerten soziologischen Buch wird eine Theorie entworfen, die sich für die Konstruktionsprozesse der Gesellschaft interessiert, dies aber fast nur aus der Perspektive des erlebenden Bewusstseins reflektieren kann.

[39] Vgl. dazu Alfred Schütz: Über die mannigfaltigen Wirklichkeiten, in: ders.: Gesammelte Aufsätze, Band 1: Das Problem der sozialen Wirklichkeit, Den Haag 1971, S. 237-298.

[40] Vgl. dazu meine *Kritik der handelnden Vernunft* in Armin Nassehi: Der soziologische Diskurs der Moderne, Frankfurt/M. 2006, S. 69-164.

[41] Dieser Kommunikationsbegriff geht auf Niklas Luhmann: Soziale Systeme. Grundriß einer allgemeinen Theorie, Frankfurt/M. 1984, S. 191ff. zurück, einführend dazu vgl. Georg Kneer/Armin Nassehi: Niklas Luhmanns Theorie sozialer Systeme, 4. Aufl., München 2000, S. 81ff. Dass Kommunikation zu einem der Hauptbegriffe der Soziologie geworden ist, liegt tatsächlich an der Einsicht, dass sich Einzelhandlungen nur in der *kommunikativen* Beziehung zu anderen Handlungen verstehen lassen. Siehe dazu auch Jürgen Habermas: Theorie des kommunikativen Handelns, 2 Bände, Frankfurt/M. 1981. Hier wird – aus einer gänzlich anderen Theorieperspektive – die Vernunft, also das Auffinden guter Gründe fürs Handeln, in Kommunikationsprozesse hinein verlagert. Zum Gesamtkomplex der Bedeutung von Kommunikation vgl. Hartmann Tyrell: Handeln, Religion und Kommunikation – Begriffsgeschichtliche und systematische Überlegungen, in: Hartmann Tyrell/Volkhard Krech/Hubert Knoblauch (Hg.): Religion als Kommunikation, Würzburg 1998, S. 83-134.

[42] Vgl. Stefan Hirschauer: Die Empiriegeladenheit von Theorien und der Erfindungsreichtum der Praxis, in: Herbert Kalthoff (Hg.): Theoretische Empirie. Die Relevanz qualitativer Forschung, Frankfurt/M. 2008, S. 165-187.

[43] Vgl. dazu die §§ 20, 21 und 35 des deutschen StGB.

[44] Vgl. dazu Norbert Nedopil/Horst Schüler-Springorum: Suizid oder von der Freiheit zu sterben – Ein medizinisch-juristisches Dilemma, in: Hermann Pohlmeier, Heinz Schöch und Ulrich Venzlaff (Hg.): Suizid zwischen Medizin und Recht, Stuttgart 1995.

[45] Zur deutschen Geschichte der Konstruktion von Schuldfähigkeit vgl. Adrian Schmidt-Recla: Theorien zur Schuldfähigkeit. Psychowissenschaftliche Konzepte zur Beurteilung strafrechtlicher Verantwortlichkeit im 19. und 20. Jahrhundert. Eine Anleitung zur juristischen Verwertbarkeit, Leipzig 2000.

[46] Klassisch dazu Benjamin Libet: Mind Time. Wie das Gehirn Bewusstsein produziert, Frankfurt/M. 2005.

[47] Die breitenwirksame Diskussion dazu zusammenfassend vgl. Christian Geyer (Hg.): Hirnforschung und Willensfreiheit. Zur Deutung der neuesten Experimente, Frankfurt/M. 2004.

[48] Vgl. Armin Nassehi: The Person as an Effect of Communication, in: Sabine Maasen/Barbara Sutter (Hg.): On Willing Selves. Neoliberal Politics vis-à-vis the Neuroscientific Challenge, Houndmills, Basingstoke/New York 2007, S. 100-120.

[49] Vgl. Alois Hahn: Sinn und Sinnlosigkeit, in: Alois Hahn, Hans Haferkamp und Michael Schmid (Hg.): Sinn, Kommunikation und soziale Differenzierung, Frankfurt/M. 1987, S. 155-164.

[50] Zu den klassischen ontologischen Weltbegriffen vgl. Martin Heidegger: Sein und Zeit, 15. Aufl., Tübingen 1984, S. 65ff.

[51] Vgl. Edmund Husserl: Die Krisis der europäischen Wissenschaften und die transzendentale Phänomenologie, Hamburg 1996.

[52] Zum Begriff der Lebenswelt vgl. Alfred Schütz: Der sinnhafte Aufbau der sozialen Welt. Eine Einleitung in die verstehende Soziologie, Frankfurt/M. 1974; Alfred Schütz/Thomas Luckmann: Strukturen der Lebenswelt, Frankfurt/M. 1979. Zur Boden- und Horizontfunktion der Lebenswelt vgl. Jürgen Habermas: Theorie des kommunikativen Handelns, Band 2, Frankfurt/M. 1981, S. 182-228.

[53] Das Rollenkonzept stammt ursprünglich von Ralph Linton: Mensch, Kultur, Gesellschaft, Stuttgart 1979 (amerik. Orig. 1936) und wurde vor allem von Talcott Parsons weiter entwickelt.
[54] Vgl. Emile Durkheim: Die Regeln der soziologischen Methode, Neuwied 1961, S. 111.
[55] Vgl. Harold Garfinkel: Das Alltagswissen über soziale und innerhalb sozialer Strukturen, in: Arbeitsgruppe Bielefelder Soziologen (Hg.): Alltagswissen, Interaktion und gesellschaftliche Wirklichkeit, Band 1, Reinbek 1973, S. 189-261; ders.: Studies of the routine grounds of everyday activities, in: ders.: Studies in Ethnomethodology, Prentice-Hall 1967, S. 35-75.
[56] Ein sehr lesenswertes Interview, in dem Bourdieu auch seine Habitus-Theorie handhabbar darstellt, findet sich in Pierre Bourdieu/Loïc J. D. Wacquant: Reflexive Anthropologie, Frankfurt/M. 1996, S. 95-250.
[57] Pierre Bourdieu: Die feinen Unterschiede. Kritik der gesellschaftlichen Urteilskraft, Frankfurt/M. 1982, S. 405ff.
[58] Bourdieu in Pierre Bourdieu/Loïc J.D. Wacquant: Reflexive Anthropologie, Frankfurt/M. 1996, S. 95-250, hier S. 138.
[59] Vgl. Ralf Dahrendorf: Homo Sociologicus, 16. Aufl., Wiesbaden 2006. Dieser Klassiker der soziologischen Rollentheorie arbeitet sich exakt an dieser Frage ab. Die soziale Rolle gehört zur Gesellschaft als einer „ärgerlichen Tatsache", die man freilich nicht los wird.
[60] Vgl. George Herbert Mead: Geist, Identität und Gesellschaft. Aus der Sicht des Sozialbehaviorismus, hg. von Charles W. Morris, 7. Aufl., Frankfurt/M. 1988.
[61] Eine sehr instruktive Einführung in den Begriff der Institution findet sich bei Karl Siegbert Rehberg: Eine Grundlagentheorie der Institutionen: Arnold Gehlen. Mit systematischen Schlußfolgerungen für einen kritische Institutionentheorie, in: Gerhard Göhler, Kurt Lenk und Rainer Schmalz-Bruns (Hg.): Die Rationalität politischer Institutionen. Interdisziplinäre Perspektiven, Wiesbaden 1990, S. 115-144.
[62] Die Begriffe Vorder- und Hinterbühne gehen auf Erving Goffman zurück, der das Rollenhandeln mit Hilfe von Theatermetaphern beschreibt. Vgl. Erving Goffman: Wir alle spielen Theater. Die Selbstdarstellung im Alltag, 5. Aufl., München 2003 (amerik. Orig. 1956).
[63] Zum Konzept der „Person" als Bündel von Verhaltenserwartungen vgl. Niklas Luhmann: Die Form »Person«, in: Soziale Welt 42 (1991), S. 166-175.
[64] Vgl. Charles S. Pierce: Schriften zum Pragmatismus und Pragmatizismus, Frankfurt/M. 1976; Hans Joas: Pragmatismus und Gesellschaftstheorie, Frankfurt/M. 1999.
[65] Vgl. George Herbert Mead: Geist, Identität und Gesellschaft. Aus der Sicht des Sozialbehaviorismus, hg. von Charles W. Morris, 7. Aufl., Frankfurt/M. 1988, S. 56.
[66] Zu den zeitlichen Implikationen dieses Meadschen Handlungsbegriffs vgl. Armin Nassehi: Die Zeit der Gesellschaft. Auf dem Weg zu einer soziologischen Theorie der Zeit, Wiesbaden 2008, S. 127.
[67] Ich verzichte hier auf eine ausführliche Diskussion der Untauglichkeit dieser Unterscheidung von Mikro-, Makro- und Mesoebenen. Zum theoretischen Gesamtzusammenhang vgl. die Beiträge in Jeffrey C. Alexander/Bernhard Giesen/Richard Münch/Neil J. Smelser (Hg.): The Micro-Macro-Link, Berkeley/Los Angeles/London 1987.

[68] Vgl. Erving Goffman: Die Interaktionsordnung, in: ders.: Interaktion und Geschlecht, Frankfurt/M./New York 1994, S. 50-104; Heinz Abels: Interaktion, Identität, Präsentation, 4. Aufl., Wiesbaden 2007; Niklas Luhmann: Soziale Systeme, Frankfurt/M. 1984, S. 560ff.

[69] Zur sprachlichen Logik der romantischen Liebe vgl. Roland Barthes: Fragmente einer Sprache der Liebe, Frankfurt/M. 1988; siehe auch Albrecht Koschorke: Körperströme und Schriftverkehr. Mediologie des 18. Jahrhunderts, München 2003.

[70] Zur evolutionären Bedeutung von Schrift vgl. Niklas Luhmann: Die Gesellschaft der Gesellschaft, Frankfurt/M. 1998, S. 249ff.

[71] Vgl. dazu Jürgen Raab/Hans-Georg Soeffner: Körperlichkeit in Interaktionsbeziehungen, in: Markus Schroer (Hg.): Soziologie des Körpers, Frankfurt/M. 2005, S. 166-188.

[72] Einen sehr deutlichen Eindruck des Zusammenhangs von Gewalt und interaktiver Nähe, der man sich nicht entziehen kann, gibt in geradezu literarischer Form Wolfgang Sofsky: Traktat über Gewalt, Frankfurt/M. 1996.

[73] Ich weise noch einmal auf die Theatermetaphern von Goffman hin. Vgl. Erving Goffman: Wir alle spielen Theater. Die Selbstdarstellung im Alltag, 5. Aufl., München 2003 (amerik. Orig. 1956).

[74] Vgl. dazu Suzanne Kessler/Wendy McKenna: Gender. An Ethnomethodological Approach, Chicago/London 1978, v.a. S. 1-20; auch Candace West/Don H. Zimmerman: Doing Gender, in: Judith Lorber und Susan A. Farrell (Hg.): The Social Construction of Gender, Newbury Park/London/New Delhi 1991, S. 13-37.

[75] Vgl. Stefan Hirschauer: Die soziale Konstruktion der Transsexualität. Über die Medizin und den Geschlechtswechsel, Frankfurt/M. 1993.

[76] Vgl. Paula-Irene Villa: Sexy Bodies. Eine soziologische Reise durch den Geschlechtskörper, 3. Aufl., Wiesbaden 2006, S. 98ff.

[77] Vgl. aber Armin Nassehi: Geschlecht im System. Die Ontologisierung des Körpers und die Asymmetrie der Geschlechter, in: Ursula Pasero und Christine Weinbach (Hg.): Frauen, Männer, Gender Trouble, Frankfurt/M. 2003, S. 80-104.

[78] Eine sehr gut lesbare Einführung in die Netzwerktheorie bietet Boris Holzer: Netzwerke, Bielefeld 2006.

[79] Vgl. dazu den schon klassischen Aufsatz Mark Granovetter: The Strength of Weak Ties, in: American Journal of Sociology 78/6 (1973), S. 1360-1380.

[80] Vgl. Niklas Luhmann: Organisation und Entscheidung, Opladen 2000; James G. March: Decisions and Organizations, Oxford 1988; ders.: A Primer on Decision Making. How Decisions Happen, New York 1994.

[81] Vgl. Alfred Korzybski: Science and Sanity. An Introduction to Non-Aristotelian Systems and general Semantics, Clinton/Mass. 1958.

[82] Vgl. Niklas Luhmann: Organisation und Entscheidung, Opladen 2000, S. 153; George L. S. Shackle: Imagination and the Nature of Choice, Edinburgh 1979, S. IX; Heinz von Foerster: KybernEthik, Berlin 1993, S. 73.

[83] Vgl. Herbert A. Simon: Administrative Behavior. A Study of Decision-Making Processes in Administrative Organization, 4. Aufl., New York 1997 (zuerst 1945).

[84] Vgl. Karl E. Weick: Der Prozeß des Organisierens, 2. Aufl., Frankfurt/M. 1998 (zuerst 1969), S. 276.

[85] Vgl. Dirk Baecker: Organisation als System, Frankfurt/M. 1999.

[86] Deshalb wird sogar vorgeschlagen, von der modernen Gesellschaft als einer *Entscheidungsgesellschaft* zu sprechen; vgl. Uwe Schimank: Die Entscheidungsgesellschaft. Komplexität und Rationalität der Moderne, Wiesbaden 2005.

[87] Vgl. Niklas Luhmann: Die Knappheit der Zeit und die Vordringlichkeit des Befristeten, in: Die Verwaltung 1 (1968), S. 3-30.

[88] Vgl. dazu William H. Whyte: The Organization Man, New York 1956; Max Weber: Beamtenherrschaft und politisches Führertum, in: ders.: Gesammelte politische Schriften, Tübingen 1958, S. 308-339.

[89] Vgl. Niklas Luhmann: Funktionen und Folgen formaler Organisation, Berlin 1964, S. 40.

[90] Eine amüsante empirische Studie zu Informalität in Organisationen bieten Joseph Bensman/Israel Grever: Vergehen und Bestrafung in der Fabrik, in: Heinz Steinert (Hg.): Symbolische Interaktion, Stuttgart 1973, S. 126-138.

[91] Vgl. John W. Meyer/Brian Rowan: Institutionalized Organizations: Formal Structure as Myth and Ceremony, in: American Journal of Sociology 83 (1977), S. 340-363.

[92] Vgl. Dirk Baecker: Organisation als System, Frankfurt/M. 1999, S. 14ff.

[93] Vgl. James G. March/Herbert A. Simon: Organizations, New York/London/Sydney 1958, S. 164.

[94] Vgl. Niklas Luhmann: Organisation und Entscheidung, Opladen 2000, S. 256ff.

[95] Sehr instruktiv dazu Dirk Baecker: Epochen der Organisation, in: Revue für postheroisches Management 1 (2007), S. 12-25.

[96] Vgl. Michael Power: The Audit Society. Rituals of Verification, Oxford 1997.

[97] Vgl. Max Weber: Wirtschaft und Gesellschaft. Grundriß der verstehenden Soziologie, 5. Aufl., Tübingen 1972, S. 125ff. und S. 561ff.

[98] Max Weber: Gesammelte Aufsätze zur Religionssoziologie, Band 1, 6. Aufl., Tübingen 1972, S. 204.

[99] Als aktuelles Beispiel für eine „herrschaftskritische" Organisationstheorie vgl. Klaus Türk: Die Organisation der Welt. Herrschaft durch Organisation in der modernen Gesellschaft, Opladen 2001.

[100] Vgl. Robert Presthus: The Organizational Society. An Analysis and a Theory, 2. Aufl., London 1979; Uwe Schimank 2001: Organisationsgesellschaft, in: Georg Kneer, Armin Nassehi und Markus Schroer (Hg.): Klassische Gesellschaftsbegriffe der Soziologie, München 2001, S. 278-307.

[101] Vgl. Armin Nassehi: Die Organisationen der Gesellschaft. Skizze einer Organisationssoziologie in gesellschaftstheoretischer Absicht, in: Jutta Allmendinger und Thomas Hinz (Hg.): Organisationssoziologie. Sonderheft 42 der Kölner Zeitschrift für Soziologie und Sozialpsychologie, Wiesbaden 2002, S. 443-478; ders.: Organizations as Decision Machines. Niklas Luhmann's Theory of Organized Social Systems, in: Campbell Jones und Rolland Munro (Hg.): Contemporary Organization Theory, Oxford 2005, S. 178-191.

[102] Dennoch lässt sich an Organisationseliten sehen, dass sie vor allem in Deutschland durchaus fast nur aus höher gebildeten und wohlhabenderen Schichten stammen, das freilich nicht irgendwie geplant oder im Sinne einer formalen Zugangsberechtigung, was den Befund noch subtiler macht. Vgl. dazu Michael Hartmann: Der Mythos von den Leistungs-

eliten, Frankfurt/M./New York 2002; ders.: Eliten und Macht in Europa. Ein internationaler Vergleich, Frankfurt/M./New York 2007.

103 Vgl. Armin Nassehi: Wollen, was wir sollen. Die Ordnung ändert sich. Und Führung ist nun vor allem ein Symbol, in: brandeins. Wirtschaftsmagazin 04/2005.

104 Vgl. zur *Illusion des Managers* Niklas Luhmann: Organisation und Entscheidung, Opladen 2000, S. 85.

105 Vgl. noch einmal Herbert A. Simon: Administrative Behavior. A Study of Decision-Making Processes in Administrative Organization, 4. Aufl., New York 1997 (zuerst 1945).

106 Vgl. Niklas Luhmann: Einfache Sozialsysteme, in: ders.: Soziologische Aufklärung, Band 2, Opladen 1975, S. 21-38.

107 Vgl. Armin Nassehi: Fremde unter sich. Zur Urbanität der Moderne, in: ders.: Differenzierungsfolgen. Beiträge zur Soziologie der Moderne, Opladen 1999, S. 227-240.

108 Vgl. dazu Trutz von Trotha: Ordnungsformen der Gewalt oder Aussichten auf das Ende des staatlichen Gewaltmonopols; in: Birgitta Nedelmann (Hg.): Politische Institutionen im Wandel. Kölner Zeitschrift für Soziologie und Sozialpsychologie, Sonderheft 35/1 1995, S. 129-166; vgl. auch Trutz von Trotha/Georg Klute: Politik und Gewalt oder Beobachtungen und Anmerkungen über das ‚Kalaschsyndrom', in: Armin Nassehi und Markus Schroer (Hg.): Der Begriff des Politischen, Baden-Baden 2003, S. 491-517.

109 Zur Neutralität und versachlichenden Funktion des Geldes vgl. Georg Simmel: Philosophie des Geldes, Frankfurt/M. 1989, S. 394ff.

110 Vgl. dazu Karl Otto Hondrich: Enthüllung und Entrüstung. Eine Phänomenologie des politischen Skandals, Frankfurt/M. 2002.

111 Zur Begriffs- und Theoriegeschichte vgl. Klaus Kraemer: Kapitalistische Gesellschaft, in: Georg Kneer, Armin Nassehi und Markus Schroer (Hg.): Klassische Gesellschaftsbegriffe der Soziologie, München 2001, S. 111-138.

112 Vgl. Emile Durkheim: Über soziale Arbeitsteilung. Studie über die Organisation höherer Gesellschaften, Frankfurt/M. 1988.

113 Vgl. Max Weber: Gesammelte Aufsätze zur Religionssoziologie, Band 1, 6. Aufl., Tübingen 1972.

114 Vgl. Georg Simmel: Über sociale Differenzierung, Frankfurt/M. 1992.

115 Vgl. Talcott Parsons: The Evolution of Societies, Englewood Cliffs 1977; Niklas Luhmann: Die Gesellschaft der Gesellschaft, Frankfurt/M. 1997.

116 Pierre Bourdieu/Loïc J.D. Wacquant: Reflexive Anthropologie, Frankfurt/M. 1996.

117 Zum Gesamtzusammenhang der gesellschaftstheoretischen Debatte um das Theorem funktionaler Differenzierung vgl. Armin Nassehi: Die Theorie funktionaler Differenzierung im Horizont ihrer Kritik, in: Zeitschrift für Soziologie 33 (2004), S. 98-118; eine Einführung in die Theoriegeschichte der Differenzierungstheorie bietet Uwe Schimank: Theorien gesellschaftlicher Differenzierung, 3. Aufl., Wiesbaden 2007; eine gut lesbare Einführung in die systemtheoretische Differenzierungstheorie am Beispiel des gesellschaftlichen Umgangs mit ökologischen Problemen vgl. Niklas Luhmann: Ökologische Kommunikation. Kann die moderne Gesellschaft sich auf ökologische Gefährdungen einstellen?, Opladen 1986.

118 Vgl. Armin Nassehi/Irmhild Saake: Kontexturen des Todes. Eine Neubestimmung soziologischer Thanatologie, in: Hubert Knoblauch und Arnold Zingerle (Hg.): Thanatosoziolo-

gie. Tod, Hospiz und die Institutionalisierung des Sterbens. Berlin 2005, S. 32-54; ders.: Die praktische Interdisziplinarität ethischen Entscheidens. Eine soziologische Forschungsperspektive, in: Zeitschrift für medizinische Ethik (2006), S.367-377; Irmhild Saake: Die Performanz des Medizinischen. Zur Asymmetrie in der Arzt-Patienten-Interaktion, in: Soziale Welt 54 (2003), S. 429-446; dies.: Moderne Todessemantiken. Symmetrische und Asymmetrische Konstellationen, in: Irmhild Saake und Werner Vogd (Hg.): Mythen der Medizin. Studien zur organisierten Krankenbehandlung, Wiesbaden 2007, S. 237-262.

119 Vgl. Armin Nassehi: Der soziologische Diskurs der Moderne, Frankfurt/M. 2006, S. 375ff.; ders.: Geschlossenheit und Offenheit. Studien zur Theorie der modernen Gesellschaft, Frankfurt/M. 2003, S. 159ff.

120 Vgl. Niklas Luhmann: Liebe als Passion. Zur Codierung von Intimität, Frankfurt/M. 1982.

121 Vgl. dazu Eva Illouz: Der Konsum der Romantik. Liebe und die kulturellen Widersprüche des Kapitalismus, Frankfurt/M./New York 2003; vgl. dazu mein Rezensionsessay Armin Nassehi: Geld oder Leben! In: Soziologische Revue 28 (2005), S. 99-107.

122 Vgl. Christopher Clark: Preußen. Aufstieg und Niedergang 1600-1947, München 2007.

123 Vgl. Hans Mommsen: Nation und Nationalismus in sozialgeschichtlicher Perspektive, in: Wolfgang Schieder und Volker Sellin (Hg.): Sozialgeschichte in Deutschland II, Göttingen 1986, S. 162-185.

124 In geradezu klassischer Weise bringt dies auf den Begriff Jürgen Habermas: Können komplexe Gesellschaften eine vernünftige Identität ausbilden?, in: ders.: Zur Rekonstruktion des historischen Materialismus, Frankfurt/M. 1976, S. 92-128.

125 Vgl. dazu meine *Kritik der gesellschaftlichen Vernunft* in Armin Nassehi: Der soziologische Diskurs der Moderne, Frankfurt/M. 2006, S. 310ff.

126 Vgl. Niklas Luhmann: Gesellschaftliche Struktur und semantische Tradition, in: ders.: Gesellschaftsstruktur und Semantik. Studien zur Wissenssoziologie der modernen Gesellschaft, Band 1, Frankfurt/M.: 1980, S. 9-71.

127 Zum Begriff der *illusio* am Beispiel des wissenschaftlichen Feldes vgl. Pierre Bourdieu: Vom Gebrauch der Wissenschaft. Für eine klinische Soziologie des wissenschaftlichen Feldes, Konstanz 1998.

128 So klassisch Talcott Parsons: Das System moderner Gesellschaften, München 1972.

129 Vgl. dazu Rudolf Stichweh: Die Weltgesellschaft. Soziologische Analysen, Frankfurt/M. 2000.

130 Vgl. Ludger Pries: Transnationale soziale Räume, in: Zeitschrift für Soziologie 25 (1996), S. 456-472.

131 Mit besonderem Innovationsanspruch, aber in der Konsequenz dann doch recht traditionell, weil den politischen Bias des Gesellschaftsbegriffs kaum mitlesend Ulrich Beck: The cosmopolitan perspective: sociology of the second age of modernity, in: British Journal of Sociology 51 (2000), S. 79-105.

132 Vgl. zur Kontinuität und Variationsbreite des Denkmotivs von den soziologischen Klassikern bis in die Gegenwart die materialreich belesene Literaturübersicht von Markus Schroer: Das Individuum der Gesellschaft. Synchrone und diachrone Theorieperspektiven, Frankfurt/M. 2001.

[133] Vgl. dazu aber die Beiträge in Ulrich Beck/Elisabeth Beck-Gernsheim (Hg.): Riskante Freiheiten. Individualisierung in modernen Gesellschaften, Frankfurt/M. 1994.
[134] Vgl. etwa Alois Hahns Studie über die individualisierende Funktion der Beichte: Alois Hahn: Zur Soziologie der Beichte und anderer Formen institutionalisierter Bekenntnisse: Selbstthematisierung und Zivilisationsprozeß, in: Kölner Zeitschrift für Soziologie und Sozialpsychologie 34 (1982), S. 408-434.
[135] Vgl. Armin Nassehi: Exclusion Individuality or Individualization by Inclusion, in: Soziale Systeme 8 (2002), S. 124-135.
[136] Vgl. Ulrich Beck: Risikogesellschaft. Auf dem Weg in eine andere Moderne, Frankfurt/M. 1986, S. 208.
[137] Vgl. Arthur E. Imhof: Von der sicheren zur unsicheren Lebenszeit. Ein folgenschwerer Wandel im Verlaufe der Neuzeit, in: Vierteljahresschrift für Sozial- und Wirtschaftsgeschichte 71 (1984), S. 175-198.
[138] Vgl. Reiner Geißler: Die Sozialstruktur Deutschlands. Zur gesellschaftlichen Entwicklung mit einer Bilanz zur Vereinigung, 4. Aufl., Wiesbaden 2006; Stefan Hradil: Die Sozialstruktur Deutschlands im internationalen Vergleich, 2. Aufl., Wiesbaden 2006.
[139] Vgl. dazu Hans-Georg Soeffner: Luther – Der Weg von der Kollektivität des Glaubens zu einem lutherisch-protestantischen Individualitätstypus, in: ders.: Die Ordnung der Rituale. Die Auslegung des Alltags, Band 2, Frankfurt/M. 1992, S. 20-75.
[140] Max Weber: Gesammelte Aufsätze zur Religionssoziologie, Band 1, 6. Aufl., Tübingen 1972, S. 113.
[141] Vgl. Michael Maurer: Die Biographie des Bürgers. Lebensformen und Denkweisen in der formativen Phase des deutschen Bürgertums (1680-1815), Göttingen 1996, S. 615ff.
[142] Vgl. Manfred Fuhrmann: Der europäische Bildungskanon des bürgerlichen Zeitalters, Frankfurt/M./Leipzig 1999.
[143] Vgl. Rebekka Habermas: Frauen und Männer des Bürgertums. Eine Familiengeschichte (1750-1850), Göttingen 2000, S. 345ff.
[144] Vgl. M. Rainer Lepsius: Zur Soziologie des Bürgertums und der Bürgerlichkeit, in: Jürgen Kocka (Hg.): Bürger und Bürgerlichkeit im 19. Jahrhundert, Göttingen 1987, S. 79-100.
[145] Katja Mellmann: Das Buch als Freund – der Freund als Zeugnis. Zur Entstehung eines neuen Paradigmas für Literaturrezeption und persönliche Beziehungen im 18. Jahrhundert, mit einer Hypothese zur Erstrezeption von Goethes Werther, in: Hans-Edwin Friedrich, Fotis Jannidis und Marianne Willems (Hg.): Bürgerlichkeit im 18. Jahrhundert, Tübingen 2006, S. 201-240.
[146] Mit Bezug auf die Liebesromantik schreibt Niklas Luhmann: „Nicht nur Romanhelden wie Don Quichotte, Emma Bovary, Julien Sorel, nein jedermann bekommt die Möglichkeit, sich in copierte Bedürfnisse hineinzusteigern. So entsteht eine Art Kleine-Leute-Romantik, die gegebenenfalls auch schon durch Konsum von Buch und Film befriedigt werden kann." (Niklas Luhmann: Liebe als Passion. Zur Codierung von Intimität, Frankfurt/M. 1982, S. 190).
[147] Vgl. Ian Watt: Der bürgerliche Roman. Aufstieg einer Gattung, Frankfurt/M. 1974; Hans-Georg Pott: Literarische Bildung. Zur Geschichte der Individualität, München 1995.

[148] Vgl. die Studie von Nico Stehr: Die Moralisierung der Märkte. Eine Gesellschaftstheorie, Frankfurt/M. 2007; vgl. auch Birger P. Priddat: Moralischer Konsum. 13 Lektionen über die Käuflichkeit, Stuttgart 1998.

[149] Vgl. Max Weber: Gesammelte Aufsätze zur Wissenschaftslehre, Tübingen 1988, S. 132; ders.: Wissenschaft als Beruf (1917/19), Politik als Beruf (1919), in: ders.: Studienausgabe der Max-Weber-Gesamtausgabe, Band I/17, Tübingen 1994, S. 7.

[150] Vgl. Irmhild Saake/Armin Nassehi: Das gesellschaftliche Gehäuse der Persönlichkeit. Über Max Weber und die (soziologische) Produktion von Motiven, in: Berliner Journal für Soziologie 14 (2004), S. 503-525.

[151] Vgl. Irmhild Saake/Armin Nassehi: Die Emigration als biografisches Ereignis, in: Georg Weber et al.: Emigration der Siebenbürger Sachsen. Studien zu Ost-West-Wanderungen im 20. Jahrhundert, Wiesbaden 2003, S. 185-423; dies.: Kontexturen des Todes. Eine Neubestimmung soziologischer Thanatologie, in: Hubert Knoblauch und Arnold Zingerle (Hg.): Thanatosoziologie. Tod, Hospiz und die Institutionalisierung des Sterbens, Berlin 2005, S. 32-54; Irmhild Saake: Moderne Todessemantiken. Symmetrische und asymmetrische Konstellationen, in: Irmhild Saake und Werner Vogd (Hg.): Mythen der Medizin, Wiesbaden 2007, S. 237-262.

[152] Vgl. Niklas Luhmann: Kultur als historischer Begriff, in: ders.: Gesellschaftsstruktur und Semantik: Studien zur Wissenssoziologie der modernen Gesellschaft, Band 4, Frankfurt/M. 1989, S. 31-55.

[153] Vgl. den Essay von Alain Finkielkraut: Die Niederlage des Denkens, Reinbek bei Hamburg 1989.

[154] Zur kulturellen und kulturwissenschaftlichen Herstellung des „Orientalischen" vgl. schon klassisch Edward Said: Orientalismus, Frankfurt/M. 1979.

[155] Hans-Georg Soeffner: Kulturmythos und kulturelle Realität(en), in: ders. (Hg.): Kultur und Alltag (= Soziale Welt, Sonderband 6), Göttingen 1988, S. 3-20, hier S. 12.

[156] Vgl. Talcott Parsons: Das System moderner Gesellschaften, München 1972.

[157] Vgl. Alfred Schütz: Über die mannigfaltigen Wirklichkeiten, in: ders.: Gesammelte Aufsätze. Band 1: Das Problem der sozialen Wirklichkeit, Den Haag 1971, S. 237-298; auch Peter Berger/Thomas Luckmann: Die gesellschaftliche Konstruktion der Wirklichkeit. Eine Theorie der Wissenssoziologie, Frankfurt/M. 1970.

[158] Vgl. Armin Nassehi: Die Paradoxie der Sichtbarkeit und die ‚Kultur' der Kulturwissenschaften, in: ders.: Geschlossenheit und Offenheit. Studien zur Theorie der modernen Gesellschaft, Frankfurt/M. 2003, S. 231-257.

[159] Vgl. Terry H. Anderson: The Pursuit of Fairness. A History of Affirmative Action, Oxford 2005; vgl. auch Mathias Hildebrandt: Multikulturalismus und Political Correctness in den USA, Wiesbaden 2005.

[160] Vgl. Irmhild Saake/Armin Nassehi: Die Kulturalisierung der Ethik. Eine zeitdiagnostische Anwendung des Luhmannschen Kulturbegriffs, in: Günter Burkart und Gunter Runkel (Hg.): Luhmann und die Kulturtheorie, Frankfurt/M. 2004, S. 102-135.

[161] Vgl. die spannende Kulturtheorie von Ernesto Laclau: Emanzipation und Differenz, Wien 2002.

[162] Vgl. Armin Nassehi: Dialog der Kulturen – wer spricht?, in: Aus Politik und Zeitgeschichte. Beilage zur Wochenzeitung ,Das Parlament', 28-29 (2006), S. 33-38.

[163] Klassisch dazu die Konstruktion einer *primitiven, vorrationalen Mentalität,* die nicht nur kulturell anders ist, sondern sich gewissermaßen den „tatsächlichen" Realitäten der Welt verweigert, bei Lucien Levy Bruhl: Die geistige Welt der Primitiven, Düsseldorf/Köln 1959 (franz. Orig. 1922).

[164] Für den deutschen Fall vgl. Otto Dann: Nation und Nationalismus in Deutschland: 1770-1990, München 1993; allgemein vgl. Anthony D. Smith: National Identity, London 1991.

[165] Vgl. Dirk Richter: Nation als Form, Opladen 1996.

[166] Vgl. Shmuel N. Eisenstadt: Die Vielfalt der Moderne, Weilerswist 2000.

[167] Der soziologische Klassiker zu diesem Thema ist Pierre Bourdieu: Die feinen Unterschiede. Kritik der gesellschaftlichen Urteilskraft, Frankfurt/M. 1982.

[168] Diesen Kulturbegriff geprägt hat Alfred Weber: Kulturgeschichte als Kultursoziologie, München 1935. Weber, übrigens Bruder von Max Weber, hat die Gesellschaft in drei Sphären eingeteilt: Zivilisation, Gesellschaft und Kultur. Zivilisation umfasst die technisch-wissenschaftliche Entwicklung, Gesellschaft die staatliche und ökonomische Ordnung und Kultur als höchste Sphäre Kunst, Philosophie und Religion. Ich erwähne dies hier ausführlich, weil auch heute noch im Alltagsgebrauch der Begriff Kultur für jene angeblich höchste Sphäre der Selbstvergewisserung der Gesellschaft angesehen wird.

[169] Als Dokument, in dem *Bildung* als hochkulturelles Identitätsmerkmal Europas vorgeführt wird, empfehle ich das kleine Buch Manfred Fuhrmann: Bildung. Europas kulturelle Identität, Stuttgart 2002.

[170] Vgl. Wilhelm Heinrich Riehl: Die bürgerliche Gesellschaft, Stuttgart/Augsburg 1856.

[171] Vgl. Gerhard A. Ritter (Hg.): Arbeiterkultur, Bodenheim 1997.

[172] Als aktuelles Dokument für die Selbstpositionierung der Kulturwissenschaften vgl. Ludger Heidbrink/Harald Welzer (Hg.): Das Ende der Bescheidenheit. Zur Verbesserung der Geistes- und Kulturwissenschaften, München 2007.

[173] Vgl. Ingeborg Weber-Kellermann/Andreas C. Bimmer/Siegfried Becker: Einführung in die Volkskunde/Europäische Ethnologie. Eine Wissenschaftsgeschichte, 3. Aufl., Stuttgart/Weimar 2003.

[174] Vgl. dazu den Reader Roger Bromley/Udo Göttlich/Carsten Winter (Hg.): Cultural Studies. Grundlagentexte zur Einführung, Lüneburg 1999.

[175] Vgl. Elisabeth Bronfen/Benjamin Marius: Hybride Kulturen. Einleitung zur anglo-amerikanischen Multikulturalismusdebatte, in: Elisabeth Bronfen, Benjamin Marius und Thomas Steffen (Hg.): Hybride Kulturen. Beiträge zur anglo-amerikanischen Multikulturalismusdebatte, Tübingen 1997, S. 1-30.

[176] Vgl. Reinhard Kreckel: Politische Soziologie der sozialen Ungleichheit, Frankfurt/M./New York 1997.

[177] Vgl. Wulf D. Hund: Rassismus, Bielefeld 2007; Karin Priester: Rassismus. Eine Sozialgeschichte, Leipzig 2003.

[178] Vgl. Hans-Peter Müller: Sozialstruktur und Lebensstile. Der neuere theoretische Diskurs über soziale Ungleichheit, Frankfurt/M. 1997.

[179] Ich verweise noch einmal auf Pierre Bourdieu: Die feinen Unterschiede. Kritik der gesellschaftlichen Urteilskraft, Frankfurt/M. 1982.

[180] Vgl. Peter A. Berger: Individualisierung und sozialstrukturelle Dynamik, in: Ulrich Beck und Peter Sopp (Hg.): Individualisierung und Integration, Opladen 1997, S. 81-95; klassisch Pitirim A. Sorokin: Social and Cultural Mobility, 2. Aufl., Glencoe 1959.

[181] Vgl. Ulrich Beck: Risikogesellschaft. Auf dem Weg in eine andere Moderne, Frankfurt/M. 1986, S. 124f.

[182] Vgl. Jutta Allmendinger/Stephan Leibfried: Bildungsarmut, in: Aus Politik und Zeitgeschichte. Beilage zur Wochenzeitung ‚Das Parlament' 21-22 (2003); Jutta Allmendinger: Bildungsarmut – zur Verschränkung von Bildungs- und Sozialpolitik, in: Soziale Welt 50 (1999), S. 35-50.

[183] Vgl. Kingsley Davis/Wilbert E. Moore: Einige Prinzipien der sozialen Schichtung, in: Heinz Hartmann (Hg.): Moderne amerikanische Soziologie, Stuttgart 1973, S. 396-410; Talcott Parsons: Ansatz zu einer analytischen Theorie der sozialen Schichtung, in: ders.: Beiträge zur soziologischen Theorie, Neuwied 1964, S. 180-205.

[184] Vgl. Ralf Dahrendorf: Pfade aus Utopia, 4. Aufl., München 1986, S. 352ff.; ders.: Soziale Klassen und Klassenkonflikt in der industriellen Gesellschaft, Stuttgart 1957.

[185] Max Weber: Wirtschaft und Gesellschaft. Grundriß der verstehenden Soziologie, 5. Aufl., Tübingen 1972, S. 28.

[186] So Randall Collins: The Paradoxes of Power, in: ders.: Sociological Insight. An Introduction to Non-Obvious Sociology, 2. Aufl., New York/Oxford 1992, S. 60-85.

[187] Georg Wilhelm Friedrich Hegel: Phänomenologie des Geistes (1807), Frankfurt/M. 1970, S. 150ff.

[188] Eine orientierende Einführung bietet Reinhold Zippelius: Geschichte der Staatsideen, 9. Aufl., München 1994.

[189] Vgl. Karl Marx: Zur Kritik der Hegelschen Rechtsphilosophie. Einleitung, in: Marx-Engels-Werke, Band 1, Berlin (DDR) 1969, S. 378-391.

[190] Jean-Jacques Rousseau: Diskurs über die Ungleichheit. Kritische Ausgabe des integralen Textes von Heinrich Meier, Paderborn 1984, S. 172.

[191] Vgl. dazu ausführlich Armin Nassehi: Der soziologische Diskurs der Moderne, Frankfurt/M. 2006, S. 29ff.

[192] Vgl. Heinrich Popitz: Phänomene der Macht, Tübingen 1986, S. 76ff.; Wolfgang Sofsky/Rainer Paris: Figurationen sozialer Macht. Autorität, Stellvertretung, Koalition, Frankfurt/M. 1994.

[193] Vgl. Niklas Luhmann: Die Politik der Gesellschaft, Frankfurt/M. 2000, S. 47.

[194] Vgl. Carl Schmitt: Der Begriff des Politischen. Text von 1932 mit einem Vorwort und drei Corollarien, Berlin 1963; vgl. dazu noch einmal ausführlich Armin Nassehi: Der soziologische Diskurs der Moderne, Frankfurt/M. 2006, S. 338ff.

[195] Vgl. Norbert Elias' *Entwurf zu einer Theorie der Zivilisation* in Norbert Elias: Über den Prozeß der Zivilisation. Soziogenetische und psychogenetische Untersuchungen, Band 2, 8. Aufl., Frankfurt/M. 1982, S. 312-454.

[196] Besonders eindringlich lässt sich dies in Jürgen Habermas' zweistufiger Gesellschaftstheorie nachverfolgen. Er unterscheidet „Lebenswelt" als die Sphäre der Gleichheit und

Verständigung durch Kommunikation und „System“ als Sphäre, in der Ungleichheit und zweckrationales Handeln durch politische Macht und Geld vorherrschen. Die besondere Leistung von Habermas besteht darin, die beiden Seiten nicht gegeneinander auszuspielen, sondern sie in ihren Austauschprozessen zu untersuchen. Vgl. dazu Jürgen Habermas: Theorie des kommunikativen Handelns, 2 Bände, Frankfurt/M. 1981. Als Lektüreeinstieg empfehle ich Jürgen Habermas: Der normative Gehalt der Moderne, in: ders.: Der philosophische Diskurs der Moderne, Frankfurt/M. 1986, S. 390-425.

[197] Vgl. Max Weber: Wirtschaft und Gesellschaft. Grundriß der verstehenden Soziologie, 5. Aufl., Tübingen 1972, S. 28.

[198] Vgl. Niklas Luhmann: Funktionen und Folgen formaler Organisation, Berlin 1964, S. 161.

[199] Reinhard Bendix: Work and Authority in Industry. Ideologies of Management in the Course of Industrialization, New York 1956, S. 1.

[200] Vgl. dazu die Studie von Stefan Kühl: Wenn die Affen den Zoo regieren. Die Tücken der flachen Hierarchien, 5. Aufl., Frankfurt/M./New York 1998.

[201] Vgl. Armin Nassehi: Die Organisationen der Gesellschaft. Skizze einer Organisationssoziologie in gesellschaftstheoretischer Absicht, in: Jutta Allmendinger und Thomas Hinz (Hg.): Organisationssoziologie, Sonderheft 42 der Kölner Zeitschrift für Soziologie und Sozialpsychologie, Wiesbaden 2002, S. 443-478.

[202] Mit einer weniger optimistischen Stoßrichtung vgl. Niklas Luhmann: Organisation und Entscheidung, Opladen 2000, S. 391ff.

[203] Zu diesem funktionalen Wahrheitsbegriff vgl. Niklas Luhmann: Die Wissenschaft der Gesellschaft, Frankfurt/M. 1990, S. 167ff.

[204] Einen knapp gehaltenen Einstieg bietet Martin Carrier: Wissenschaftstheorie zur Einführung, Hamburg 2006.

[205] Vgl. zum Folgenden Armin Nassehi: What do We Know about Knowledge? An Essay on the Knowledge Society, in: Canadian Journal of Sociology 29 (2004), S. 439-449.

[206] Immanuel Kant: Kritik der reinen Vernunft, Band 4 der Werke in 10 Bänden, Darmstadt 1983, S. 687ff. (B 848-B858).

[207] Klassisch dazu Wolfgang Stegmüller: Glauben, Wissen und Erkennen, in: Zeitschrift für philosophische Forschung 10 (1956), S. 518. In dieser Eindeutigkeit und Schärfe würde sie heute sicher nicht mehr formuliert werden, aber an der begrifflichen Differenzierung hat sich nichts wirklich geändert.

[208] Vgl. Armin Nassehi: Die Pragmatik wissenschaftlicher Erkenntnisse und ihre soziologische Verunsicherung, in: ders.: Geschlossenheit und Offenheit. Studien zur Theorie der modernen Gesellschaft, Frankfurt/M. 2003, S. 310ff.

[209] Vgl. Ernst Cassirer: Substanzbegriff und Funktionsbegriff. Untersuchungen über die Grundfragen der Erkenntniskritik, Ges. Werke, Band 6, Hamburg 2000, S. 328f.

[210] Vgl. die Beiträge in Paul Watzlawick/Peter Krieg (Hg.): Das Auge des Betrachters. Beiträge zum Konstruktivismus (Festschrift für Heinz von Foerster), München 1991; Heinz von Foerster: Gegenstände: greifbare Symbole für (Eigen-)Verhalten, in: ders.: Wissen und Gewissen. Versuch einer Brücke, Frankfurt/M 1993, S. 103-115.

[211] Vgl. Niklas Luhmann, Die Wissenschaft der Gesellschaft, Frankfurt/M. 1990, S. 134.

[212] Rudolf Stichweh: Kultur, Wissen und die Theorien soziokultureller Evolution, in: Ulrich Beck und André Kieserling (Hg.): Ortsbestimmungen der Soziologie: Wie die kommende Generation Gesellschaftswissenschaften betreiben will, Baden-Baden 2000, S. 127-138, hier S. 133.

[213] Pierre Bourdieu: Sozialer Sinn. Kritik der theoretischen Vernunft, Frankfurt/M. 1993, S. 28.

[214] Pierre Bourdieu: Sozialer Sinn. Kritik der theoretischen Vernunft, Frankfurt/M. 1993, S. 127.

[215] Ähnliches entwickelt aus einer anderen Perspektive Stefan Hirschauer: Die Empiriegeladenheit von Theorien und der Erfindungsreichtum der Praxis, in: Herbert Kalthoff: Theoretische Empirie. Die Relevanz qualitativer Forschung, Frankfurt/M. 2008, S. 165-187.

[216] Vgl. Douglas R. Hofstadter: Gödel, Escher, Bach. Ein endloses geflochtenes Band, 5. Aufl., Stuttgart 1985.

[217] Vgl. Michael Polanyi: Implizites Wissen, Frankfurt/M. 1985; innovativ für den Bereich des Wissensmanagements in Unternehmen haben dieses Konzept – vielleicht mit allzu optimistischem Impetus – umgesetzt Ikujiro Nunaka/Hirotoka Kareuchi: Die Organisation des Wissens. Wie japanische Unternehmen eine brachliegende Ressource nutzbar machen, Frankfurt/M./New York 1997.

[218] Bis heute m. E. unübertroffen Walter Schulz: Philosophie in der veränderten Welt, 7. Aufl., Stuttgart 2001.

[219] *Dead White (European) Male* ist ein Ausdruck eines Kulturkampfes v.a. an US-Universitäten um die Frage, wer legitim die Geschichte des Denkens repräsentieren kann und darf – ein Kulturalisierungsinstrument. Spannend zur Dekonstruktion der Gegenposition ist Edward Said: Die Politik der Erkenntnis, in: Elisabeth Bronfen, Benjamin Marius und Thomas Steffen (Hg.): Hybride Kulturen. Beiträge zur anglo-amerikanischen Multikulturalismusdebatte, Tübingen 1997, S. 81-96.